NPOマネジメント シリーズ
3

ボランティア マネジメント

自発的行為の組織化戦略

桜井政成 著

ミネルヴァ書房

はしがき
——本書の背景と概要——

本書の背景

　近年のボランティアに対する関心と期待の高まりには無視できないものがある。この高まりは，1995年の阪神・淡路大震災が大きな契機となっているという見方に異論はなかろう。6500人以上が犠牲となった未曾有の災害時に，ボランティアの活躍だけが，ただひとつの明るい話題であった。のちに「ボランティア元年」と呼ばれるこの年，全国からボランティアとして被災地を訪れた人々は，年齢やバックグラウンドも様々であり，その数は1日6万人，あるいは延べ100万人以上であったともいわれている。

　だがボランティアとは，こうした災害時の，緊急的で非日常的な活動を行うばかりではない。現在，日本で行われているボランティア活動の総時間数は，推計で8億700万時間にのぼり，またそれを金額に換算すると，8070億円になるとされている（山内，2004）。一方，ボランティア大国と呼ばれるアメリカでは，1999年に国民が行った総ボランティア時間数は，193億時間にのぼるとされている。そしてその活動時間のうち，94.4％は，公的セクター（行政関係の領域）と非営利セクター（NPO関係の領域）で費やされている（Kirsch et al., 2001）。これらのセクターは，市場セクター（企業関係の領域）に対して，これまで経済活動では周辺的とみなされてきた分野である。経済的な統計には反映されないところで，莫大な労働力が活躍していたことに，日本でもアメリカでも近年やっと，気づき始めたのだ。

　こうしたボランティアの多くは組織的に活動するか，または何らかの組織に属して活動を行っている。全国社会福祉協議会が2001年に行った「全国ボランティア活動者実態調査」によれば，「全くの個人として自分で活動の機会をみつけて活動している」者は8.6％に過ぎず，その他の者は何らかの組織と関

係してボランティア活動を行っていた（全国ボランティア活動振興センター，2002：p.130）。また，2004年時点，全国の特定非営利活動法人（NPO法人）では，平均11.7人のボランティアが業務に関わっており，役員を除いての，人的資源の形態としては，最も多いのは無償のボランティアの形態であるという（独立行政法人労働政策研究・研修機構，2004）。このため，ボランティア活動の活性化のためには，ボランティアグループやボランティアを受け入れる組織が，いかにボランティアという人的資源を活用する能力を身につけるかこそが重要であると指摘できる。

　ボランティアという人的資源の活用手法は，欧米では「ボランティアマネジメント」と呼ばれている。このボランティアマネジメントにおいては，これまで経営学で一般的に扱われてきた有給従業員を対象としたマネジメントとは異なる課題があり，そのために異なった手法が必要とされる。もっとも根源的な相違のひとつは，ボランティアマネジメントの目的が，ボランティアをより「効率的」にマネジメントすることではないことである。これは，ボランティア活動においては，効率性（efficiency）という物差しを用いることが，必ずしも適切でない場合が多々あるためである。例えば，ボランティアが，地域の高齢者に弁当を宅配する「配食サービス」の活動を行っていたとする。通常の事業として弁当の宅配を行う場合には，時間通りに，より多くの家に，効率的に配達することが，最も重視されるであろう。しかしボランティア活動の場合，配達する件数を減らしてでも，一件ごとの訪問にかける時間を増やそうとするかもしれない。なぜなら，高齢者にボランティアで弁当を配達することは，独居の高齢者の孤独を解消することを目指した「ふれあい訪問」の意義も持っていることが多いからである。また，ボランティア活動者の満足を高めることも重要とされるかもしれない。これは弁当配達のボランティア活動が「社会参加」や「福祉学習」の機会としても捉えることができるからである。

　このため，繰り返しになるが，ボランティアのマネジメントは一般的な従業員のマネジメントとは異なった特徴・課題を持つ。しかしながら日本では，この分野での研究蓄積とそこから得られた知見を現場で応用しようという試みは，

ほとんどなされていないといってよい。21世紀は「非営利の世紀」「ボランティアの世紀」であるという，楽観的で威勢のよい掛け声が国内外から聞こえている。掛け声だけでなく，実体を創り上げていくためには，ボランティアマネジメントの研究と実践を積み重ねることが必要となる。本書はまさにこうしたボランティアマネジメントについて，その理論と実践の諸課題を明らかにしていこうとするものである。

本書の概要

　本書は，3部構成で成り立っている。

　第Ⅰ部は，ボランティアの組織行動（organizational behavior）に関しての，主要なテーマについて，理論的に論じている。組織行動とは組織の中での人間の行動パターンのことであり，これまでに重厚な研究の蓄積がある。しかしながら，これまでのわが国のボランティア研究では，ボランティアの組織行動をほとんど取り扱ってきていない。また，組織行動の知見をボランティアマネジメントに適用させたものは皆無である。

　第1章ではまず，ボランティアを取り巻く現状を概観する意味で，〈ボランティア〉という語のイメージが，現在，日本においてどのように捉えられているのかを考察する。

　第2章では，ボランティアの参加行動について，主にモチベーション（参加動機）の観点から論じる。先行研究の考察と，実証調査の結果を分析することにより検討する。

　第3章ではボランティアの活動継続行動について，先行研究の考察と調査結果の分析より検討する。

　第4章ではボランティアが活動に熱心になる行動，いわば「積極行動」について，組織行動の諸理論とリーダーシップの観点から論じる。

　こうした第Ⅰ部の各章で論じる主題について，それらの関係性を示したものが，図Ⅰである。

　第Ⅱ部は，ボランティアマネジメントの具体的な課題に即して論じていく。

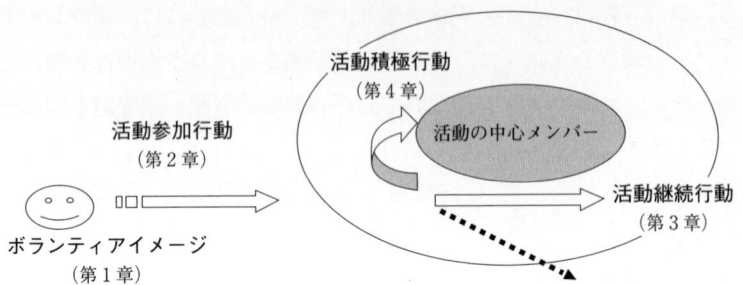

図Ⅰ　第Ⅰ部の構成

　まず第5章では、ボランティアマネジメントとは何であるか、という理論の枠組み自体を理解するために、その理論が日本において登場してきた経緯について考察する。日本では、90年代に「ボランティアコーディネート理論」が発達したが、そこから新たにボランティアマネジメントの理論が派生的に論じられるようになった。このため、主としてボランティアコーディネート理論の展開と現在的課題について論じる。

　第6章から第8章までは、具体的なボランティアマネジメントの実践プロセスに沿って、それぞれの段階における課題について論じていく。まず第6章では、ボランティアプログラムをどのように作るのかという、ボランティアプログラムの開発について論じる。ここではその開発における、ボランティアコーディネート組織間の協働の可能性についても考察する。

　第7章では、ボランティアマネジメントのプロセスについて、その主要な課題である、ボランティアの募集と活動の維持について取り上げ、分析する。

　第8章では、ボランティア活動の評価について、その目的や内容について論じる。ここで取り上げるボランティア活動は、活動地域福祉分野での活動を想定した議論となっている。

　図Ⅱは、こうした第Ⅱ部の関係性を表している（なお、ボランティアマネジメントのプロセスのモデルについては、第6章の冒頭でもより詳しく紹介し、その要点について考察している）。

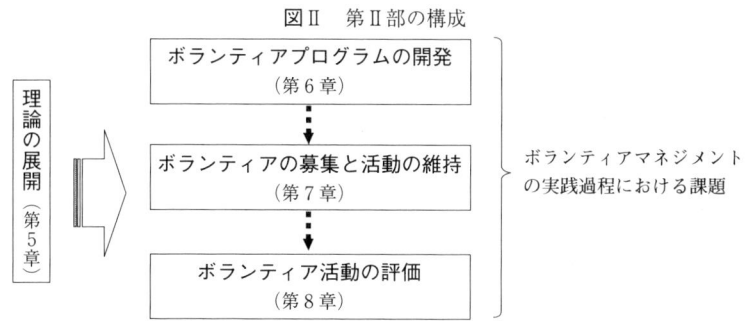

　第Ⅲ部は，ボランティアマネジメントを実践例から学ぶために，3ヵ所の事例を紹介する。第9章は，「いいだ人形劇フェスタ実行委員会」である。これはイベントにおけるボランティアマネジメントの事例であり，実行委員会形式の市民組織の事例でもある。第10章は，「京エコロジーセンター」である。これは施設におけるボランティアマネジメントであり，その活動は中高年が中心である。第11章は，同じく施設であるが，若者が中心の事例として，「塔南の園児童館」を紹介する。なお，これらの事例については，ケーススタディ用資料として活用できるよう，あえて批判的な考察を控えている。

　本研究はボランティアマネジメントについて専門的に論じており，研究書という体裁をとっている。しかしながら，この分野の知識をある程度持ち合わせていれば理解できるように，表現等を工夫している。例えば，本書ではところどころ，統計解析の手法を用いた分析を行っている。それらはほとんどが初歩的な分析に過ぎず，また，専門家から見れば稚拙で粗雑な分析内容であろう。しかしながら，こうした分析に日頃からふれていない者からすれば，まったくの未知の領域であり，その分析内容が何を意味しているのかを読みとることに苦労するかもしれない。このため本書では，統計解析の手法について，充分に知識がない者でも読み進められるよう，できるだけの配慮をしている。その一部として，細かな分析結果は本文中ではなく各章末に別表としてあげ，その説明も注記の形で記している。

　それでもボランティアやNPOについてまったくの初学者にとってはとっつ

きにくい，理解のためには不親切な表現が含まれている可能性が高い。そうした方にとっては，入門書を傍らに置いて本書にあたることをおすすめする。

とはいえ，第Ⅰ部の内容（ボランティアの組織行動）については，日本では入門書の類はまだほとんど見られない。そこで，自著で恐縮だが，田尾雅夫・川野祐二編著『ボランティア・NPOの組織論：非営利の経営を考える』（学陽書房，2004年）の第4章「ボランティアのモチベーション」（桜井政成著）を数少ない入門的な文献のひとつとして紹介しておきたい。また，田尾雅夫・新川達郎・川口清史編著『よくわかるNPO・ボランティア』（ミネルヴァ書房，2005年）にも関連する項目として，「ボランティアモチベーション」や「ボランティアマネジメント」（両方とも筆者担当）の解説がある。なお，同書は学問的な観点から多くのテーマがコンパクトにまとめられた良質な参考書となっており，ボランティアやNPOを学びたい者にとってよいガイドになるだろう。

ボランティアマネジメント
――自発的行為の組織化戦略――

目　次

はしがき

第Ⅰ部　ボランティアマネジメントの基礎——ボランティアの心理と行動

第1章　〈ボランティア〉イメージの現在 …………………… 3
1　ボランティアは「別世界のこと」か ……………………… 3
2　どれだけの人がボランティア活動をしているのか？ …… 4
3　ボランティアの活動領域と参加する人々の姿 …………… 6
4　ボランティアのイメージ …………………………………… 10
5　ボランティアイメージの変容？　有償ボランティアの台頭について …………………………………………………… 18

第2章　ボランティアの活動参加行動 …………………………… 21
——ボランティアのモチベーション——
1　ボランティアモチベーションの前提 ……………………… 21
2　ボランティアモチベーションの捉え方 …………………… 23
3　ボランティアモチベーションの構造に関する調査 ……… 31
4　ボランティア活動参加に影響を与えるもの ……………… 41
5　ボランティアモチベーションの整理：本研究からの知見 … 42

第3章　ボランティアの活動継続行動 …………………………… 49
——ライフサイクルからみた継続要因の違い——
1　ボランティアの活動継続への注目 ………………………… 49
2　ボランティアの活動継続に影響を与える要因 …………… 50
3　ライフサイクルとボランティア活動 ……………………… 53
4　ボランティアの活動継続要因に関する調査の実施 ……… 55
5　ライフサイクルと活動継続要因との関係性の考察 ……… 59
6　本研究が示唆するライフサイクル視点の活用 …………… 62

7　今後の課題：ライフコースと活動継続……………………63

第4章　ボランティアの活動積極行動……………………………68
　　　　──ボランティアに熱中する心理──
　1　ボランティアの多くは「現状維持」……………………68
　2　理念は活動を活発化させるのか？　組織均衡理論からの示唆…68
　3　ボランティアの組織コミットメント……………………70
　4　ボランティアの心理的契約……………………………72
　5　ボランティアのリーダーシップ………………………74
　6　ボランティアの活動積極行動の整理……………………82

第Ⅱ部　ボランティアマネジメントの課題──理論と実践の検討

第5章　ボランティアコーディネートからボランティアマネジメントへ　──その理論的展開──……………………87
　1　ボランティア活用を巡る理論化の状況…………………87
　2　ボランティアコーディネート理論……………………88
　3　90年代を通じたボランティアを取り巻く状況の変化……94
　4　ボランティアコーディネート理論の新たな展開…………99
　5　ボランティアマネジメント理論………………………102
　6　ボランティアコーディネート，ボランティアマネジメントのゆくえ……………………………………106

第6章　ボランティアプログラムの設計と開発……………………110
　1　ボランティアマネジメントのプロセス…………………110
　2　ボランティア受け入れにおける「ボランティアステイトメント」の重要性………………………………………112
　3　ボランティアプログラムの開発：病院ボランティアを例に……117

4　組織ライフサイクルとボランティアの役割……………………… 123
　　5　誰がプログラムを設計するのか：ボランティアコーディネーターの配置 ………………………………………………………… 126
　　6　パートナーシップによるボランティアプログラム開発の可能性 … 128
　　7　課題の整理：準備段階の重要性 ………………………………… 131

第7章　ボランティアの人的資源管理 ……………………………………… 134
　　　　──募集・導入・維持のプロセス──
　　1　ボランティアの人的資源管理の重要性 ………………………… 134
　　2　ボランティア募集における「マーケティング」という発想 …… 135
　　3　ボランティアの参加動機の理解と募集方法 …………………… 137
　　4　ボランティアの導入段階の課題：スクリーニングとトレーニング ………………………………………………………………… 141
　　5　ボランティアの活動維持のための方策 ………………………… 144
　　6　ボランティアフレンドリーな組織を目指して ………………… 151

第8章　ボランティア活動の成果とその評価 …………………………… 155
　　1　ボランティア活動評価の困難性 ………………………………… 155
　　2　組織自身によるボランティア活動評価 ………………………… 157
　　3　活動支援者による評価：質的評価の可能性 …………………… 161
　　4　第三者評価によるボランティア評価 …………………………… 167
　　5　評価を活きたものにするために ………………………………… 170

　　　第Ⅲ部　ボランティアマネジメントの実際──ケーススタディ

第9章　いいだ人形劇フェスタ …………………………………………… 175
　　1　いいだ人形劇フェスタとは ……………………………………… 175
　　2　まちぐるみで取り組む人形劇フェスタ ………………………… 177

3　ボランティアの活動理念と募集……………………………………… 180
　　　4　人形劇フェスタのこれから…………………………………………… 184

第10章　京エコロジーセンター……………………………………………… 187
　　　1　ボランティア受け入れの経緯………………………………………… 187
　　　2　ボランティアの活動内容……………………………………………… 188
　　　3　京エコロジーセンターでのボランティアコーディネート……… 191
　　　4　ボランティアの姿……………………………………………………… 195
　　　5　地域に羽ばたくエコメイト…………………………………………… 197

第11章　塔南の園児童館……………………………………………………… 198
　　　1　児童館とは……………………………………………………………… 198
　　　2　塔南の園児童館がボランティアを受け入れる目的……………… 199
　　　3　子どもの成長・ボランティアの成長・組織の活性化…………… 201
　　　4　地域の人や専門家ボランティアの協力を得るには？…………… 205
　　　5　ボランティアの募集とマネジメント……………………………… 206
　　　6　ボランティアひとりひとりの思いにどう応えるか？…………… 208
　　　7　ボランティアが実現する「地域での子育て」…………………… 209

あとがき……211
参考文献……215
索　　引……227

第 I 部
ボランティアマネジメントの基礎
―― ボランティアの心理と行動

第1章　〈ボランティア〉イメージの現在

1　ボランティアは「別世界のこと」か

　「ボランティアという言葉は最近よく聞くから知っていたが，自分には関係のない世界のことだと思っていた。しかし，こんなに有り難いものだとは思わなかった。残された人生はそれほど長いわけではないが，もしボランティア活動に参加できる機会があれば，是非参加してみたい。」

　2004年10月，日本全国で台風23号が猛威をふるった。京都府北部でも土砂崩れや洪水によって，家屋や田畑等に甚大な被害を被った。被害のあった各市町村は，次々に現地災害ボランティアセンターを立ち上げ，住民の家屋の泥出し等に協力するボランティアの受け入れを行った。京都府南部などからは，連日，被災地に向かって，ボランティアを乗せた大型バスが運行された。上記の言葉は，その時，土砂崩れによって家の中まで土砂が押し寄せた住宅で，独り，土砂の掻き出しを行っていた住民の男性が，その住宅に駆けつけたボランティアに対して，感謝の言葉と共に伝えたものである。

　現在の日本において，ボランティアという言葉は確実に市民権を得ている。にも関わらず，少なからぬ人達がそれを「別世界のこと」と考えている。いったい，なぜか。

　こうした現状については，「ボランティア」は外来語であり，そもそも日本にはなかった文化なので，馴染みがない人が多いのは仕方がない，と素っ気なく述べる人もいる。また他方には，日本にも古来より「ボランティア的なもの」は存在していたのだ，と主張する人もいる。そうした人々によれば，例えば，地域によっては今でも行われている「道普請」（道路環境の整備）や，「川

ざらい」(河川の清掃・整備)といった共同作業は，立派なボランティア活動である，とされる。

いったい，この日本において，人々は〈ボランティア〉に対してどのようなイメージを持っているのか。そもそも，どれだけの人がボランティア活動に参加したことがあるのか。

〈ボランティア〉を巡る言説は，歴史的な背景が複合的に絡み合って，現在に至っていることは確かである。しかし本章では，こうした現在的なボランティアのイメージの形成過程を，歴史的に，事細かく論じることはしない。そうではなく，「いま・ここ」の，すなわち現在的な，ボランティアイメージの全体像を把握したい。それは，ボランティアの組織行動を次章以降で論じるにあたっての，土台作りにあたる。

2　どれだけの人がボランティア活動をしているのか？

現在，日本でボランティア活動を行っている人は，どれだけいるのであろうか。そしてその人達は，どのような領域・職務のボランティア活動に携わっているのであろうか。ボランティアのイメージについての分析を行う前に，こうしたボランティア活動を巡る現在の状況を把握しておきたいと考える。

ボランティア活動への参加動向については，毎年，全国社会福祉協議会・ボランティア活動振興センター（以下，全社協と略記する）が，全国の市町村社会福祉協議会ボランティアセンターで把握されているボランティア総数およびボランティア団体数をとりまとめている（全国社会福祉協議会・ボランティア活動振興センター，2004）（図1-1参照）。

それによれば，ボランティア総数，ボランティア団体数ともに年々伸び続けており，2003年現在では，ボランティア総数は約780万人となっている。日本の人口をおよそ1億2700万人（2003年段階）であるとするならば，この調査結果からは国民全体の6.1％程度がボランティア活動に参加していることになる。

第1章 〈ボランティア〉イメージの現在

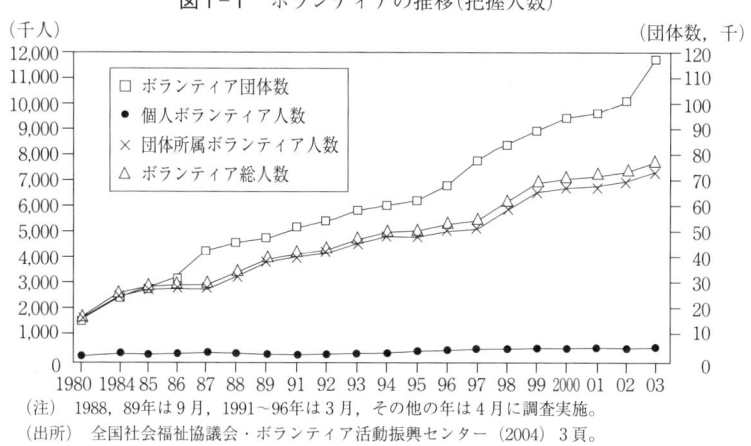

図1-1 ボランティアの推移(把握人数)

(注) 1988, 89年は9月, 1991〜96年は3月, その他の年は4月に調査実施。
(出所) 全国社会福祉協議会・ボランティア活動振興センター (2004) 3頁。

　一方，総務省の2001年「社会生活基本調査」によると，過去1年間にボランティア活動を行ったことのある行動者率は，28.9％であったとされている。なお，同調査は10歳以上を対象とした率であるため，単純に全社協の調査とは比較ができない。そこで，全社協の調査結果も，総務省の調査に揃えて，10歳以上人口における割合を算出してみる。すると，約6.8％となる。しかしこれでも前者と後者の調査結果には，10％以上の開きがみられる。たった2, 3年でこれほどボランティアの人口が激変したとは考えにくい。なぜ，これほどの違いが現れているのであろうか。
　実は，全社協調査と総務省調査は，「ボランティア活動」の定義そのものが異なっているのである。全社協の調査サンプルは，全国の市町村の社会福祉協議会が把握している個人や団体であるが，その社協という組織の特性上，社会福祉関係のボランティア活動がその中心になっていると考えられる。またそこでは，自発性，無償性，公益性といわれるような，ボランティア活動の「原則」が厳密に適用された個人や団体についてのみカウントされている。これに対して総務省の調査では，その調査にあたってのボランティア活動の定義として，「報酬を目的としないで，自分の労力，技術，時間を提供して地域社会や個人・団体の福祉のために行っている活動」という，全社協のものよりもゆる

5

図1-2　日本におけるボランティア活動人口

広義の（総務省調査での定義による）ボランティア活動人口　28.9%

狭義の（全社協調査での定義による）ボランティア活動人口
6.8%

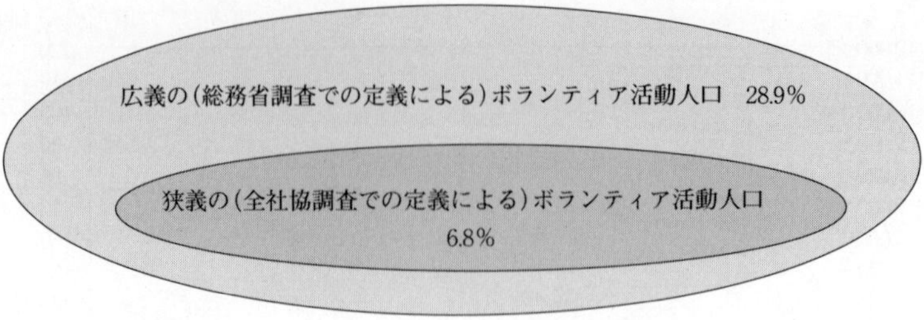

（出所）　筆者作成。

やかな定義を用いている。このため地域社会における清掃活動や，青少年スポーツの指導など，通常「ボランティア」とは呼ばれていない活動もその調査対象に含んでいる。前者を狭い意味での，すなわち狭義のボランティアとするならば，後者は広い意味での，すなわち広義のボランティアとすることができる（図1-2参照）。

従って，日本においては，ボランティア活動への参加率は，狭義のボランティア活動でいえば7％弱，広義のボランティア活動でいえば30％弱であるとみなせるだろう。30％弱という割合は，一見低いものに映るが，しかしながら無視できない割合でもある。すでに日本では，国民の約3人に1人が，広い意味でのボランティア活動に関わっているといえるのである。

しかしそれではなぜ，ボランティアへの理解があまり広がっていないのかという，当初の疑問について，その答えがますます明らかでなくなってくる。国民の一定数が関わっているにも関わらず，なぜ「別世界のこと」という人がいるのか？

3　ボランティアの活動領域と参加する人々の姿

この疑問を掘り下げるために，狭義と広義という，二つのボランティアの輪郭を，もう少しはっきりさせておきたい。それぞれの調査でボランティアが従事する活動領域を確認していくことにする。

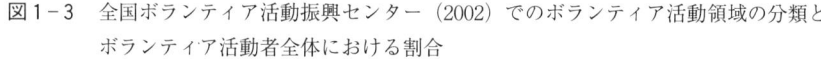

図1-3 全国ボランティア活動振興センター（2002）でのボランティア活動領域の分類とボランティア活動者全体における割合

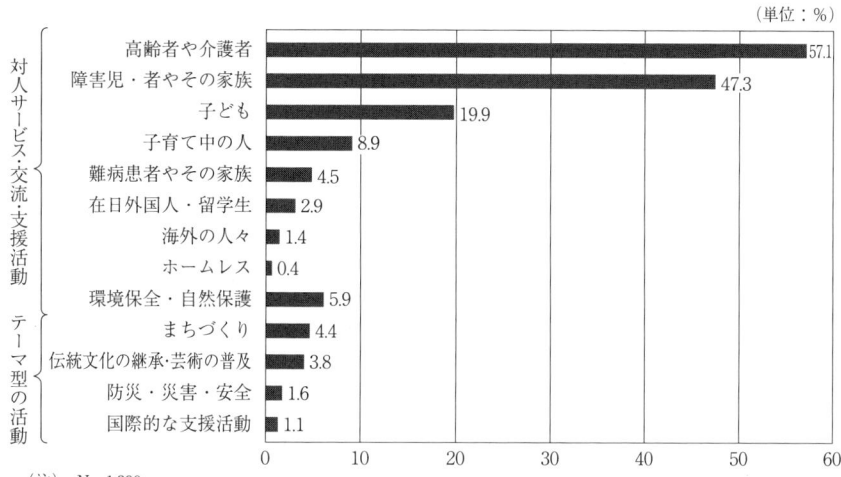

(注) N=1,390。
複数回答。
「その他」「活動の対象を限定せず」「無回答」は除く。
(出所) 全国社会福祉協議会（2002）をもとに筆者作成。

　ただし，残念ながら，全国社会福祉協議会・ボランティア活動振興センター（2004）では，ボランティア活動者の人数までは把握できるが，その属性や活動領域については明らかにされていない。このため，同じ母集団をサンプルとしながら，その属性や活動領域についてまで明らかにされている全国ボランティア活動振興センター（2002）「全国ボランティア活動者実態調査報告書」を代用して，総務省（2001）との比較を行いたい。

　全国ボランティア活動振興センター（2002）「全国ボランティア活動者実態調査報告書」では，ボランティア活動内の領域を，図1-3のように類型化している。

　全国ボランティア活動振興センター（2002）の調査結果においては，「高齢者や介護者」を対象に対人サービス，交流，支援を行っている人（57.1％）と，「障害児・者やその家族」を対象に対人サービス，交流，支援を行っている人（47.3％）が，圧倒的にその割合を占めている。その他の活動では，「子ども」

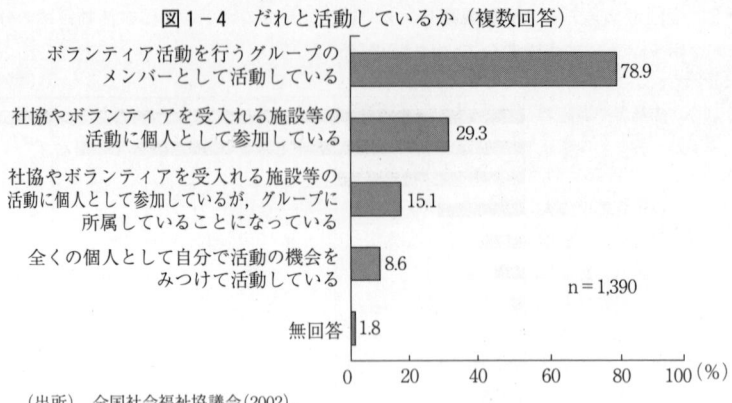

図1-4 だれと活動しているか（複数回答）

（出所） 全国社会福祉協議会（2002）。

対象に対人サービス，交流，支援を行っている人が20％程度いるものの，それ以外の活動分野は10％を切っている。

　また，ボランティア活動を誰と行っているかという質問に対しては，「ボランティア活動を行うグループのメンバーとして活動している」との回答が最も多く，78.9％であった。次いで，「社協やボランティアを受け入れる施設等の活動に個人として参加している」との回答が多いが，しかし割合はぐっと下がって，29.3％となっている（図1-4参照）。

　一方，総務省（2001）では，ボランティア活動の領域としては，図1-5のように9領域に分類し，調査・集計を行っている。

　このうち，最も活動者の割合が高いのは，「まちづくりのための活動」で48.6％となっている。次いで，「自然や環境を守るための活動」で27.8％である。その他，「安全な生活のための活動」（19.1％），「子供を対象とした活動」（18.5％）も，比較的高い割合を占めている。前述の全国ボランティア活動振興センター（2002）とは，大きく異なった結果になっている。

　また，ボランティア活動の形態別に，その行動者率を調べた結果（図1-6参照），最も多かった参加形態は「町内会・青年団・老人クラブ等」に加入して行った活動（男女ともに8％以上）であり，次いで，団体には加入せず，「地域の人と」行った活動（男女ともに6％以上）であった。そして驚くことに，

第1章 〈ボランティア〉イメージの現在

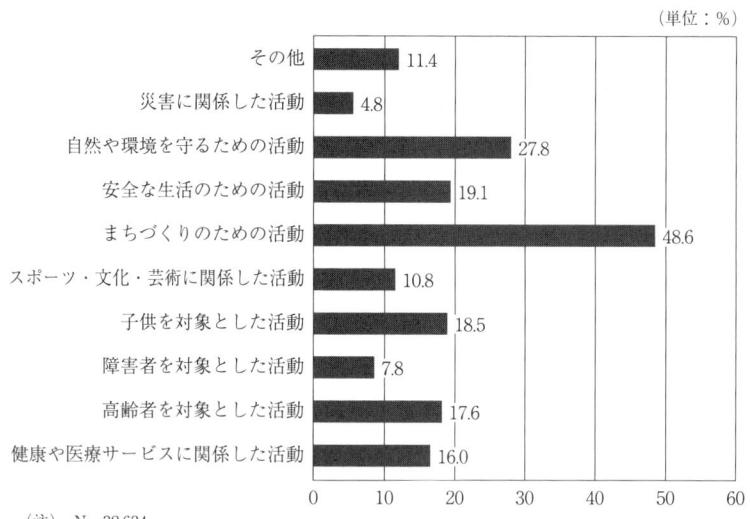

図1-5 総務省（2001）でのボランティア活動領域の分類とボランティア活動者全体における割合

(注) N=32,634。
複数回答。
(出所) 総務省（2001）をもとに筆者作成。

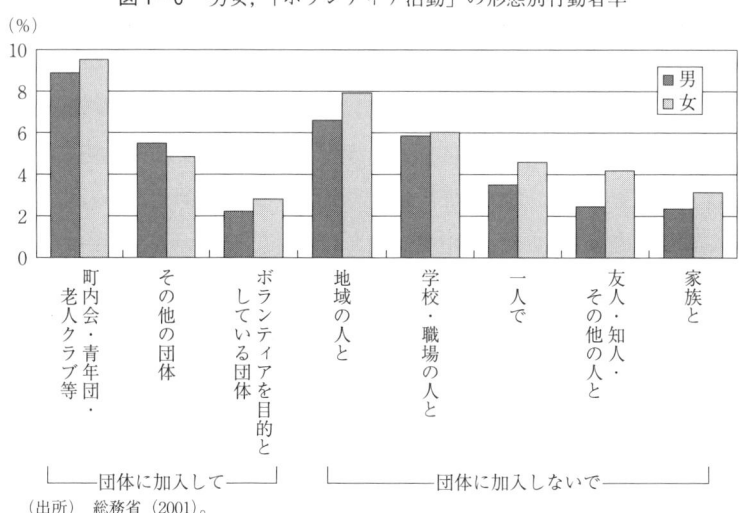

図1-6 男女，「ボランティア活動」の形態別行動者率

(出所) 総務省（2001）。

「ボランティアを目的としている団体」に加入して行っている行動者の率は，他の活動形態に比べて最も少なく，3％以下しかなかった（ちなみに，その他の活動形態には，「その他の団体」，「一人で」，「友人・知人・その他の人と」，「家族と」が選択肢としてあった）。この点も，前述の全国ボランティア活動振興センター（2002）の結果とは大きく異なるものである。

このふたつの調査結果の比較から，日本において，（広い意味での）ボランティア活動には国民の一定層が参加しているにも関わらず，多くの人々が実感として，ボランティア活動を「別世界のこと」と感じてしまっている理由を推測することができる。それは，日本ではあまり，町内会やPTAや老人クラブで行う活動や，地域の人たちと行う活動については，ボランティア活動と呼ばれることが少ない。このため，広義にはボランティア活動と呼んでも不思議ではない活動に従事していても，ボランティア活動という自覚がないことが多いと思われる。ボランティア活動を行う際に，「ボランティア団体」に加入している人々が少数派なことからもそれが伺われる。

さらに，全国ボランティア活動振興センター（2002）の結果に表れているように，ボランティアグループに参加しての活動は，その内容が高齢者や，障害児・者やその家族を対象としたものが多数を占めている実態が，（狭義での）ボランティアのイメージを固定化していると考えられる。すなわち，ボランティア活動とは，ボランティアグループに加入して行う，何らかの助けを必要としている人々に対するサービス，というイメージである。こうしたイメージに当てはまらない活動については，例え「ボランティア的」に行っている活動であっても，最初からボランティア活動と見なしていない人が多いのではないだろうか。

4　ボランティアのイメージ

1　日本における様々なボランティアイメージ

　以上のようなボランティア活動の現状において，では〈ボランティア〉とい

うコトバは実際、どのように人々に受け止められているのであろうか。

　ボランティアのイメージについて、多様な世代や職業の人々を対象に尋ねている調査として、福岡県飯塚市が2002年に行った「飯塚市ボランティア意識調査」があげられる。同調査は内閣府の委託調査「余暇・生活文化行政推進モデル計画調査」として、「飯塚市が余暇・生活文化に関する市民のニーズおよび余暇・生活文化活動の実態等を把握するとともに、国および地方公共団体における余暇・生活文化関連施策の充実に資することにより、今後のボランティア活動等を効果的に推進することを目的として」実施された[1]。その調査の一部として、飯塚市に在住する16歳以上の市民2800人を対象に、「ボランティア活動等に対する印象（イメージ）」について尋ねている。そこでは、イメージ項目として、「時間に余裕のある人が行う」、「思いやりがある」、「おせっかい」、「自分のために行う」、「楽しいイメージがある」、「ボランティア活動等は必要である」、「ボランティア活動等は自ら進んで行う」、「社会貢献が大いにある」という8項目について、「まったくそう思う」から「まあそう思う」、「あまりそう思わない」、「まったくそう思わない」までの4段階で回答を求めている。

　その結果、「思いやりのある人が行う」についてはそう思う人（「まったくそう思う」と「まあそう思う」の合計）が92.6％、「おせっかい」についてはそう思わない人（「あまりそう思わない」と「まったくそう思わない」の合計）が91.7％、「ボランティア活動等は必要である」についてはそう思う人が96.1％、「ボランティア活動等は自ら進んで行う」についてはそう思う人が77.2％、「社会貢献が大いにある」についてはそう思う人が89.2％と、概してボランティア活動自体については、肯定的なイメージを持っている人が多いことが明らかとなった。

　しかしながら「時間に余裕のある人が行う」については、そう思う人が66.0％であり、また、「楽しいイメージがある」についてはそう思わない人が52.6％、「自分のために行う」についてはそう思う人が55.1％、と、活動を行うことについては意見が分かれていた。なお、同調査の対象者の中で、実際にボランティア活動等を行っている人は8.7％、過去に行ったことのある人は

27.7％であった。その活動の必要性や意義については理解しながら、実際に活動を行うにあたっては心理的な障壁が存在している姿がみてとれる。

別の調査の例として、伊藤（2002）は、短期大学・専修学校・4年制大学の学生を対象に、ボランティアに関するイメージについて調べている。統計手法として因子分析を用いているが[2]、それによれば、ボランティアのイメージは①「快楽性」（楽しさや面白さ、交友関係の構築）、②「充実・達成獲得」（充実感や達成感、効果のある活動）、③「反ボランティア」（「ボランティア」に対して批判的）、④「優等性」（まじめ、やさしい、よい、といった要素）、⑤「特異性」（ボランティア活動を行うことに対して特異であるという印象）、⑥「社会性獲得」（交流や経験、視野の拡大など社会的側面での利益がある活動）、⑦「義務的」（ボランティア行為を当然のものとする意識）といった要素によって構成されているとしている。総じて肯定的なイメージほど因子寄与率の高い因子として抽出されており、これは、ボランティアについて、肯定的なイメージが強く持たれていると理解することができる。

また、同じく伊藤（2002）によれば、ボランティア経験がある者ほど、肯定的なボランティアイメージを持ち合わせていることが明らかとなっている。また当然ともいえるが、ボランティア活動を今後行いたいと考えている者は、ボランティア活動に肯定的なイメージを持ち合わせている。ボランティア経験がある者ほど、肯定的なボランティアイメージを持ち合わせている点については、長須他（1998）の調査結果においても明らかとなっている。長須他（1998）は、1995年1月の阪神・淡路大震災発生後、被災地でボランティア活動に従事した者を対象に意識調査を行った。その結果、震災ボランティアに参加する前から別のボランティア活動に携わった経験を持つ者は、非経験者に比べ、ボランティアについて「明るい」、「希望」、「気軽な」、「楽しい」、「連帯感」、「安全な」、「居心地のよさ」といった肯定的なイメージを強く持つことがわかった。そして活動前非経験者においても、震災ボランティア活動後は、活動経験者の持つイメージに近づいていた。

また伊藤（2002）においては、学校でのボランティア体験の有無とボラン

ティアイメージの関係について分析していることも興味深い。それによれば，学校での体験の有無は，どのボランティアイメージの因子とも有意な関係性を見出すことができなかった。このため伊藤（2002）では，学校でのボランティア体験の有無は，青少年のボランティアイメージに影響を与えていないとしている。前述の通り，活動経験を持つ者はボランティアに対して肯定的なイメージを持つにも関わらず，学校での体験はそうした効果を生んでいない。このため，青少年のボランティア活動を促進するにあたっては，単に強制的にボランティア体験を推し進めるだけでは効果がないといえるだろう。ボランティア教育のあり方が問われるところである。

　さらに，これまでの研究結果からは，年齢によるボランティアイメージの差異も存在していると考えられる。新出他（1998）は，1998年2月に開催された長野冬季オリンピックに登録した一般ボランティア1064人を対象に，ボランティアイメージ等に関する調査を行った。同調査でボランティアイメージについての年齢別の平均値の比較を行ったところ，若年層ではボランティア活動について，精神的な報酬（達成感，充実感，感動，視野の広がりなど）が得られるものとしながらも，自己満足や偽善性など，批判的な見方も同時に持ち合わせていることがわかった。これに対し高齢者層では，社会のための活動であるとか，感謝される活動であるといった，社会貢献的なイメージをより強く持っていた。また，高齢者層では，より概念的な条件（無報酬，裏方，自発的）を強くイメージしていることも明らかとなった。こうした相違がなぜ生まれるのかについては，世代経験や教育的経験の差などが同研究では指摘されているが，実際のところは，はっきりとはわかっていない。また，同研究では，高齢者層のボランティア活動を推進するためには，ボランティア行動を起こさせるための条件を整える必要があると結論づけている。

　以上の先行研究の分析から，現在の日本におけるボランティアイメージについては，次のことがいえるだろう。

　まず総論的には，ボランティアに対して，思いやりや社会貢献の活動といった，社会的な意義を持つ肯定的なものとしてのイメージが広く持たれている。

このことから，ボランティアという言葉自体は，社会に広く受け入れられていることがみてとれる。

しかしながら，時間に余裕のある人だけが行うもの，自分のために行うもの，楽しい，気軽，連帯感などのイメージにおいては，意見が分かれている。そうしたイメージを強く持つ人と，そうではない人がいる。

こうした相違は，先行研究によれば，ボランティア経験が実際にあるかどうかや，年齢層などによって現れていると考えられる。非経験者は経験者に比べ，ボランティアについてあまり好意的な印象を持ち合わせていない。また，年齢層による相違としては，若年層において，精神的な報酬が得られるといった利己的な意識を持ちながらも，それについて自己満足や偽善性などと自己批判的な見方も同時に持ち合わせているという，アンビバレントな姿が浮き彫りとなった。

2　ボランティアイメージの国際比較

こうした日本におけるボランティアイメージは，他国のそれを比較した際にはどのような特徴があるだろうか。

小澤（2001）は，日本，韓国およびカナダの大学生のボランティアイメージについての比較調査を行っている。それによれば，まずボランティアイメージを比較する際の前提として，日本は他の2国に比べ，ボランティアイメージの源泉は「ただ漠然とした印象」にすぎない学生が多く，ボランティアイメージに関する確信のなさが露呈していた。

ボランティアイメージとボランティア活動への関心度との相関関係をみると，韓国データでは「まじめな」，「困った人を助ける」といったイメージはポジティブなイメージであり，ボランティア関心を増大させる要因となっていた。しかし日本データでは，統計的に有意な相関関係がみられず，従ってこうしたイメージはボランティア関心に影響を与えていないことがわかった。同様に，「自己犠牲」，「偽善的な」といったイメージは，韓国データではボランティア関心に特に影響を与えていなかったが，日本データの場合には，それらはボラ

ンティア関心を減退させるネガティブなイメージであった。

　また，カナダデータについては，「ボランティア関心度の測定方法に問題がある」と前置きしながらも，あらゆるボランティアイメージはボランティア関心度に有意に関係していなかったとしている。これは，カナダにおいては，他の2国に比べ，もはやすでにボランティア活動が日常生活に根ざしており，イメージによって左右されるものではなくなっているのではないかと小澤（2001）は指摘している。裏返せば，日本におけるボランティアイメージとは，活動に参加しての実感を伴っていない，まさに別世界のこととして語られたイメージが多いと考えられる。

3　ネットコストアプローチによるボランティアイメージの国際比較

　別の調査から，日本におけるボランティアイメージを，諸外国のそれと比較してみたい。ハンディ他（2000）は，ネットコスト仮説という考え方に基づき，ボランティアのイメージについて，国際比較を行っている（Handy et al., 2000）。

　ネットコスト仮説とは，近代経済学理論を基礎としたものである。ハンディらは，人々がボランティア活動かどうかを判断する基準はボランティアのネットコストによると考えた。ボランティア活動への参加は，時間や労力や，場合によっては金銭の損失（犠牲）を個人に強いることになる。しかし一方で，ボランティア活動によって，人々は私的な利益を得ることもある。ここでの私的な利益とは，金銭的報酬・社会的地位や機会の向上（名誉）・富を獲得する能力の改善・交流やレクリエーション・大義名分を果たすことでの満足感・自己満足などである。この，活動によって発生する私的な損失（犠牲）から，活動によって得られる個人の私的な利益を差し引いた知覚が，ネットコストである。

　また，ボランティア活動からは，公的な利益も発生する。いわゆる他者利益である。例えば，介助ボランティアから援助を受けた側の生活がどれだけ改善されたか，清掃ボランティアによって地域がどれだけきれいになったか，などである。ハンディ他は，ボランティアが払ったネットコストに比べて，公的な利益がどれだけ発生したかによって，その活動のボランティア性（どれだけボ

図1-7　ネットコスト仮説に基づくボランティア性の概念

公的な利益＞私的な損失ー私的な利益

ランティア活動と呼べるか）が判断されていると考えた（図1-7参照）。

そして，このネットコスト仮説に基づき，人々はどのような活動を「ボランティア活動」と認識しているかという，国際比較調査を行っている。残念ながら，ハンディらの調査対象国には日本は入っていないのだが，幸いにも，アサノ＆ヤマウチ（2001）によって，このネットコスト仮説による，日本でのボランティアイメージの調査が行われている。

このため，双方の研究結果を参照し，日本を含んだ，ネットコスト仮説に基づくボランティアイメージの国際比較結果を考察したい。調査は，人々に50の項目について，それらがボランティア活動とどれだけいえると思うかを尋ねている。

表1-1は日本での回答で，50の項目の中で得点が高かった上位5位までと得点が低かった下位5位までについて，その他の国での調査結果とを比較したものである。

この結果，どの国においても，得点が高い項目と，得点が低い項目はおおよそ似通っていることが理解できる。すなわち，これらの国々においては，「誰がボランティアか？」というボランティアのイメージは，ほぼ同様であるといえる。

ただし，調査結果によれば，それぞれの国で特徴的な項目もみられたとしている。例えば，オランダでは，金銭的な報酬を伴うものはボランティアとみなさない傾向が強かった。「弁護士がNPOのために半額の報酬で仕事を請け負う」という項目については，他の国々では24位から38位の間であったのだが，オランダでは46位ときわめて低い順位であった。また，インドにおいては，「配偶者の連れ子を新しい親が養育する」という項目は22位だった。この項目は，他の国々では38位から48位と低位であり，あまりボランティアとはみなしていなかったが，インドではそうでもないようである。これについては，

第1章 〈ボランティア〉イメージの現在

表1-1 ネットコスト得点の上位5位と下位5位の国際比較

項　目 (上位)	日本	カナダ	オランダ	インド	イタリア	アメリカ (ジョージア州)	アメリカ (フィラデルフィア州)
先生がホームレスにスープキッチンで食事をふるまう	1	2	3	4	2	2	1
10代の若者がホームレスにスープキッチンで食事をふるまう	2	1	4	3	1	3	2
大人が移民外国人に第二外国語としてその国の言葉を教える	3	3	5	6	8	6	7
大人がBBS活動に参加することを申し出る	4	4	2	2	7	1	5
大企業の役員がホームレスにスープキッチンで食事をふるまう	5	5	6	10	4	2	4
(下位)							
事務局長が彼(彼女)の選択によって給料が支払われない残業を行う	46	29	45	11	29	30	29
6歳の子が両親と一緒に老人ホームを訪れる	47	49	44	39	49	49	49
配偶者の連れ子を新しい親が養育する	48	43	40	22	38	46	45
会計横領の罪で起訴される代わりに250時間の地域活動を行う	49	50	50	38	50	50	50
内科医が会議で調査報告書を報告する	50	44	41	24	48	48	44

(出所) Handy et al. (2000) および Asano & Yamauchi(2001) を参考に筆者作成。

家族のあり方というものの認識の相違から来るのかもしれない。

　いずれにしても，このネットコスト仮説に基づく国際比較調査の結果では，金銭的／非金銭的な報酬が伴う活動については，ほとんどの調査対象国の人々がボランティア活動とみなしていない。いわば，ボランティアイメージのグローバルスタンダードが明らかになったといえる。

5　ボランティアイメージの変容？　有償ボランティアの台頭について

　ここで少し気がかりなのは，日本における「有償ボランティア」という用語である。これは，金銭的な報酬を伴うボランティア活動のことであるが，言葉の使用だけでなく，最近では，その実態も非常に広範にわたっているようである。独立行政法人労働政策研究・研修機構が 2004 年 1 月に実施した「NPO 法人における能力開発と雇用創出に関する調査」によれば，現在，NPO 法人では，平均 3.3 人の有償ボランティアが活動しており(3)，有償ボランティアを受け入れている NPO 法人は，およそ 4 割に達するという。また有償ボランティアは，NPO 法人に関わる人的資源の形態としては，無償ボランティアに次いで，2 番目に多い形態となっている（役員を除く）（表 1 - 2 参照）。

　しかし有償ボランティアは，ネットコストアプローチに基づくならば，明らかにボランティア概念とはかけ離れたものである。また実費弁償（交通費などの支給）ではなく，実質上，労働の対価として支払う形とみなされれば，労働に関する法律の遵守が求められる。つまり，最低賃金を下回る水準の有償ボランティアは，労働者の権利を損ねているというそしりを免れない。にも関わらず，日本でこれほど広範に取り入れられているのは，なぜなのだろうか？

　独立行政法人労働政策研究・研修機構の調査では，NPO 法人が有償ボランティアを活用する理由について尋ねている。それによれば，最も多かった理由は，「活動の輪を広げるため」（39.7 ％。複数回答。以下同）であった。次いで，「有給職員を雇えない，人件費節約のため」（36.2 ％），「事業のサポート，補助的業務に対応するため」（33.3 ％）となっている。「ボランティアという形態

表1-2 NPO法人の活動人数

		合計人数	1団体あたり平均人数（異常値処理後）
役　　職		31,463	8.96
有給職員	うち有給役員	2,012	0.46
	正規職員	5,969	1.40
	非正規役員	14,981	2.95
	出向役員	580	0.08
		23,542	4.89
ボランティア	有償ボランティア	17,324	3.34
	無償事務局ボランティア	5,452	1.33
	無償その他ボランティア	34,130	7.06
		56,906	11.73
合　　計		109,899	25.58

（出所）　労働政策研究・研修機構編（2004）「就業形態の多様化と社会労働政策：個人業務委託とNPO就業を中心として」130頁。

にこだわるため」と答えたNPO法人は11.7％しかなく，2番目に少ない回答であった。

　すなわち，NPO法人において有償ボランティアが広がっている背景には，「ボランティアという形態にこだわ」っているわけではなく，「活動の輪を広げ」たり，「人件費節約のため」といった，実務的な理由が横たわっているのである。

　しかし，こうしたNPO法人にみられる「有償ボランティア」という，安易な「ボランティア」用語の乱用には，一抹の不安を感じざるを得ない。というのも，活動の「ボランティア性」とは何であるかを一顧だにせずに，「有償ボランティア」と呼び，人を働かそうとすることによって，日本におけるボランティアのイメージが悪化するおそれを感じるからである。また，いささか考え過ぎかも知れないが，有償ボランティアとは，「ボランティア」の肯定的なイメージを悪用して，労働者の権利を損なう，安価な労働力として扱っているだけなのではないか，とも勘ぐってしまう。いずれにせよ，お金をもらってもボランティアと呼べる，では，ネットコスト仮説による国際比較調査で明らかに

なったグローバルスタンダードからも，大きくはずれることになる。日本におけるボランティア活動の今後の発展において，「有償ボランティア」が障害にならないことを祈るばかりである。[(4)]

最後になるが，「ボランティア」が「別世界のこと」ではない社会とは，ボランティアが特別視されない社会である。そこでは，ボランティアイメージが悪用されることもなくなるだろうし，ボランティア活動への参加者自身も，先入感から肩に力を入れることもなく，気軽に活動に参加できるようになるはずである。日本がいつそうなるのかは，今のところ定かではない。

注
(1) この調査は，内閣府「平成13年度余暇，生活文化行政推進モデル計画調査」として行われたものである。なお同調査における「ボランティア活動等」の範囲は，『市民の自発的で主体的な意志に基づく活動で，営利を目的とせず，活動を通して他人や社会に貢献する先駆的な活動』と位置づけられており，そこにはボランティアグループでの活動の他，PTA活動，老人会や女性会の活動，地域組織での活動，公民館での活動など，幅広い活動内容をその対象としている。
(2) 因子分析とは，単純化して述べるならば，複数の項目（変数）の背後に潜む要因（因子）を発見するための統計分析手法である。ここでは，ボランティアのイメージに関する項目を，いくつかのまとまりに分類するために用いている。
(3) 有償ボランティアとは，全くの無償ではなく，何らかの金銭的な報酬を伴うボランティア活動のことをいう。その報酬額について，同調査においては，次の3通りを含んでいる。第一に，交通費など活動経費の実費払いを受ける者。第二に，活動経費として一定額の支給を受ける者。第三に，謝礼的な金銭の支給を受ける者である。
(4) 有償ボランティアが日本で誕生した背景は，第5章を参照のこと。

第2章 ボランティアの活動参加行動
—— ボランティアのモチベーション ——

1　ボランティアモチベーションの前提[1]

[1]　ボランティアのモチベーションを理解する必要性

ボランティアとはいったい何か。

いささか乱暴な質問であるが，ボランティア活動の現場では，たびたび聞かれる問いでもある。その答えは様々だろうし，そうであってしかるべきだが，日本においてはしばしば，「自発的な活動」というような答え方をすること，されることが，少なくない。

現在，ボランティア活動＝自由で自発的な意志に基づいて行われる活動という理解が一般的になされており，また，そう喧伝されている。これは，そもそも，ボランティアの語源はラテン語で「自由意志」を意味する"ボランタス"（Voluntas）にあるとされるからである（入江，1999）。

しかし，この「自発性」というのはいささか厄介な概念である。どこまでが自分の意志か。騙されたり強制させられたりしていないか。そんなことを問われて，ハッキリ線引きできる人など，果たして存在しているのだろうか。なにより，「自発性だから」で済まされることにより，ボランティアに参加動機があることなど思いが及ばなくなる。

他方，ボランティア活動とは社会的な課題を解決するために行う行為であって，メンバーはその理念に共鳴して集まってくるのだから，ボランティアの動機なんて知る必要はない，という意見もある。

果たして，ボランティア活動に参加する動機を知ろうとすることは，そんなに無意味な作業であろうか。

もちろん，そうでもないというのが本書の立場である。本書では，ボランティアの参加動機（以下ではそれをモチベーションとも表現する）を理解することは，有益であると考える。なぜなら，たとえ断片的な理解であったとしても，それを手がかりとして，ボランティアのコーディネートやマネジメントの実践に役立てることができるからである。

　このような，「ボランティアのコーディネートやマネジメントの実践に役立てることができる，ボランティアの参加動機の理解」を促すために，以下，本章では，ボランティアの参加動機をどう捉えるかについて，先行研究の分析や，実証調査の結果に基づいて，検討したいと考える。

2　ボランティアモチベーションの定義

　ここでひとまず，用語の定義をしておきたい。本書ではすでに「ボランティアの参加動機」という言い方をしているが，これはそもそも，「ボランティアモチベーション」という用語を厳密に定義したものである。

　モチベーション（motivation）とは一般的に，個人の行動の方向性・大きさ・持続性を説明する機能や過程のことを指す。このモチベーションの概念に基づき，ボランティアのモチベーションに関する研究も，数多く行われている。すなわちボランティアモチベーションという単語を定義するならば，それは個人がボランティア活動に取り組む心理的な機能や過程のことであるといえる。

　モチベーションは，日本語では「動機づけ」または「動機」と訳されることが多い。本書では，モチベーションを「参加動機」と訳し，その用語の使用を，ボランティア活動参加時の心理を指すものとして限定して用いることにする。本来的な定義からいえば，ボランティアモチベーションとは，必ずしも活動に最初に参加する心理を指すわけではない。しかしながら，次章で述べるように，ボランティア活動に参加する行動と，ボランティア活動を継続する行動との間には，それぞれに影響を与えている要因に大きな違いがみられる。このため，本書では「参加動機」とすることによって，より概念を厳密に定義することとなり，ひいてはより精緻な理解を可能にできると考えた。

また、ボランティア（活動）への参加とは、厳密にいえば「ボランティア組織へ加入する」参加と「ボランティア活動を始める」参加の2種類の意味が含まれている。これについては本書では特段区別せず、包括的にボランティア（活動）への参加として捉えることとする。第1章でみた通り、現在ではボランティア活動のほとんどが組織的になされている。このため、2種類の参加を区別することは現実的にほぼ不可能であり、また区別しないことで起きる概念上の不具合もそれほどないと判断した。事実、先行研究でもこの2種類の参加が区別されていることはほとんどない。

2 ボランティアモチベーションの捉え方

これまでの研究で、ボランティアモチベーションについての分析的視角は一様ではない。その分析的視角については、次の三つに分類することができると考えられる。

1 利他主義動機アプローチ

第一に、自分の利益にならない他人事を進んで行う姿勢である「利他主義」（Altruism）の精神が表出した行動であるとする見方である。くだけていえば、ボランティアを「思いやりの行動」とみる考え方である。ここではその考え方を「利他主義動機アプローチ」と呼んでおく。

このアプローチは最も伝統的なボランティアのモチベーション観であり、そのために多くの研究者がこのアプローチからボランティアの参加動機を説明している（Anderson & Moore, 1978 ; Aronfreed, 1970 ; Hoffman, 1978 ; Hoffman, 1976）。フラッシュマン&クイック（1985）は、そのタイトルを「利他主義は死なず」とした論文のなかで、いくつかの先行研究を考察した結果、「利他的動機はボランティア行動において、最も重要な動機である」（Flashman & Quick, 1985 : p. 166）と結論づけている。[(2)]

さらにいえば、ボランティア活動が、宗教上の教義や精神に基づくとする立

場についても，この利他主義アプローチに含めることに，それほど異論は無かろう。オズボーン（1996）は，西洋社会では，しばしばキリスト教の宗教的影響によって初期のボランティア活動の基礎が築かれてきたと述べている。(3)彼は，歴史的には国家から独立した機関としての教会の存在が影響を与えて，社会を作るブロック材としての，ボランタリー行為の社会原理が形成されたとし，そしてその概念をボランタリィイズム（Voluntaryism）と呼んでいる。

　一方，日本におけるボランティアの議論では，仏教の教義とボランティア精神との結びつきについて，考察がなされてきている。(4)そこでは，古代より仏教寺院おいて，慈善活動が行われてきていることが度々指摘されている。また，仏教では，信者が，金品がなくとも行うことができるお布施（「無財の七施」と呼ばれる）の形のひとつとして，損得を抜きにして，自分の身体を使って奉仕する「身施」（しんせ。捨身施＝しゃしんせともいう）というのがある。これなどはまさにボランティアの思想である。

　こうした利他主義アプローチの立場では，ボランティア活動は，親の肩をたたく，隣人を車で送る，見ず知らずの人が川に落ちておぼれているのを助ける，といったような，利他的行動（altruistic behavior，愛他的行動とも言う）と地続きであるともされる。

　確かに，ボランティア活動と，親切心から発する利他的な行動は，似通っている部分も多い。事実，利他的行動は，ボランティア活動の参加と密接に関わっていることが，アメリカでの調査結果より指摘されている。アメリカのインディペンデントセクター（Independent Sector）という団体では，2年に一度，ボランティアと寄付に関する全米的な調査を行っているが，そこでは一般的なボランティア活動（公式的なボランティア活動）の他に，利他的な行動についても，「非公式なボランティア活動」として，その参加率について調べている（表2-1参照）。

　1999年に行われたこの調査の結果では，全米で過去1年間にボランティア活動を行った者は，全成人のうちの55.5％であった。そしてそのボランティア活動を行った者のうち，公式なボランティア活動のみを行った者は56％で

表2-1　アメリカの公式的な／非公式なボランティア活動の規模

	1998年
国民全体におけるボランティア人口の割合	55.5%
ボランティアの全体人数	109,400,000
総ボランティア時間	19,900,000,000
公式的なボランティアのみの総ボランティア時間	15,800,000,000
非公式なボランティアのみの総ボランティア時間	4,100,000,000

(出所)　INDEPENDENT SECTOR, Giving and Volunteering in the United States, 1999.

あり，非公式なボランティア活動（利他的行動）のみを行った者は7.4％であった。残りの36.6％は，公式・非公式両方のボランティア活動を行っていた。この結果より，非公式なボランティア活動を行っている者のほとんどは，公式なボランティア活動にも携わっていることが理解できる。

ただし，ウィルソン＆ムジーク（1997）のアメリカでの調査研究によれば，フォーマルなボランティア行動はインフォーマルな援助行動（利他的行動とほぼ同意義）に正の影響を与えていたが，援助行動はボランティア行動に影響を与えていなかったという。このため，「親切な人ほどボランティアをする」というよりも，「ボランティアをする人ほど親切な行為をする」といえるのかもしれない。[5]

また，同じくウィルソンとムジークによれば，ボランティア行動と援助行動は，それぞれ別の要因の影響を受けていたとされている。こうした研究結果からは，ボランティア活動と利他的行動とは一定，区別する必要があると考えられる。

2　利己主義動機アプローチ

1950年代頃から，アメリカで，ボランティア活動の参加場面においては，個人の利己的な満足感も存在していることが指摘されるようになった（Kotler, 1982）。それ以降，ボランティアは利他的な参加動機ではなく，利己的な参加動機を持つ存在であるとの議論が盛んになされるようになった。例えば，スミス（1981）は，純粋な利他主義というのは存在しないと言い切り，全てのボラ

ンティアの動機は，精神的な報酬への期待であるとした。

このように，人々は利己的（egoistic）な動機によって，ボランティア活動へ参加すると考える一連の研究を，「利己主義動機アプローチ」によるボランティアの参加動機研究と呼ぶこととする。

この立場によれば，ボランティア活動への参加は，何らかの見返りを期待してなされる行為であり，コスト（負担）とベネフィット（利益）を天秤に掛けることによって判断されるとする。いわば，ボランティアを，合理的な行動をとる「経済人」としてみる考え方であり，ボランティアモチベーションを経済学的な合理的人間モデルにあてはめて，考えるものである。

利己主義動機アプローチの立場から，ボランティアモチベーションについてのいくつかの理論が展開されている。例えば，ボランティア活動をギブアンドテイクの関係として捉える「交換理論」による研究がある（Robin & Thorelli, 1984 ; Shure, 1988）。マーシャル（1999）は，自分の子どもが通っていない公立学校にボランティアする者を調査した結果，その行為はコミュニティ全体の利益を考えたものであり，このため，自分が資源を提供する相手と自分に資源を提供してくれる相手とが一致しない「一般的交換」（generalized exchange）の理論によって説明できるとしている。つまり，ボランティア活動はその時には自分に直接的な利益を生まないが，巡り巡って結局は自分にメリットがあるだろうと考えて行われるとする。例えば環境保護のボランティア活動は，次世代に今の自然環境を残したいと考えて行われるが，それはこの一般的交換理論で説明が可能だろう。

日本には，「情けは人のためならず」ということわざがある。最近ではこのことわざの意味は，「情けをかけることは，人のためによくない（甘やかすから）」と思っている人が多いが，本来は，「情けをかけると，巡り巡って必ず自分に返ってくる（から，人には親切にしておくべきだ）」という意味である。つまり，一般的交換理論によるボランティア動機の説明は，このことわざの含意と通じるものがある。

第二に，「投資理論」による研究がある。「投資理論」によれば，ボランティ

ア活動への積極性は，満足（コストを差し引いた利益）の大きさ，投資サイズ（仕事の規模とそれに必要な労力や時間）の大きさ，オルタナティブな価値（他に何か別の仕事をした際に生まれる価値）の小ささによって決まるとされる（Farrell & Rusbult, 1981）。つまり，限られた自分の労力や時間をボランティア活動に傾けることが，どれだけ自分の将来にとってプラスになるかを考えて行われるとする。そして最終的に得るものは何かが大事となる。

投資理論によるボランティア動機の説明として，例えば，社会福祉を学ぶ学生が，経験を積むために社会福祉施設でボランティアをするなどが考えられる。すなわち，この理論から想定される典型的なボランティア像とは，キャリア形成としてのボランティア活動である（Brown & Zahrl, 1989）。

さらに，ボランティア活動を，活動者自身の満足（経済学的には「効用」）を高めるためのレジャー活動と捉える，「レジャー理論」（消費理論）がある。この立場からは，活動自体がボランティアにとってどれだけ有意義であったか，どれだけ満足があったかが重要であると考える（Menchik & Weisbrod, 1987）。ムルニン他（1993）は，ゲーム理論を用いて，ボランティア的な意識は報酬が増加するに連れて増加し，求められる仕事が増えるに連れて減少することを証明し，活動自体のコストアンドベネフィットが重要であることを確認している。

しかしながら，ボランティア活動が対象者や社会全体に与える影響を考慮すれば，単純なレジャーや消費であるとは考えがたい。ステビンス（1996）は，ボランティア活動は確かにレジャー性が強いものの，一方では専門的な技術，知識，経験を高め，キャリアを習得，または発揮することに喜びを感じる性質を帯びており，さらにはその成果が非商業性・社会性・公益性を持つことから，「シリアスレジャー」と呼ぶべきであるとしている。このステビンスの概念は，ボランティア活動が社会的な余暇活動である側面を，的確に表現しているといえよう。

3　複数動機アプローチ

ここまでに紹介した「利他主義動機アプローチ」と「利己主義動機アプロー

チ」とは，互いに相容れない，対立する考え方である。

　しかし，こうした「利他的か利己的か」という，二項対立型の，絶対的なボランティア観を乗り越えて，利他的でもあり，利己的でもあるし，さらにはその他複数の次元によって，ボランティアモチベーションは構成される，とみる立場がある。ここではそれを「複数動機アプローチ」と呼ぶことにする。

　複数動機アプローチでは，人々は複雑な動機によってボランティア活動に参加し，さらにその動機構造を構成する種類や強弱は，人それぞれであると考えられている。しかし，そのモチベーションを構成する次元の数が幾つであるかについては，論者によって様々である。

　最も少ない次元は，利他的と利己的の 2 次元によってボランティアモチベーションは成り立っているとする考え方である（Story, 1992）。ただしこれはあまり支持されておらず，多くの研究では，ボランティアモチベーションは，より複雑な次元によって構成されていると考えられている。

　例えば，リーダー他（2001）は六つの次元を提示している。リーダーらは，アフリカンアメリカンのコミュニティで，エイズ防止教育プログラムに参加するボランティア 102 人を対象にその参加動機を調査した。その結果，参加モチベーションとしては，「コミュニティ」（アフリカンアメリカンのコミュニティのために，など），「理解」（エイズの防止策の理解，など），「自尊感情」（自分の人生に自信を持ちたい，など），「エイズ患者の知識」（エイズ患者と親しいから，など），「防壁」（誰かが私のことをドラックをしていると思っているから，など），「自己啓発」（情緒的に困難な事柄を扱う経験になるから，など）の 6 種類がみられたとしている。

　また，わが国でも，複数動機アプローチに基づいて行われる調査研究が多数行われてきている（**表 2-2** 参照。一行目の因子名は筆者が作成）。

　それぞれの研究では，確認された参加動機の次元の数や種類には違いがあるものの，ほぼ 10 の類型の中に収めることができる。しかしながら，これらの研究については，サンプルの偏りと，サンプル数の少なさという問題が指摘される。例えば，谷田（2001）は学生ボランティアを対象とした研究であり，望

表2-2 先行研究におけるボランティア動機概念次元の比較

因子名 研究者名	利他心	自己成長	社会適応	技術習得・発揮	防衛	レクリエーション	利得・損失計算	規範的参加	理念の実現	テーマや対象への共感
松岡・小笠原(2002)	社会的義務	自己陶冶	組織的義務	キャリア		社交	学習・経験		個人的興味	スポーツ
谷田(2001)	利他心	サークル活動の一環	周囲の人々の期待						民主的社会の理想の実現	福祉ボランティア活動の大切さを実感
青山他(2000)	共感的動機	自発的動機		技術・知識の活用動機			報酬期待動機	規範的動機		
西浦(1999)		自己志向	社会志向			交流志向				
松木(1999)	ボランティア	自己成長	他律参加	技術習得・発揮		レクリエーション	報酬	社会参加	参加者交流支援	
皆川(1998)	社会的幸福寄与	自己成長	消極的参加	社会福祉学習		(自己成長)				
高木・玉木(1996)	共感と愛他的性格に基づく援助責任の需要		援助要請への応諾			よい気分の維持・発展	利得・損失計算	被災地との近接性	被災地や被災者への好意的態度	好ましい援助・被援助経験
VFIモデル	価値	理解	社会	キャリア	防衛	強化				

月他（2002）は高齢者のみを対象としている。そして松本（1999）や高木・玉木（1996）は，イベントや災害救済といった，非日常的かつ一時的なボランティア活動に対する研究である。またこれらの研究では，先行研究の考察はほとんど行われておらず，このために，ボランティア自体の定義や，質問項目，動機の名称などは，非体系的なものとなってしまっている（松岡・小笠原，2002；谷田，2001；青山他，2000；西浦，1999；高木・玉木，1996）。

一方，欧米でのボランティアモチベーション研究における，複数動機アプローチの代表的なモデルとして，クラリーやシュナイダーなどが提唱しているVFI（the Volunteer Functions Inventory）モデルがあげられる（Clary et al., 1998；Clary & Snyder, 1991）。これは心理学における機能的アプローチ（Katz, 1960）に基づくものである。機能的アプローチとは，人間の態度を，心理力学的動機要因としてのいくつかの機能に分解し，理解する考え方である。このため，クラリーやシュナイダーの理論は，ボランティアモチベーションの機能的アプローチとも呼ばれている。

VFIモデルでは，ボランティアの動機を以下のような六つの機能要因に分類している（表2-3参照）。第一の機能要因は「価値」（Values）である。これは利他的動機や自己犠牲，信念によってボランティア活動に参加する態度である。第二には「理解」（Understanding）である。これはボランティア活動が社会勉強や人生経験としてプラスであるとし，参加する態度である。第三に「社会」（Social）である。これは他人とふれあう機会としてボランティア活動を行う心理であるとクラリーらは説明する。しかしその質問項目からは，社会適応的な，いわば近隣の知人友人との"つきあい"としてのボランティア動機と理解するのが適切であると考えられる。第四の機能要因として「キャリア」（Career）である。これはボランティア活動に参加することで，知識や技術や能力を試すチャンスになったり，キャリア開発につながったりする期待である。第五に「防衛」（Protective）である。これはネガティブな動機であり，自分より不幸な者を助けることで罪の意識を払拭したいとか，ボランティア活動に熱中することで自分の問題を忘れたいといった意識である。最後に第六の機能要

表2-3 Claryらのボランティア・モチベーションのVFIモデル

機能要因（動機の種類）	内容
「価値」(Values)	利他的動機や自己犠牲，信念によって活動へ参加
「理解」(Understanding)	社会勉強や人生経験としてプラスであるとし，活動へ参加
「社会」(Social)	"つきあい"としてボランティア活動に参加
「キャリア」(Career)	知識や技術や能力を試すチャンスになったり，キャリア開発につながったりする期待から活動に参加
「防衛」(Protective)	自分より不幸な者を助けることで罪の意識を払拭したいとか，活動に熱中することで自分の問題を忘れたいといった意識から参加
「強化」(Enhancement)	自尊心や自己肯定感を高める行為として活動へ参加

因として「強化」(Enhancement)である。これは防衛以上に利己的な動機といえるが，防衛と異なりポジティブな意識である。自尊心や自己肯定感を高める行為としてボランティア活動に参加する動機である。

このモデルは何度か追試がなされており，その信頼性の高さが追認されている（Bowen et al., 2000；Clary et al., 1998；Clary et al., 1996；Clary et al., 1994；Clary et al., 1992；Omoto & Snyder, 1995；Omoto et al., 1993；Omoto & Snyder, 1990）。

3 ボランティアモチベーションの構造に関する調査

1 調査の目的と方法

ここまで述べたように，先行研究によって，ボランティアモチベーションの諸側面が明らかになっている。そこには，三つのアプローチ——利他主義動機アプローチ，利己主義動機アプローチ，複数動機アプローチ——が存在していた。このうち複数動機アプローチは，個々人のボランティアモチベーションの構造が異なっていることを強調した分析枠組であり，このアプローチを用いることで，性別や年齢層など，様々な属性によるボランティアモチベーションの構造の違いを分析することができる。この分析を行うことにより，ボランティア受け入れ組織がボランティアを募集する際に，有益な情報を提供できると考えられる。

こうした目的で著者は，2002年4月から6月にかけ，京都市内で活動するボランティアを対象に，ボランティアモチベーションの構造に関する調査を行った。

サンプル（調査対象）の抽出にあたり，まず京都市内のいくつかのボランティア活動推進機関を通じて，ボランティアグループやボランティアを受け入れている組織の紹介を受けた。そしてそれらのグループや組織に所属するボランティア個人に対し，各グループ・組織に調査票を留め置いてもらう方法によって調査を行った[7]。なお，最終的な有効回答数は287であった。

ボランティアの参加動機に関する質問項目の作成にあたっては，複数動機アプローチの代表例として紹介したVFIモデルのものは使用せず，ナーン＆ゴールドバーグ＝グレン（1991）の28の質問項目を採用した。この理由は，ナーンとゴールドバーグ＝グレンの質問項目はVFIモデルのものをほぼカバーしており，さらにVFIモデルの質問項目以外にも注意を払っている。つまり，より幅広い，目の行き届いた質問項目となっているからである。ただし，ナーンとゴールドバーグ＝グレンの質問項目をそのままは使用せず，次のような修正を行っている。まず日本での現在の広範なボランティアの文脈になじみにくい項目（「人々が助け合うのが神の期待に添うから」）を取り除いた。そしていくつかの質問について，質問の意図をわかりやすくするために表現の工夫を行い，最終的に27項目の尺度を設定した（表2-4参照）。それぞれの項目は，1から5までの5段階で回答を求め，得点が高いほどボランティア活動参加の際に強く自身の動機として認知していたことを表している。

2　サンプルの属性

本調査のサンプルの属性は表2-5の通りである。性別は男女の割合がほぼ1：2であった。年齢では20歳代以下の若い世代と，50歳代以上の熟年世代の割合が高く，30歳代，40歳代は割合が低かった。職業については主婦（33.4％）と学生（24.7％）が多く，ついで定年退職者・無職（11.5％），パートタイム（9.1％）となっている。活動対象分野においては高齢者を対象とした活動

表2-4 参加動機項目

項　　　目	平均点
他にすることがなかったから	1.85
さみしかったから	1.62
時間が限りなくあったから	2.02
自分の今の生活や考え方に自信が持てなかったから	1.75
自分が抱えている問題を忘れる機会がほしかったから	1.75
ボランティア活動はよりよい社会を創り出すから	3.10
ボランティア活動は価値ある行為だから	3.29
自分の恵まれている立場の恩返しの意味で	2.61
他人の援助をすることで自分も幸せな気持になるから	3.14
組織に加わることに価値があると思ったから	2.93
もし自分がやらなければ、だれもやらなかったから	2.01
組織の目標を達成することにこだわっていたから	2.11
世の中の問題を見て見ぬ振りできなかったから	2.62
ボランティア活動は社会の不公平を変える機会になるから	2.36
地域や学校、職場でボランティアを勧めていたから	1.86
仕事や将来に役立つ技術や知識や経験を身につけたかったから	2.93
自分の可能性を試したかった	2.91
社会勉強になる経験として	3.54
異なる年齢の人たちと一緒に何かする機会になるから	3.25
新たな友達を作る手段として	2.80
私の日常に無い、おもしろい機会を与えてくれる	3.14
以前からこの組織やスタッフと関わりがあったから	2.22
活動の利用者に親族や友人がいる（いた）から	2.05
さそわれたから	2.41
組織にお金がなく、ボランティアがいないと困るから	1.73
昔、同じような活動をしていた経験があったから	1.76
自分は利用者と同じような境遇で（だったので）、よりよい活動が利用者に対してできると思ったから	1.73

表2-5 サンプルの属性

属　性	n	%
性別		
女	204	71.1
男	82	28.6
無回答	1	0.3
年齢		
10歳代	29	10.1
20歳代	73	25.4
30歳代	19	6.6
40歳代	17	5.9
50歳代	59	20.6
60歳代	58	20.2
70歳代以上	29	10.1
無回答	3	1.0
職業		
主婦	96	33.4
定年退職者・無職	33	11.5
常勤雇用者	22	7.7
専門職	10	3.5
自営業	7	2.4
パートタイム	26	9.1
学生（大・短・専・院生）	71	24.7
その他・無回答	22	7.7
活動対象分野		
高齢者	143	49.8
青少年・子ども	62	21.6
障害児・者	47	16.4
環境	18	6.3
芸術文化・スポーツ	3	1.0
地域づくり	3	1.0
その他	11	3.8
過去の活動経験の有無		
あり	167	58.2
なし	120	41.8
活動暦		
1年未満	69	24.0
1年〜3年未満	81	28.2
3年〜5年未満	40	13.9
5年〜10年未満	53	18.5
10年以上	34	11.8
無回答	10	3.5
活動頻度		
毎日近く	10	3.5
1週間に1回以上	133	46.3
1ヶ月に1回以上	126	43.9
半年に1回以上	8	2.8
それ未満	3	1.0
無回答	7	2.4

（注）　n=287。

に携わっている人（49.8％）が最も多かった。

3　ボランティア参加動機の構造

　ボランティア参加動機の構造を明らかにするために，参加動機項目（27項目）の回答に対し，統計処理のひとつの方法である因子分析を行った。[8] 因子分析とは，簡単にいえば，複数の変数（質問項目。ここでは参加動機項目）の背後に潜む次元（因子。ここでは動機の種類）を発見するための統計分析手法である。因子分析の結果，表2-6に見られるように，七つの因子を抽出した。それぞれの因子の分析は次の通りである（因子分析の結果は章末の別表2-1を参照のこと）。

　第一因子は「他にすることがなかった」，「時間が限りなくあった」，といった暇を持て余してボランティア活動を始めることを示す項目と，「さみしかった」，「自分の今の生活や考え方に自信が持てなかった」，「自分の抱えている問題を忘れる機会がほしかった」といった，ネガティブな意識によってボランティア活動を始めることを示す項目を含んでいた。これはVFIモデルにおける「防衛」因子に

表2-6 分析結果によるボランティア参加動機の構造

参加動機因子の名称	解　釈
「自分探し」動機	自分に自身が持てないといったネガティブな意識と，自己成長の意識が結びついている
「利他心」動機	利他主義的な動機
「理念の実現」動機	ボランティア活動を通じて個人的・組織的な理念を実現したい
「自己成長と技術習得・発揮」動機	知識や技術を身に付けたい，またはそれらを発揮したい
「レクリエーション」動機	仲間づくりや活動自体を楽しみたい
「社会適応」動機	人から誘われたり，勧められた
「テーマや対象への共感」動機	以前，自分も対象者と同じ境遇だった

近いものの，それほど深刻ではない項目も含まれている。その姿はアイデンティティの形成や，自己成長感を求めてボランティア活動を始めるような，"自分探し"ボランティア（小澤，2001）をイメージさせる。このためこの因子を「自分探し」因子と名付けた。

　第二因子は，「よりよい社会を創り出すから」，「組織の成員になることに価値」といった理想に基づく動機の項目を含むものの，その他は「価値ある行為だから」，「自分の恵まれている立場の恩返しの意味」，「他人の援助で自分も幸せになれる」，といった利他的な動機を示す項目によって占められていた。このため「利他心」因子と名付けた。

　第三因子は，「地域や学校，職場での勧め」を含むものの，その他の動機項目としては「自分がやらなければだれもやらないから」，「組織目標の達成にこだわっている」，「世の中の問題を見て見ぬ振りできない」，「社会の不公平を変える機会」，といった理念主義的な参加姿勢を示す項目であった。このため「理念の実現」因子と名付けることにした。

　第四因子は，「仕事や将来に役立つ技術や知識を身につけたかった」，「自分の可能性を試したかった」，「社会勉強になる経験」といった動機項目が含まれていた。このため，この動機を「自己成長と技術習得・発揮」と名付けた。

　第五因子は，「異なる年齢の人たちと一緒に何かする機会」，「新たな友達作

り」,「日常にないおもしろい経験」といった活動自体を楽しむことを望む動機項目によって構成されていた。このため「レクリエーション」因子と名付けた。

 第六因子は,「以前からこの組織やスタッフと関係があった」や「活動の利用者に知り合いがいる（いた）」,「さそわれたから」,「組織の事情」,「過去に同じような活動の経験があった」といった項目を含んでいた。これは社会適応的で，他律的に参加をする姿勢を示しており，このため「社会適応」因子と名付けた。

 第七因子は,「利用者と同じような境遇で（だったので），よりよい活動が利用者に対してできると思ったから」といった共感的な意識に基づく動機が単独で存在していた。このため「テーマや対象への共感」因子と名付けた。

4 ボランティアモチベーションと個人的属性・活動参加形態との関係

 この「ボランティアモチベーションの7類型モデル」を用いて，個人的属性および個人のボランティア活動への参加形態によって，モチベーションの傾向に違いがみられるかについて，統計処理を施し，分析を行った[9]。その結果，ボランティアはその個人的属性によって，モチベーションに異なった傾向がみられることが明らかになった（なお，各々の統計分析結果については，章末の別表2-2から別表2-5を参照）。

 まず，年齢層別にみた場合（章末別表2-2参照），若年層（30歳未満）においては，「自分探し」動機，「自己成長と技術習得・発揮」動機，「レクリエーション」動機といった利己的な動機のタイプが，他の年齢層に比べて明確に強くみられた（統計的に有意であった）。若年層において利己的動機が特徴的であることは，先行研究の結果と一致している（Clary et al., 1996；Black & Kovacs, 1999；谷田，2001[10]）。しかし，いくつかの先行研究が指摘するような，理念主義的な動機が若年層の特徴とする傾向は，本調査の結果からは明らかにされなかった[11]。この点は改めて検討が必要である。

 また，高年齢層（60歳以上）においては，「利他心」動機，「理念の実現」動機，「社会適応」動機が他の年齢層に比べ，統計的に意味あると認められるほ

どに強くみられた。高年齢層において利他的な動機が強くみられるという傾向は，先行研究の結果と一致している（Black & Kovacs, 1999 ; Okun, 1994）。ただし，純粋な利他主義であるというよりも，そこには理念主義的な動機と，社会適応的な動機も加味されており，複雑な利他主義であることがみてとれる。社会適応的な動機は，ここまではネガティブな動機と考えてきたが，この結果を踏まえるならば，「お互い様」の助け合いの意識を含んだ，互助的な動機でもあると考えられる。

　職業別の分析では，「理念の実現」動機と「テーマや対象への共感」動機を除く，五つの動機で特徴が認められた（章末別表2-3参照）。まず「自分探し」動機では，定年退職者・無職と学生が他の職業に比べて強かった。「利他心」動機は，主婦，定年退職者・無職，自営業の順で，他の職業の人々に比べて強かった（ただし，統計的にはやや弱い説得力しかない）。「自己成長と技術習得・発揮」動機は，学生，定年退職者・無職，専門職の順で強い動機であった（「その他の職業」を除く）。「レクリエーション」動機は，学生，パートタイム，常勤雇用者の順で強い動機であった（「その他の職業」を除く）。「社会適応」動機は，主婦と定年退職者・無職，の順で，他の職業の人々に比べ，強くみられた。

　また，主婦と定年退職者・無職と自営業にとっては，七つの動機因子のなかで，「利他心」動機が最も強い動機であった。常勤雇用者と専門職と学生にとっては，「自己成長と技術習得・発揮」動機が最も強い動機であった。パートタイムにとっては，「レクリエーション」動機が最も強い動機であった。

　これらの職業による差異の結果は，年齢による影響もあると考えられる。しかし，常勤雇用者と専門職，および学生では，「自己成長と技術習得・発揮」動機が，七つの動機因子のなかで最も強い動機であった点は，経験的に考えても納得できるものであり，従ってこれは，ある程度信頼できる結果であると考えられる。常勤雇用者と専門職といった職業を持つ者にとって，自身の持つ技能を社会的な活動に活かすことができるというのは，活動に入りやすい入り口なのであろう。

活動対象分野による差異の分析では「自分探し」動機と「テーマや対象への共感」動機を除く五つの動機で特徴が認められた（章末別表2-4参照）。まず「利他心」動機は，高齢者対象分野，地域づくり分野で強い動機であるという結果が認められた（「その他の分野」を除く）。「理念の実現」動機は，環境分野と高齢者対象分野で強い動機であった（「その他の分野」を除く）。「自己成長と技術習得・発揮」動機は，芸術文化・スポーツ分野と青少年・子ども対象分野，および障害児・者対象分野で強く，それ以外の分野では弱いという二分化した結果となった（「その他の分野」を除く）。「レクリエーション」動機は，芸術文化・スポーツ分野と青少年・子ども対象分野，および障害児・者分対象野で，強い動機であった（「その他の分野」を除く）。「社会適応」動機は，高齢者対象分野においてのみ強く，他の分野では弱かった（「その他の分野」を除く）。

また，高齢者対象分野と地域づくりでは，七つの動機因子のなかで「利他心」が最も強い動機であった。環境分野では，「理念の実現」が最も強い動機であった。芸術文化・スポーツ分野と青少年・子ども対象分野，および障害児・者対象分野では，「自己成長と技術習得・発揮」が最も強い動機であった。

この活動対象分野による分析結果を，先行研究の結果と比較検討してみたい。活動対象分野によるボランティアの参加動機の差異を検討した研究としては，これまでに鈴木（1989）がある。鈴木（1989）の研究結果では，障害児・者対象ボランティアと青少年・児童対象ボランティアは，高齢者対象ボランティアに比べ，「余暇を有効に過ごしたいと思った」という動機が多くみられている。これは本研究の結果と一致するものである。また，鈴木（1989）は，障害児・者対象ボランティアは，高齢者対象のボランティア活動に比べ，著しく個人主義的に活動を始めているとしている。すなわち，鈴木（1989）の言葉を借りれば，高齢者対象のボランティア活動は，互酬性動機を強く持って参加しているのに対し，障害児・者対象の活動では，自発性動機を強く持っているのである。こうした対称性についても，本研究では同様な結果が確認された。

さらに，ボランティア活動の経験の有無によっても，動機構造に違いが認められた。ボランティア経験を過去に一度でも持つ者は，ボランティア経験を全

く持たない者に比べ，全体的に全て得点が高い傾向にある（章末別表2-5参照）。これは先行研究の結果と一致している（Clary et al., 1996）。また活動経験がある人の方が，統計的に有意に「理念の実現」動機を強く持っていた。これは，ボランティア活動を通じて自己の信念を実現させることができると知り，そしてそれが，以降のボランティア活動への参加動機につながっていると考えることができる。ボランティア活動は，人々にとって，自分たちにもできることがあることを気付かせる，「エンパワメント」（enpowerment）を促す場となっているといえる。

5 参加動機によるボランティアの分類

参加動機によるボランティアのタイプ分けを行うために，クラスタ分析を行った。クラスタ分析とは統計的な解析手法のひとつであり，語弊をおそれず簡単にいってしまえば，いくつかの質問の答えから，意味のある「まとまり」（これをクラスタと呼ぶ）を導きだそうとする手法である。つまりここでは，調査対象者全体を，ボランティアモチベーションの傾向による，まとまりをみつける意図を持って行われた調査ということである。[12]

分析の結果，六つのクラスタ（まとまり）に分類することができた。それぞれのまとまりぐあい（参加動機についての標準化因子得点）の特徴から，「他律的参加型」，「社会適応型」，「シリアスレジャー型」，「自分探し型」，「理念主義型」，「スキル重視型」と名付けた（表2-7参照。なお，詳しいクラスタ分析の結果については章末別表2-6，別表2-7，および別表2-8を参照）。

「他律的参加型」は，あまりはっきりした動機特徴を持たないグループである。これはひょっとしたら調査時点においてすでに活動参加当初から長い時間が経ってしまっているため，当初の動機は不明瞭になっている人々かもしれない。サンプル全体で最も多い人数を占めるが，特に高年齢層の人々（50代以上）が多い。

「社会適応型」は，動機項目の「社会適応」因子得点が高いグループである。しかし，その他の動機得点も正の数値であり，他律的な参加ではなく，むしろ

表2-7 参加動機に基づくボランティア活動者類型（クラスタ分析結果）

類　型	モチベーションの特徴	個人的属性の特徴
「他律的参加型」	あまりはっきりした参加動機特徴を持たない。	サンプル全体でもっとも多い人数を占めるが，特に高年齢層の人々が多い
「社会適応型」	「社会適応」が強く，そのほかの参加動機もそれなりに持ち合わせている	高年齢層に多く見られる
「シリアスレジャー型」	「レクリエーション」と，「自己成長と技術習得・発揮」が強い	「青少年・子ども」分野で活動する若者層で多く見られる
「自分探し型」	「自分探し」が強い	比較的，若年層の男性に多く見られる
「理念主義型」	「理念の実現」が強い	比較的，壮年層に多く見られる
「スキル重視型」	「自己成長と技術習得・発揮」が強く，「利他心」が弱い	サンプル全体の中でもっとも少数

社会参加を好む，社交性に富んだ人々であると考えられる。このボランティア参加は，高年齢層に多く見られる。

　「シリアスレジャー型」は，「レクリエーション」因子得点と，「自己成長と技術習得・発揮」因子得点が高いグループである。これは，ボランティア活動をただの余暇活動ではなく，社会的で自己実現的なレジャーであると捉え，参加している人々であると考えられる。このボランティア参加は，「青少年・子ども」分野で活動する若年層で多くみられる。

　「自分探し型」は，「自分探し」因子得点が高いグループである。この人々は，ボランティア活動することでアイデンティティの形成や，自己成長感を得たいと考えている人々であると考えられ，「自分探し」のためのボランティア活動を行っている人々であるといえる。このボランティア参加傾向は，若い年齢層の，それも比較的，男性に多く見られるタイプである。

　「理念主義型」は，「理念の実現」因子得点の高いグループである。自身の信じる社会的正義を，ボランティア活動を通じて実現したいと考えて活動に参加する人々であるといえる。これは比較的，壮年層に多く見られるタイプである。

「スキル重視型」は,「自己成長と技術習得・発揮」因子得点が高く,「利他心」因子得点が低いグループである。ボランティア活動によって,何らかの経験や能力を得たかったり,反対に自己の能力を発揮したいと考えている人々であると考えられる。なお,このグループはその他のグループに比べて,最も少ない人数のグループであった。

4 ボランティア活動参加に影響を与えるもの

ここまでボランティアモチベーションの内容について検討してきたが,こうしたボランティアモチベーションがあれば,誰でもボランティア活動をするということではない。個人がボランティア活動に参加する際には,様々な要因が関係してきていると考えられている。例えば,ワイマー＆ヤハス（1996）は,次のような4種類の要因を想定している。

第一に個人に関連した諸要因である。パーソナリティ（性格）,価値観,態度がここには含まれる。一般的に,外向的な性格が強い人の方が,内向的な人よりも,ボランティア活動に参加するとされている。また,社会的責任感,市民的義務感,宗教的信念といった価値観が強い人ほど,活動を行う傾向にあると考えられている。

第二に社会的な諸要因である。家族,友人,知人などのネットワークは,少なからず個人のボランティア活動への参加に影響していると考えられている[13]。所得や職業によっても活動参加態度に違いがみられるという調査結果もある。

第三に状況的な要因である。ボランティア活動に参加する状況として最も多いのは,友人知人に活動参加を依頼される状況である。また,本人の健康状態や,活動場所まで行くのにかかる時間,費用の持ち出し額などもボランティア活動参加の態度に影響しているとされている。

第四に活動の有効性である。ボランティア参加者の持つスキルが活かされる可能性が強いほど,内発的モチベーション[14]への期待が高まり,そのためボランティア活動への参加が促されると考えられる。前述,ボランティアモチベー

ションの内容における一般的交換理論，投資理論は，まさにこの活動有効性を強く意識した考え方である。

ただし，こうした諸要因が影響を与えるプロセス（意志決定過程）については充分に明らかにされておらず，その分析が課題となっている。

5　ボランティアモチベーションの整理：本研究からの知見

ボランティアモチベーションの捉え方には，利他主義動機アプローチ，利己主義動機アプローチ，複数動機アプローチの三つのアプローチが存在している。それぞれ，ボランティアの動機を違った面から捉えているものであり，どれが正しく，どれが間違っているということはない。ただし，利他主義動機アプローチ・利己主義動機アプローチと，複数動機アプローチとの間には大きな認識上の相違がある。利他主義動機アプローチと利己主義動機アプローチは，ボランティアの動機を絶対的・包括的なものとして捉えている。それぞれ首尾一貫した考え方で安定感があるが，悪くいえば融通が利かない。一方，複数動機アプローチは，ボランティアの動機を相対的・部分的（部分の集まり）に捉えている。このため他の二つのアプローチに比べて多面的であり，柔軟性があるが，悪くいえば「なんでもあり」のいい加減さがある。

しかし，NPOやボランティアグループや公共施設などが，ボランティアをマネジメントする際のボランティアのモチベーションの捉え方としては，複数動機アプローチがより有効的であろう。その理由は，複数動機アプローチを採用することでボランティアの動機を多様に捉えられるからであり，その結果，数多くの，多様な動機を持ち合わせたボランティアを集めることができるからである。

本章では，この複数動機アプローチに基づき，調査を行った結果，ボランティア動機の7類型を抽出した。そして，この7類型を使い，年齢や職業などの属性によって，どのようにボランティア動機の特徴が見られるかについて分析した。また，クラスタ分析という統計手法を用いて，ボランティア動機の特

徴による，ボランティアに参加する人々のタイプわけを行った。こうした分析の結果は，ボランティアのコーディネートやマネジメントの実践に役立てることができる知見ではないかと思われる。

注
(1) この章は桜井政成著「複数動機アプローチによるボランティア参加動機構造の分析：京都市域のボランティアを対象とした調査より」(『ノンプロフィット・レビュー』2巻2号，2002年，111-130頁)に大幅な加筆修正を加えたものである。
(2) フラッシュマン＆クイック(1985)はさらに，利己的動機と利他的動機(自己関心と他者関心)という区分は造られたものであり，解消されねばならないとする。そして，我々は，我々のそれぞれの幸福が我々すべての幸福に影響するという一体のシステムに生きているということに気付く必要がある，と述べる。こうした認識は，この後で述べる「複数動機アプローチ」のボランティアモチベーションの捉え方とそれほど対立するものではないとも考えられるが，「複数動機アプローチ」はボランティアモチベーションを「部分の集まり」と捉えるのに対して，フラッシュマンとクイックはボランティアモチベーションを部分に還元不可能な包括的(holistic)なものと捉えるため，やはりそこには解消しがたい認識の違いがあるというべきだろう。
(3) ただし，オズボーンは，彼自身のボランタリー概念の類型化モデルは「西洋社会におけるボランティア活動の役割を考察する」ために行ったとしている。このため，西洋以外の，中央・東ヨーロッパ諸国や発展途上国といった「より多様な社会でのボランティア活動の役割や原理を実査することはしていない」としている。
(4) 詳しくは吉田(1997)，井上(1979)などを参照。吉田は日本のかつての仏教の特徴は実践仏教であったことから，ボランティア活動もさかんであったことを指摘している。
(5) 余談になるが，こうしたボランティア活動と利他的行動の関係が日本でも見られるのかどうかは興味深いところである。というのも，日本ではかつて「陰徳」と言って，善いことは人に隠れて行うものだという美意識があった。このため，ボランティア活動をおおっぴらに行うことは，「偽善」であると非難されることも多かった。つまり，「非公式なボランティア活動」(すなわち，利他的行動)と「公式なボランティア活動」の間には，意識の断絶があったのである。こうした日本の伝統的な利他的行動観が，どのように変容し，現在のボランティア活動参加に影響を及ぼしているのであろうか，筆者は関心を強く持っている。
(6) 「交換」概念には，限定的交換と一般的交換という二つの分類が存在している。限定的交換とは，二者または二つの集団の間での直接的な交換をいう。これに対し，自分が直接与えた相手からでなく，第三者から対価を受け取る形の，三つ以上の人や集団の間で間接的に行われる交換を一般的交換と呼んでいる。
(7) このように，無作為抽出ではなく，一種の有意抽出法を採用した理由は，限られた時間内で一定のサンプル数を確保するためという，調査の効率性の問題によるところが大

(8) 因子分析には主因子法を用いており,バリマックス直交回転を施し,固有値が1.0以上の因子について抽出した。また,各因子の信頼度を測るためにクロンバックのα係数を算出し,内的一貫性を調べた。その結果,第六因子がやや低い数値(α=0.680)であったものの,その他はα=0.75以上の高い数値であり,因子解はほぼ一貫性のあるものになっているといえる。なお累積寄与率は48.96％で,全分散の5割を説明していることになる。

(9) ここでの分析方法は,前述の実証的調査での因子分析によって抽出された各参加動機因子に含まれる質問項目の平均得点を使って,個人的属性やボランティア活動への参加形態による参加動機構造の差異についてF検定(一元配置分散分析)を行った。

(10) クラリー他(1996)はVFIモデルに基づきながら,各ボランティアの個人的属性や過去のボランティア経験の有無や活動分野により,その参加動機構造に違いがあるか否かを調べている。まず性別による差異として,「価値」と「理解」と「社会」と「強化」の4種類の動機機能において,女性の方が男性よりも強いという差異が統計的に有意に認められた。年齢による差異としては,若年であるほど「キャリア」と「理解」の動機が有意に強まっていた。また,やや有意な項目として「防衛」は高年齢であるほど強くなっていた。一方「価値」,「社会」,「強化」の3項目は年齢による違いは認められなかった。年収による差異としては,高いほど「価値」が強まっていた(ただし統計的には弱い有意性)。そして逆に「キャリア」と「防衛」は年収が低いほどやや有意で強かった。学歴による差異としては,低いほど「キャリア」と「防衛」が有意に強くなっていた。また,過去のボランティア経験の有無による参加動機構造の差異については,過去のボランティア経験がある場合にはない場合に比べ,全体的に動機が強い傾向にあった。特に「価値」と「社会」と「強化」は統計的に有意に強く,逆に「キャリア」は経験があるほど弱まっていた。このためクラリーらは,ボランティア活動を経験することによって主に内的な動機が強まると考えられるとしている。最後に活動分野による参加動機構造の違いとしては,「価値」は全ての活動分野において重要な動機機能であったが,それ以外の動機機能については,活動分野ごとに差異が見られた。

(11) トルドー&デブリン(1996)や田尾(1999)を参照。

(12) クラスタ分析に用いた数値は,各回答者の動機項目の標準化因子得点である。

(13) ただし,親しい友人の数といった「強い紐帯」よりも,知り合いの数やPTAなどの組織加入率といった「弱い紐帯」の方が,ボランティア参加には影響しているというリャン他(2005)の研究成果もある。

(14) 内発的モチベーションとは,人間には環境に対して自発的・積極的に働きかけて効用を得ようとするモチベーションが本来的に備わっているとする考え方のこと,またはその考え方に基づいた動機づけのことをいう。その逆に,人間には環境からの動機づけが必要とする考え方は外発的モチベーションという。

第2章 ボランティアの活動参加行動

別表2-1　バリマックス回転後の因子行列

(n=287)

項　目	因　子						
	1	2	3	4	5	6	7
他にすることがなかったから	.806	.113	.055	.071	.113	-.017	-.149
さみしかったから	.706	.051	.060	.000	.117	.099	.163
時間が限りなくあったから	.682	.202	.104	.162	.156	.067	-.193
自分の今の生活や考え方に自信が持てなかったから	.523	.116	.037	.173	.200	.124	.174
自分が抱えている問題を忘れる機会がほしかったから	.513	.101	.063	.060	.019	.136	.299
ボランティア活動はよりよい社会を創り出すから	-.001	.669	.265	-.008	.156	.045	.115
ボランティア活動は価値ある行為だから	.149	.639	.087	.156	.272	.077	-.072
自分の恵まれている立場の恩返しの意味で	.163	.597	.083	.043	-.024	.272	.017
他人の援助をすることで自分も幸せな気持になるから	.167	.581	.089	.127	.041	.094	.139
組織に加わることに価値があると思ったから	.091	.357	.154	.291	.154	.098	-.041
もし自分がやらなければ，だれもやらなかったから	.125	.106	.722	.078	-.065	.111	.071
組織の目標を達成することにこだわっていたから	.055	.056	.685	.159	.025	.055	.048
世の中の問題を見て見ぬ振りできなかったから	-.028	.186	.667	-.060	.042	.103	.015
ボランティア活動は社会の不公平を変える機会になるから	.100	.359	.448	-.002	.217	.043	.115
地域や学校，職場でボランティアを勧めていたから	.211	.083	.302	.215	.087	.295	.065
仕事や将来に役立つ技術や知識や経験を身につけたかったから	.092	-.033	.085	.769	.164	-.126	.010
自分の可能性を試したかった	.113	.199	.173	.730	.119	-.105	.155
社会勉強になる経験として	.127	.275	-.120	.561	.379	.023	-.027
異なる年齢の人たちと一緒に何かする機会になるから	.100	.144	.100	.139	.743	.057	.031
新たな友達を作る手段として	.292	.147	.023	.188	.707	.019	.064
私の日常に無い，おもしろい機会を与えてくれる	.186	.155	-.055	.363	.498	.130	.016
以前からこの組織やスタッフと関わりがあったから	-.068	.146	.230	-.097	-.076	.613	.016
活動の利用者に親族や友人がいる（いた）から	.026	.019	.012	-.002	.099	.568	.210
さそわれたから	.185	.137	-.111	-.130	.104	.569	-.089
組織にお金がなく，ボランティアがいないと困るから	.193	.152	.284	-.028	-.044	.492	.020
昔，同じような活動をしていた経験があったから	.067	.060	.185	.200	.257	.369	.222
自分は利用者と同じような境遇で（だったので），よりよい活動が利用者に対してできると思ったから	.134	.175	.220	.103	.081	.244	.496
累積寄与率	9.54	17.77	25.77	33.09	39.99	46.56	48.96
Alpha	.817	.757	.753	.793	.780	.680	

第Ⅰ部　ボランティアマネジメントの基礎

別表2-2　年齢による各参加動機因子得点の平均の比較

データ	若年層 (30歳未満)	壮年層 (30歳以上60歳未満)	高齢層 (60歳以上)	F値	有意確率
自分探し	2.00	1.60	1.87	5.07	**
利他心	2.98	2.80	3.38	9.39	***
理念の実現	2.07	2.20	2.66	9.53	***
自己成長と技術習得・発揮	3.75	2.65	2.90	29.27	***
レクリエーション	3.47	2.75	2.91	12.74	***
社会適応	1.80	2.13	2.61	14.71	***
テーマや対象への共感	1.75	1.48	2.09	4.98	**

***$P<0.005$,　**$P<0.01$,　*$P<0.05$

別表2-3　職業による各参加動機因子得点の平均の比較

データ	主婦	定年退職者・無職	常勤雇用者	専門職	自営業	パートタイム	学生(大・短・専・院生)	その他	F値	有意確率
自分探し	1.73	2.21	1.73	1.74	1.16	1.61	2.11	1.47	3.09	***
利他心	3.27	3.22	2.77	2.58	3.12	2.61	3.08	2.70	2.92	**
理念の実現	2.43	2.50	2.18	2.28	2.23	2.06	2.15	2.13	1.06	ns
自己成長と技術習得・発揮	2.71	3.20	3.11	3.13	2.20	2.72	3.77	3.52	6.94	***
レクリエーション	2.78	2.88	3.00	2.90	2.00	3.07	3.55	3.24	4.31	***
社会適応	2.43	2.30	1.92	1.70	2.00	2.16	1.90	2.00	2.13	*
テーマや対象への共感	1.73	1.71	1.82	2.10	1.60	1.40	1.79	1.79	0.50	ns

別表2-4　活動対象分野による各参加動機因子得点の平均の比較

データ	高齢者	青少年・子ども	障害児・者	環境	芸術文化スポーツ	地域づくり	その他	F値	有意確率
自分探し	1.89	1.81	1.99	1.19	2.00	1.27	2.20	2.00	ns
利他心	3.27	2.95	2.71	2.57	2.67	3.00	3.85	4.23	***
理念の実現	2.45	2.04	2.04	2.79	1.87	1.33	3.07	4.51	***
自己成長と技術習得・発揮	2.81	3.68	3.32	2.78	3.82	2.55	3.55	5.87	***
レクリエーション	2.89	3.40	3.18	2.43	3.64	2.67	3.34	3.35	***
社会適応	2.58	1.85	1.62	1.55	1.62	1.73	2.80	9.89	***
テーマや対象への共感	1.80	1.90	1.37	1.53	1.64	2.00	2.33	1.27	ns

別表 2-5　過去の活動経験の有無による各参加動機因子得点の平均の比較

データ	あり	なし	F 値	有意確率
自分探し	1.82	1.88	0.31	ns
利他心	3.07	3.00	0.46	ns
理念の実現	2.42	2.05	10.53	**
自己成長と技術習得・発揮	3.15	3.12	0.03	ns
レクリエーション	3.11	3.00	0.76	ns
社会適応	2.24	2.00	3.68	ns
テーマや対象への共感	1.81	1.63	1.50	ns

別表 2-6　クラスタ分析結果

	第1クラスタ	第2クラスタ	第3クラスタ	第4クラスタ	第5クラスタ	第6クラスタ
数	107	417	49	30	40	20
%	37.3%	14.3%	17.1%	10.5%	13.9%	7.0%

別表 2-7　クラスタグループ（第1～第6）ごとの標準化因子得点

参加動機因子	第1 他律的 参加	第2 社会対応	第3 シリアス レジャー	第4 自分探し	第5 理念の 実現	第6 スキル 重視
自分探し	−0.19	0.54	−0.19	1.41	−0.56	−0.58
利他心	−0.07	0.35	0.27	−0.06	0.06	−1.13
理念の実現	−0.33	0.40	−0.56	0.05	1.19	−0.17
自己成長と技術習得・発揮	−0.47	0.41	0.72	0.14	−0.63	0.94
レクリエーション	−0.32	0.26	0.94	−0.10	−0.13	−0.64
社会適応	0.07	1.37	−0.49	−0.61	−0.34	−0.43
テーマや対象への共感	−0.04	0.56	−0.10	−0.61	0.06	0.12

別表2-8 各クラスタの個人的属性

項　　目	第1クラスタ 他律的参加	第2クラスタ 社会適応	第3クラスタ シリアスレジャー	第4クラスタ 自分探し	第5クラスタ 理念の実現	第6クラスタ スキル重視	計
性別							
男	18(22.0%)	11(13.4%)	15(18.3%)	15(18.3%)	15(18.3%)	8(9.8%)	82
女	89(43.6%)	29(14.2%)	34(16.7%)	15(7.4%)	25(12.3%)	12(5.9%)	204
無回答	0(0.0%)	1(100.0%)	0(0.0%)	0(0.0%)	0(0.0%)	0(0.0%)	1
年齢							
10歳代	5(17.2%)	5(17.2%)	13(44.8%)	4(13.8%)	0(0.0%)	2(6.9%)	29
20歳代	10(13.7%)	9(12.3%)	26(35.6%)	14(19.2%)	4(5.5%)	10(13.7%)	73
30歳代	5(26.3%)	4(21.1%)	2(10.5%)	2(10.5%)	3(15.8%)	3(15.8%)	19
40歳代	6(35.3%)	1(5.9%)	1(5.9%)	1(5.9%)	6(35.3%)	2(11.8%)	17
50歳代	31(52.5%)	5(8.5%)	3(5.1%)	4(6.8%)	14(23.7%)	2(3.4%)	59
60歳代	28(48.3%)	12(20.7%)	2(3.4%)	5(8.6%)	11(19.0%)	0(0.0%)	58
70歳代以上	20(69.0%)	4(13.8%)	2(6.9%)	0(0.0%)	2(6.9%)	1(3.4%)	29
無回答	2(66.7%)	1(33.3%)	0(0.0%)	0(0.0%)	0(0.0%)	0(0.0%)	3
活動分野							
高齢者	76(53.1%)	28(19.6%)	6(4.2%)	9(6.3%)	23(16.1%)	1(0.7%)	143
青少年・子ども	7(11.3%)	9(14.5%)	26(41.9%)	6(9.7%)	5(8.1%)	9(14.5%)	62
障害児・者	11(23.4%)	2(4.3%)	12(25.5%)	12(25.5%)	5(10.6%)	5(10.6%)	47
環境	7(35.0%)	0(0.0%)	2(10.0%)	8(40.0%)	0(0.0%)	3(15.0%)	20
芸術文化・スポーツ	3(37.5%)	2(25.0%)	0(0.0%)	3(37.5%)	0(0.0%)	0(0.0%)	8
地域づくり	3(33.3%)	0(0.0%)	0(0.0%)	0(0.0%)	6(66.7%)	0(0.0%)	9
その他	11(64.7%)	0(0.0%)	3(17.6%)	0(0.0%)	1(5.9%)	2(11.8%)	17
合　　計	107(37.3%)	41(14.3%)	49(17.1%)	30(10.5%)	40(13.9%)	20(7.0%)	287

第3章　ボランティアの活動継続行動
―― ライフサイクルからみた継続要因の違い ――

1　ボランティアの活動継続への注目[1]

　どうしてあの人はボランティア活動を続けているのか？　ボランティア活動に取り組む人を傍目にみている側にとっては，一銭にもならない活動に嬉々として取り組んでいる姿は，疑問でしかない。また，他方で，ボランティアグループのリーダーやNPOのボランティアコーディネーターは，活動や事業の継続性を確保するために，ボランティアにはできるだけ長く，活動を続けてほしいと思っている。さらに，社会におけるボランティアの価値を認め，その活動を政策的に推進する行政機関は，活動に関わる人達ができるだけ積極的に，できるだけ息長く活動を続けるためにはどう支援すべきか，その方策に苦慮している。

　ボランティアの活動継続については，活動者自身にとってはたいした問題でないが，もっぱら活動者をとりまくその周辺で議論になりがちである。こうした関心の高さを反映するかのように，ボランティア活動の継続要因を探索する研究がこれまでに数多く行われてきている。

　しかしボランティアの行動全般を検討する際には，ボランティア個々人の生活のバックグラウンドまでを分析視角に含める必要がある。ボランティアは仕事先や家族などの，他の帰属集団を持っていることを留意しておかねばならない。ボランティア活動とは多くの者にとって，生活の一部のみで関わる，部分的な参加の活動に過ぎない。地域生活者たるボランティアは，それぞれに異なる生活環境を背景に持って，ボランティア活動に取り組んでいるのである。

　ボランティア活動の継続要因を分析する上では特に，こうした生活環境の多

様性を重視せねばならない。なぜなら，息の長い活動を続ける理由や要因には，より強く活動者の生活環境が影響を与えていると予想されるからである。そのため本章では，こうした"地域生活者としてのボランティア"という視点からボランティアの活動継続要因について分析するために，ボランティア活動者の「ライフサイクル」に着目する。ライフサイクルとは，人間の一生には規則的な推移があると仮定し，その推移を動態的に把握しようとする理論的な分析枠組である。このライフサイクルの分析枠組を援用し，ボランティア活動者の継続要因は年齢層によりどのような差異がみられるのか，そしてそれらの差異が生活上，どこから起因しているのかについて検討する。

　本章ではまず，これまでの研究成果から，ボランティアの活動継続に影響を与えていると考えられている要因を明らかにする。続いて，これまでの研究が，ライフサイクルの観点によって，ボランティア活動者の行動（活動継続行動に限らない）をどこまで明らかにしているのかを確認する。そして，それらの先行研究の考察結果を踏まえながら，ボランティアの活動継続要因について，年齢層による差異に注目した調査を実施し，その結果を考察する。そして最後に，調査の結果から得た示唆について述べることにする。

2　ボランティアの活動継続に影響を与える要因[(2)]

1　個人的要因

　ボランティアの性別，年齢，職業，婚姻関係，学歴，社会参加意識，自尊感情などの個人的要因（demographic / personal variables）は，それらにおける特定の類型が，ボランティア活動への参加行動と結びついているとの指摘がしばしばなされている（Ryan et al., 2001；Smith, 1994；Sundeen & Raskoff, 1994）。しかしそれは，活動継続行動への影響となると，信頼に足るほどの強い関係として検出されることはほとんどない（安藤・広瀬，1999；Cnaan & Cascio, 1999；Lammers, 1991；Pierucci & Noel, 1980）。

　ただしボランティアの「活動理念の理解」については，その強さと活動継続

との間には重要な関係があるとの指摘がしばしばなされてきている。西浦（1997）は，従来のボランタリーアソシエーション[(3)]の運営に関する研究においては，ボランティアが理念主義的な動機付けで活動に参加することが暗黙の前提として論じられてきたとしている。しかしながら，ボランティアの活動理念の理解度が活動の継続性と関係を持っているかについては，充分に明らかにされてはいないといえる。

2 参加動機要因

ボランティア活動に参加する動機のタイプによって，継続性に違いがみられることが，複数の研究により指摘されている（青山他，2000；Clary et al., 1998；Okun, 1994；望月他，2002）。すなわち，ボランティア活動の継続には，参加動機要因（motivational variables）が関係しているとする考え方である。例えばクラリー他（1998）の研究では，活動を継続しているボランティアは，利他的な動機を強く持っているとされている。

ただし，これらの研究においては，検証の際に，参加動機要因以外の要因が扱われていないものがほとんどである。参加動機要因以外の要因も含めて検討された研究では，参加動機の類型と，活動の継続性とは関連が認められなかったという結果も出ているので，慎重な理解が必要である（Cnaan & Cascio, 1999；Farmar & Fedor, 1999；Pierucci & Noel, 1980）。ナーン＆カシオ（1999）は，ボランティアの動機の強さは，高い信頼性で，その活動の満足感に関係するとしている。このため参加動機（の種類，および強さ）はボランティアの満足に何らかの関係を及ぼしていると考えられるが，それが活動継続に結びついているのかどうかは不明のままである。

3 状況への態度要因

三番目に，ボランティアの活動継続に影響を与えているとされる要因に，状況への態度要因（situational / attitudinal / organizational / managerial variables）がある。これは，ボランティア自身が，ボランティア活動における

様々な状況に対して、どのような認知態度（特に満足感）を取っているかを測定し、活動継続行動との関係性を調べたものである。状況への態度要因は、3種類の要因のなかで唯一、ボランティアを受け入れる組織側が操作できる要因である。このため「組織要因」や「マネジメント要因」と呼ばれることもある（Cnaan & Cascio, 1999 ; Gidron, 1985）。

状況への態度要因に含まれる具体的な項目としては、先行研究の考察から、以下の4種類が存在していると考えることができる（表3-1参照）。

第一に「組織サポート」である。組織からのボランティアへの様々な配慮が、ボランティアの活動継続行動を促していると考えられる。配慮についての具体的内容としては、業務への準備やオリエンテーションやトレーニングへの参加（Cnaan & Cascio, 1999 ; Gidron, 1985 ; Jamison, 2003 ; Pierucci & Noel, 1980）、組織や有給スタッフからのサポート（Pierucci & Noel, 1980）、申込用紙の使用（Cnaan & Cascino, 1999）、および感謝状や昼食会といった象徴的報酬[(4)]（Cnaan & Cascio, 1999）が、先行研究からは確認されている。

第二に「業務内容」である。ボランティア活動での業務内容に関する諸側面が、活動継続に影響を与えていると考えられている。それは具体的には、業務達成による充足感（Gidron, 1985）、仕事自体の魅力（Gidron, 1985 ; Jamison, 2003）、仕事の特徴（挑戦的、魅力的、責任性）（Lammers, 1991）といった点が先行研究から確認されている。

第三に「集団性」である。ボランティア活動を通じて形成される人間関係や集団性によっても、活動継続が促されると考えられている。具体的には、活動を通じての人間関係への満足（Gidron, 1985 ; Lammers, 1991）や、集団一体感（Galindo-Kuhn & Guzley, 2001）が、ボランティアの活動継続に影響を与えていることが先行研究より確認されている。

そして最後に「自己効用感」である。これはボランティアが社会的に役に立っていることの実感であり、ボランティア自身のエンパワメントであるともいえる。この変数はガリンド＝クーン＆ガズリー（2001）の、「ボランティアの満足」の内的構造を明らかにするという興味深い研究により明らかにされた。

表3-1 状況への態度要因

類型	因子名	研究
組織サポート	「オリエンテーション」、「トレーニング」	Cnaan & Cascio (1999), Gidron (1985), Jamison (2003), Pierucci & Noel (1980)
	「組織からの助力」	Pierucci & Noel (1980)
	「スタッフのサポートへの満足」	Pierucci & Noel (1980)
	「申込用紙の使用」	Cnaan & Cascio (1999)
	「感謝状」	Cnaan & Cascio (1999)
	「昼食会」	Cnaan & Cascio (1999)
業務内容	「業務達成」	Gidron (1985)
	「仕事自体」、「挑戦的な仕事」	Gidron (1985), Jamison (2003)
	「仕事の特徴」	Lammers (1991)
集団性	「他のボランティアとの関係」	Gidron (1985), Lammers (1991)
	「集団一体感」	Galindo-Kuhn & Guzley (2001)
自己効用感	「参加による自己効用感の獲得」	Galindo-Kuhn & Guzley (2001)

ガリンド=クーンとガズリーが40の質問項目を用いて統計的な分析を行った結果、活動継続意図との間に関連がみられるボランティアの満足感とは、「参加による自己効用感の獲得」であることが明らかにされた。[5]

3 ライフサイクルとボランティア活動

ここでは、ライフサイクルの視点より行われた先行研究を批判的に考察することによって、年齢層別にみられるボランティア行動の特徴や差異について、これまでの研究で明らかになっていること、また未だに明らかになっていないことを確認しておきたい。

しばしば、年齢が上がるほどボランティア活動への満足は高く、活動継続期間も長くなるという研究結果がみられる（Cnaan & Cascio, 1999）。しかしながら、それらの研究結果には「長く生きている人ほど長くボランティアを続ける

ことができる」といった，年齢の当然の偏りを無視している，誤った解釈の可能性も考えられる。実際，それらの研究の大半は，調査から得られた年齢の数値をそのまま活動継続期間との相関関係の分析に使用しており，そのためにこの可能性を排除できない。単純に年齢とボランティア活動の継続期間との相関関係をみるだけでなく，年齢層毎による差異，すなわちライフサイクルによる相違に着目する必要がある。

オーモト他（2000）はホスピスのボランティアを対象に，若年層（40歳未満），壮年層（40歳以上55歳未満），高齢層（55歳以上）のライフサイクル別に，活動参加動機，活動への期待，および活動開始から6ヵ月後における意識の変化の差異についての検討を行っている。その結果，若年層は他の年齢層に比べ，活動開始時において「関係性動機」（他のボランティアとの関係を強く求める動機）が強い傾向にあり，また活動開始から6ヵ月後においてはクライエントと緊密な関係を築いていると実感していることがわかった。また，高齢層は他の年齢層に比べて活動開始から6ヵ月後に活動に強い満足感を得ており，活動へのコミットメント意欲も高く，自尊感情（self-esteem）も相対的に改善していることがわかった。このオーモトらの研究は，年齢層によってボランティア活動への人々の態度（期待や満足感）に差異があることを示している。

同様にブラック＆コバックス（1999）も，成年（55歳未満）と高齢者（55歳以上）を区別し，ボランティアの態度や行動に関する調査を行っている。ブラックとコバックスの研究では，オーモトらがふれていない活動継続要因についても分析がなされている。しかしブラックとコバックスの調査結果によれば，成年と高齢者との間には継続要因の差異はみられなかったとしている。これはその研究が，成年（55歳未満）と高齢者（55歳以上）の2区分という，大まかな区分でしかないところに研究の限界があったと考えられる。年齢層の区分をより細かく設定し，その差異を検討する必要がある。

以上，先行研究の結果からは，人々がボランティア活動に参加する態度にはそれぞれの年齢層が遭遇しているライフイベントなどにより，相違がみられることが予想される。しかしながらその活動継続要因について，年齢層別の差異

を実際に検討している研究はこれまでにみられない。

4 ボランティアの活動継続要因に関する調査の実施

1 調査の目的と概要

　先行研究の考察から，ライフサイクルによるボランティアの活動継続要因の差異については，充分に明らかになっていないことがわかった。そのため改めて実証的調査を行い，ライフサイクル毎のボランティアの活動継続要因の差異を明らかにしたいと考える。

　この調査は，第2章の調査と同時に，同一の質問用紙を用いて行われたものである（すなわち，その質問用紙には第2章の調査項目と，本章の調査項目が含まれていた）。繰り返しになるが，その調査の方法等の概要を述べると，同調査は2002年4月から6月にかけて行われたものであり，サンプルは京都市内のボランティア活動推進機関で紹介された，ボランティアグループやNPOで活動するボランティアである。なお，有効回答数は287であった。また，本調査のサンプル全体の属性については，第2章34頁を参照していただきたい。

　本調査ではこのサンプル全体を，高齢層（60歳以上，87名），壮年層（30歳以上60歳未満，95名），若年層（30歳未満，130名）の年齢層毎の三つのクラスタ（まとまり）に分けた。なお，それぞれの層における平均値と標準偏差は，表3-2の通りである。そしてこのそれぞれの年齢層のボランティアたちの，活動歴に影響を与えている要因は何であり，そしてそれは年齢層毎にどのように違っているのかを分析した。

2 ボランティアの活動継続に影響を与える要因の候補

　ボランティアの活動継続に影響を与える要因の候補は，これまでのボランティアの活動継続行動の研究において使用されてきた要因を参考に，個人的要因，参加動機要因，状況への態度要因の3種類を用意した。すでに述べたとおり，個人的要因とは，ボランティア個人の社会的背景（デモグラフィック）や

第Ⅰ部　ボランティアマネジメントの基礎

表3-2　各年齢層の平均値と標準偏差

	若年層(30歳未満) n=102		壮年層 (30歳以上 60歳未満) n=95		高齢層(60歳以上) n=87	
	平均値	標準偏差	平均値	標準偏差	平均値	標準偏差
活動継続指数	0.07	0.08	0.09	0.09	0.10	0.09
性別(男性＝1，女性＝2)	1.50	0.50	1.84	0.37	1.82	0.39
年齢	21.73	3.36	48.71	9.20	68.61	6.40
活動経験の有無（あり＝0，なし＝1）	0.46	0.50	0.41	0.49	0.39	0.49
活動頻度	2.50	0.69	2.54	0.64	2.46	0.68
活動理念の理解	2.25	0.56	2.33	0.60	2.51	0.53
「自分探し」動機	2.00	0.84	1.60	0.75	1.87	1.01
「利他心」動機	2.98	0.79	2.80	0.97	3.38	0.93
「理念の実現」動機	2.07	0.79	2.20	0.90	2.66	0.95
「自己成長と技術習得・発揮」動機	3.75	0.93	2.65	1.09	2.90	1.13
「レクリエーション」動機	3.47	0.99	2.75	1.07	2.91	1.04
「社会適応」動機	1.80	0.84	2.13	0.92	2.61	1.15
「テーマや対象への共感」動機	1.75	1.12	1.48	0.80	2.09	1.50
「組織サポートの知覚」満足	3.59	0.77	3.39	0.78	3.63	0.67
「業務内容」満足	3.80	0.67	3.76	0.71	3.94	0.68
「集団性」満足	3.86	0.70	3.83	0.65	3.87	0.77
「自己効用感」満足	3.58	0.93	3.69	0.79	3.89	0.79

特徴的性格（パーソナリティ）に関する変数である。参加動機要因とは，参加動機の違いによって，活動の継続性に違いがあるかどうかを測定するための変数である。そして，状況への態度要因とは，ボランティア自身が活動における様々な状況に対して，どのような認知態度（特に満足感）をとっているかを測定するための変数である。

　この3種類それぞれの要因を構成する質問項目について，それぞれ詳しく説明しておきたい。まず，個人的要因を測定する質問項目として，「性別」，「年齢」，「過去にボランティア活動を行った経験の有無」，「活動の頻度」，さらに「活動理念の理解」を測定するために，「あなたと，ボランティアグループや団体の他のメンバーとの間に，活動に対する考え方について，違いはあります

か」という質問項目を用意した。[6][7]

　参加動機要因の質問項目には，第2章で抽出されたボランティア参加動機の7類型を採用している。繰り返しになるが，簡単にその7類型を紹介しておく。第一に「自分探し」動機である。これは暇を持て余している意識と，ネガティブな意識が結びついて活動を始めるものである。第二に「利他心」動機である。これは他者のためにボランティア活動を行う意識であり，利他主義的な参加動機である。第三に「理念の実現」動機である。これは，活動を通じて個人的，組織的な理念を実現したいために参加する意識である。第四に「自己成長と技術習得・発揮」動機である。これは，ボランティア活動を通じて何らかの知識や技術を身につけたい，またはそれらを発揮したいと望み，参加する意識である。第五に「レクリエーション」動機である。これは，友達づくりや活動自体を楽しむために参加する動機である。第六に「社会適応」動機である。これは人から誘われたり，勧められたりしたから参加するといった意識である。第七に「テーマや対象への共感」動機である。これは以前に自分が活動対象者と同じような立場であったなどで，活動対象者に共感的な意識を抱き，活動に参加する動機である。[8]

　最後に，状況への態度要因を構成する項目についての質問は，以下の通り作成している。まず「組織サポート」への態度の測定のために，「グループや団体からの個人的な気づかい」，「トレーニングや講習の機会」，「有給職員とのコミュニケーション」の3項目に対する満足感について尋ねた。「業務内容」[9]への態度の測定のために，「自分の役割がはっきりしていること」，「活動の方法や内容が効果的であること」，「ボランティア活動自体のやりがい」（やりがいのある活動内容かどうか）の3項目に対する満足度の認知を尋ねた。[10]

　「集団性」への態度の測定のためには，「ボランティア同士の人間関係」の満足感の認知，および集団一体感について「あなたはグループの一員であるという意識をどの程度強くもっていますか」の二つの質問を用いている。[11]

　そして，「自己効用感」への態度の測定には，「対象者や社会の役に立っている実感」の1項目を用意した。なお，本調査においては，ナーン＆カシオ[12]

表3-3　年齢層毎の分析結果

	若年層 （30歳未満）	壮年層 （30歳以上60歳未満）	高齢層 （60歳以上）
個人的要因			
性別	−	−	−
年齢	−	−	−
活動経験の有無	−	−	−
活動頻度	−	−	正の弱い関係
活動理念の理解	−	負のやや強い関係	−
参加動機要因			
「自己防衛」動機	−	−	−
「利他心」動機	−	−	負のやや強い関係
「理念の実現」動機	−	−	−
「自己成長と技術習得・発揮」動機	−	−	正の弱い関係
「レクリエーション」動機	−	−	−
「社会適応」動機	−	−	−
「テーマや対象への共感」動機	−	−	−
状況への態度要因			
「組織サポートの知覚」満足	−	−	−
「業務内容」満足	正の弱い関係	−	−
「集団性」満足	−	正の弱い関係	−
「自己効用感」満足	−	−	正の弱い関係

（1999）の研究で用いられていた一連の象徴的報酬は，質問項目に含めなかった。これは，倉田（2001）で明らかなように，日本のボランティア受け入れ組織においては，ほとんど象徴的報酬が取り入れられていないため，質問項目として不適切であると判断したためである。

3　調査の結果

　若年層，壮年層，高齢層の三つの年齢層それぞれに対し，個人的要因，参加動機要因，状況への態度要因のなかで，活動継続に影響を与えているものは何であるかについての，統計的な分析を行った。各年齢層の分析結果は，簡易に述べると，表3-3のとおりとなっている。より詳しい年齢層毎の分析結果を知りたい場合には，章末の別表3-1を参照して頂きたい。

　まず若年層（30歳未満）においては，状況への態度要因の「業務内容」が唯

一，統計的に意味のある関係性が，活動継続との間にみられた。[15]

次に壮年層（30歳以上60歳未満）では，個人的要因の「活動理念の理解」が，活動継続に負の影響（「活動理念の理解」が高まるほど，活動継続期間が短くなる）を与えていた。また，状況の態度要因における「集団性」に正の影響が認められた。

最後に高齢層（60歳以上）では，個人的要因の「活動頻度」が，統計的に意味のある関係性を活動継続との間に持っていた。また参加動機要因の「利他心」（ただし負の影響），および「自己成長と技術習得・発揮」にも，統計的に意味のある関係性がみられた。さらに状況への態度要因の「自己効用感」に，統計的に意味のある関係性がみられた。

5 ライフサイクルと活動継続要因との関係性の考察

1 若年層のライフサイクルとボランティア活動の継続要因

調査分析の結果，各年齢層では活動継続に影響を与える要因は異なっていた。こうした調査分析結果はどのような意味を持っているのだろうか。以下では，年齢層毎に考察したい。

はじめに，若年層ボランティアの分析結果についてである。この年齢層においては，状況への態度要因における「業務内容」が，唯一の活動継続に関係する要因として認められた。この要因を構成する質問項目が，「自分の役割がはっきりしていること」，「活動の方法や内容が効果的であること」，「ボランティア活動自体のやりがい」の3項目であることから，活動を通じてのやりがいや適材適所であることが，若年層ボランティアの活動継続を促進していると考えられる。

ライフサイクルの観点からすれば，この年齢層は多くの人（日本人）にとっては，教育を受け，そしてキャリア形成に向けて社会へ第一歩を踏み出す時期であろう。また一方でプライベートな面でも，結婚し，親となる者も現れる年齢層である。いわば社会人としても，家庭人としても，責任ある社会的役割を

獲得する時期，またはその準備期にあたる。このため，ボランティア活動についても，社会的役割が得られる実感や，自身の成長が促されている実感が持てる活動の場合において，活動が継続されていると考えることができる。

こうした若年層ボランティアの活動継続意識については，(財)内外学生センター（当時）(1998)『学生のボランティア活動に関する調査報告書』の調査結果に同様な傾向がみられている。同報告書によれば，ボランティア活動に満足していない理由を尋ねたところ，「思う通りの活動ができなかった」ことが，答えとして圧倒的に多かったとしている。すなわち，大学生ボランティアでは，その活動にやりがいがあり，役割が明確であるような魅力的な活動内容であることが，活動の継続に際して重要視されていることがみてとれる。

2　壮年層のライフサイクルとボランティア活動の継続要因

続いて，壮年層の分析結果について考察したい。この年齢層においては，状況への態度要因の「集団性」に正の影響が認められている。この変数を構成する質問項目は，「ボランティア同士の人間関係」と，「あなたはグループの一員であるという意識をどの程度強くもっていますか」の二つであった。このため，壮年層のボランティア活動では，ボランティア同士のコミュニケーションや，ボランティア団体への所属意識への満足が，その活動の継続を促進する要因となっていると考えることができる。

これは経済企画庁（現・内閣府）『国民生活白書　平成12年度版』の副題ともなっていた，「ボランティアがつくる"好縁"」の魅力による活動継続であるといえるだろう。「好縁」とは，同白書によれば，同じ地域であるという地縁でもなく，同じ職場だからという職縁でもなく，好きなことが同じ人々が集まってつくる縁＝ボランティア活動がつくる縁のことを指している。

この世代は一般的に，ライフサイクル上，仕事や子育てに時間を費やす人々が多いと思われる。そうした部分においては，この年齢層の人々は社会的役割を強く持っているのではあるが，それだけではもの足りず，違った質の人間関係やネットワークを形成したいニーズがあり，それがこうした活動継続要因と

して反映されていると考えることができる。

　また，分析結果によれば，活動理念の理解が活動継続を疎外する要因となっている。このため，強固な理念を持って活動を続けているというよりも，むしろ気軽な気持ちで，ゆるやかなつながりによって，活動を続けている姿がみてとれる。

3　高齢層のライフサイクルとボランティア活動の継続要因

　最後に高齢層ボランティアについてである。これまでには，高齢者は利他的な動機を強く持ってボランティアに参加しているといった調査結果が散見されていた（Okun, 1994など）。しかし，本研究の結果では，高齢層においては，「利他心」動機が強い人ほど活動歴が短かった。言い換えれば，「利他心」動機が弱い人ほど活動歴が長かったのである。先行研究の結果と併せて考えるならば，利他的な動機を持った高齢者は，ボランティア活動に参加する数は多いものの，その活動を継続している者は少ないと考えることができる。

　一方，「自己成長と技術習得・発揮」動機が強い人ほど，活動歴が長かった。この動機は典型的な利己的な動機であり，「利他心」とはカードの裏表の様な関係である。従って，このような分析結果となるのは妥当といえよう。また，状況への態度要因の「自己効用感」も，活動の継続性へ影響を与えていた。こうした結果を総合的に考察すると，高齢層においては，まったく見返りを求めない利他的な動機を持った者よりも，それまで培った技術を活かして，ボランティア活動を通じて社会的に役立てることを望み，そして活動を通じてその実感が得られている者の方が，活動を継続していると考えることができる。

　高齢期はライフサイクル上，仕事からのリタイアや，子育て期の終了，ならびに友人・知人の死別などのライフイベントの発生によって，社会的役割の喪失感を抱きやすい時期である。このため，ボランティア活動に参加することによって新たな社会的役割を獲得し，参加する高齢者自身の「再社会化」が促されていると考えることができる。このように，社会参加意識が，高齢層ボランティアの活動継続を支えているとする研究結果は，これまでにも散見されてお

り（Cnaan & Cascio, 1999 ; Okun, 1994)，本研究はこうした見解を支持する結果となったといえよう。

また，高齢層においては，個人的要因の「活動頻度」も，活動継続に対して統計的に意味のある関係性を持っていた。つまりこれは，活動に割く時間が長いほど，活動を継続しているという傾向があるということである。この，高齢層が他の年齢層に比べて，活動により熱心に参加しているという姿は，オーモト他（2000）の研究においてもみられた傾向であり，本研究はこれを裏付ける結果となった。

6 本研究が示唆するライフサイクル視点の活用

本研究で行った調査の結果，若年層，壮年層，高齢層のそれぞれの年齢層で，活動継続に影響を与える要因は異なっていることがわかった。

本研究から得られた知見は，幅広く活用できると考える。まず，ボランティア受け入れの現場においては，活動継続のための方策を考えるにあたっての，有益な情報となる。それぞれの活動現場で継続してほしい年齢層が持つ活動継続要因を理解することによって，そうした活動継続要因に配慮したボランティア活動を設計することができる。例えば若年層のボランティアに活動を継続してほしいならば，その活動での役割が明確であり，活動の方法や内容の効果が目にみえて明らかで，参加者がやりがいを持てる活動内容となるよう，努力することが望ましい。同様に，壮年層向けに活動継続を図るならば，ボランティア同士のコミュニケーションを楽しく行う時間が充分にあり，グループの一員という意識を持つことのできる活動にするべきである。さらに，高齢層向けに活動継続を図りたいならば，彼らや彼女らが培った技術や能力を活かすことのできる活動によって，対象者や社会の役に立っている実感を持つことができるように，ボランティア活動自体のあり方を考えていく必要がある。

さらに，ボランティア活動支援・推進施策を実施する行政諸機関においても，本研究の成果を活かすことができる。多様な年齢層の，ボランティア活動の参

加と継続を図りたいのであれば,多様な年齢層にとって魅力的な(活動継続要因に配慮した)ボランティア活動を,支援・推進していく必要があるだろう。

なお,先行研究においては,「組織サポート」(状況への態度要因)はボランティア活動の継続に何らかの影響を与えているとされていたが,本研究の調査結果では,全ての年齢層において影響がみられなかった。しかし,この結果をもって,ボランティアの組織サポートは全く必要ない,と考えるのは現実的ではないだろう。ナーン&カシオ(1999)や,田尾(1999)が指摘するように,ボランティアは公式的な「マネジメント」を望んではいないとみなすべきであり,むしろそのサポートはデリケートであると考えるべきである。レオナード他(2004)も,その調査結果より,ボランティアコーディネーターが「管理的」な姿勢をとった場合,ボランティアと対立しがちであるとしている。

7　今後の課題：ライフコースと活動継続

本章では調査によって,ライフサイクルによるボランティアの活動継続要因の違いについて明らかにした。しかし,一方で,ライフサイクルの見方での分析の限界も存在している。このため,ライフサイクルに加え,ライフコースによる,ボランティアの活動継続(ならびにその他のボランティアの組織行動の諸側面)についても,検討することが重要である。

ライフサイクルとライフコースの二つの分析枠組は,ともに人間を発達する存在として捉え,動態的に把握しようとする点で共通している。しかしながら,ライフサイクルはその動態の「斉一性」を強調したものであるのに対し,ライフコースは,人間の人生は「年齢別に分化した役割(role)と出来事(events)を経ながらたどるもの」(Elder, 1985)とし,歴史的背景や社会的背景との関わりによって形成される,個々人の生活の「多様性」に注目している点において,大きく異なっている。そもそも,ライフサイクルの視点を批判的に捉えることによって,ライフコースの視点は登場してきた。しかしながら本章でみてきたように,ライフサイクルの視点からの分析にも,有用性が高くみられ,ボラン

ティアの活動継続要因を理解する上では，きわめて役立つものであった。このため，両者のアプローチは補完的なものであり，ライフサイクルとライフコース双方の視点から，分析することが重要であると考えた方がよいだろう。

　ライフコースの視点からボランティアの行動を分析した研究としては，オーテリ他（2004）の研究があげられる。オーテリらは，調査対象の人々が18歳から始まり27歳になるまでの間に，それぞれ経験してきたライフイベントの違いによって，ボランティア活動への参加態度（活動に参加しているか否か）に差異が生まれていることを明らかにしている。これは，同世代（すなわち，同じライフサイクルの段階）であっても，ライフコースの差異が，ボランティア活動への態度に差異を生じさせる可能性を証明したものであり，興味深い研究結果であるといえる。

　しかし，残念ながらこの研究では，活動継続要因については分析されていない。また，若年層以外の年齢層の特徴について分析している研究も，これまでにはみられない。このため，ライフコースによるボランティア活動の継続要因の差異についての検討は，今後の課題として残されているといえる。これはボランティアの「地域生活者」としての多様性を深く理解するために，きわめて重要な課題であろう。

注
(1)　この章は桜井政成著「ライフサイクルからみたボランティア活動継続要因の差異」（『ノンプロフィット・レビュー』5巻2号，2005年，103-113頁）に大幅な加筆修正を加えたものである。
(2)　ボランティアの活動継続行動を考察するにあたり，留意しておかなければならないことがある。それはボランティアの活動継続行動の測定方法についてである。これまでに活動継続行動については主に次の3通りの測定方法が取られている。それは，①ボランティア活動者に対し，一定期間をおいて活動を継続しているか否かをみる方法と，②現在ボランティアを行っている者にこれまでの活動歴を尋ねる方法と，現在ボランティアを行っている者に今後の活動継続意図を尋ねる方法である。今後，何らかの整理が必要と考えられるが，ここではひとまず，それらの全ての方法による継続行動の調査研究について，考察することにする。
(3)　「アソシエーション」とは機能的な集団のことを指し，社会学や政治学などで古くか

ら研究されてきている。「ボランタリーアソシエーション」とは，語弊をおそれずに単純にいってしまえば，ボランティアグループとほぼ同意義である。混乱を避けるため，引用箇所を除き，本書では「ボランティアグループ」に表現を統一している。なお，アメリカにおけるボランタリーアソシエーション研究の成立と発展については佐藤（1982）に詳しい。

(4) マグリー(1988)は，オリンピック選手が金メダルを獲得するために努力するのは，金メダル自体に価値があるのではなく，それがある価値を象徴しているためであるとし，そうした報酬物を「象徴的報酬」と呼んでいる。ボランティア活動においては，象徴的報酬は組織がボランティアに対して組織の一員としての意識を高めるためや，感謝の意を表すために用いられている。ここにあげられた感謝状，昼食会のような謝恩の場などはその一例である。

(5) 同調査研究では，40の質問項目に因子分析を施したところ，4因子が抽出された。そして，その4因子とボランティアの活動継続意図との関連について，重回帰分析を施して検討した結果，このような結果がみられたのである。

(6) 具体的な質問方法について補足しておく。まず，「性別」は，男性＝1・女性＝2のダミー変数を用いている。「過去にボランティア活動を行った経験の有無」は，あり＝0・なし＝1のダミー変数を用いている。「活動の頻度」は，毎日近く・1週間に1回以上・1カ月に1回以上・半年に1回以上・それ未満，の5点尺度のダミー変数を用いている。「活動理念の理解」回答は，3段階（とても違いがある・やや違いがある・まったく違いはない）の3点尺度であり，逆転項目のダミー変数である。

(7) 本調査では，検討する個人的要因のなかに，「収入」（個人，世帯などの）を含めていない。確かに，「収入」は，個人の社会的背景を理解するための重要な質問のひとつである。にも関わらず，今回の調査で採用しなかった理由は，先行研究ではあまりその活動継続との関係性が認められていなかったからである。

(8) 本調査では分析に際して，この7動機類型それぞれを構成している質問群の単純加算平均を尺度得点として用いた。

(9) それぞれ，回答は1から5までの5段階で，得点が高いほど満足感が強いことを表している。そしてこの3項目の単純加算平均を尺度得点とする合成変数とした。

(10) 注9に同じ。

(11) これは「全く持っていない」から「非常に強くもっている」までの5点尺度であり，単純加算平均を尺度得点とする合成変数とした。

(12) 回答は1から5までの5段階で，得点が高いほど満足感が強いことを表している。

(13) なお，「活動歴」（○ヵ月）をそのまま従属変数として用いた場合，年齢によるバイアスがかかり，高年齢層ほどボランティア活動を継続している結果になるおそれがあった。このため，「活動歴」を「年齢」で除算した数値を「活動継続指数」と名付け，これを従属変数に採用することにした。すなわちここでは，活動継続指数（「活動歴」／「年齢」）を従属変数とし，個人的要因，参加動機要因，状況への態度要因を独立変数とした重回帰分析を行っている。

(14) また，多重共線性を診断するVIF値については章末の別表3-2の通りである。その

結果をみる限り，著しくVIF値が高い独立変数はみられず，このため分析結果には多重共線性のおそれはないと考えることができる。

(15) ただしこの分析結果は，統計的には，F値が充分に大きくないために（F = 1.433），説明力がやや弱い，限定的な結果であることに注意しなければならない。

別表3-1　重回帰分析結果

		標準化係数		
		若年層 (30歳未満)	壮年層 (30歳以上60歳未満)	高齢層 (60歳以上)
個人的要因	性別	−.094	.089	.054
	年齢	.120	−.053	−.150
	活動経験の有無	−.050	−.053	−.251
	活動頻度	.112	−.128	.303*
	活動理念への認識	−.086	−.321**	−.120
参加動機要因	「自分探し」動機	−.173	−.195	−.057
	「利他心」動機	−.001	.109	−.650**
	「理念の実現」動機	.136	−.081	.228
	「自己成長と技術習得・発揮」動機	−.137	.071	.502*
	「レクリエーション」動機	.152	.210	.216
	「社会適応」動機	.162	.071	−.275
	「テーマや対象への共感」動機	.003	−.109	−.113
状況への態度要因	「組織サポートの知覚」満足	−.307	−.093	−.192
	「業務内容」満足	.347*	.033	−.098
	「集団性」満足	−.004	.303*	.213
	「自己効用感」満足	.065	−.141	.474*
	F値	1.433	2.014	2.417
	R2	.223	.338	.555

***P<0.005，**P<0.01，*P<0.05
従属変数：活動継続指数

別表3-2　多重共線性

		VIF		
		若年層 (30歳未満)	壮年層 (30歳以上60歳未満)	高齢層 (60歳以上)
個人的要因	性別	1.213	1.312	1.352
	年齢	1.102	1.569	1.650
	活動経験の有無	1.198	1.115	1.353
	活動頻度	1.152	1.196	1.391
	活動理念への認識	1.171	1.181	1.646
参加動機要因	「自分探し」動機	1.509	1.502	3.462
	「利他心」動機	1.827	1.770	3.273
	「理念の実現」動機	2.187	1.482	2.070
	「自己成長と技術習得・発揮」動機	1.466	1.669	3.368
	「レクリエーション」動機	1.674	1.747	3.464
	「社会適応」動機	1.670	1.348	2.845
	「テーマや対象への共感」動機	1.593	1.459	2.968
状況への態度要因	「組織サポートの知覚」満足	2.464	1.518	2.268
	「業務内容」満足	2.309	2.698	4.552
	「集団性」満足	1.845	1.747	3.120
	「自己効用感」満足	1.366	1.830	3.180

第4章　ボランティアの活動積極行動
――ボランティアに熱中する心理――

1　ボランティアの多くは「現状維持」

　全国ボランティア活動振興センター（2002）「全国ボランティア活動者実態調査報告書」によれば，今後の活動予定の意向は，ボランティアのほとんどが現状維持であったという（74.0％）。つまり，ボランティア活動をしている人の多くが，それ以上活動を熱心にするわけでもなく，とはいっても活動を止めるつもりもないと述べている。また，ちなみに，「現在の活動範囲を広げたい」と答えた人は11.1％のみであった。また，「現在の活動回数を増やしたい」と答えた人は2.4％に過ぎなかった。

　ボランティアをしている人たちが，活動を積極的に取り組むようになるにはどうすればいいのであろうか。言い換えれば，ボランティア活動を積極的に取り組む要因とは何なのであろうか。本章では，ボランティアが積極的に活動に取り組む行動＝活動積極行動について考察を深めたいと考える。

2　理念は活動を活発化させるのか？　組織均衡理論からの示唆[1]

　西浦（1997）によれば，従来のボランティアグループの研究においては，組織の安定化のためには「リーダーがメンバーに対して団体の使命や理念を普及させること」（Conger & Kanungo, 1987）や，「新メンバーのリクルートの際に理念を共有できる人を選別すること」（Gamson, 1968）など，ボランティアが理念主義的な動機づけで活動に参加することが暗黙の前提として論じられてきたとしている[2]。これは，多くのボランティアグループのリーダーが理念主義的であ

ることから，その他のボランティアについても，理念的な側面を強調することが行われてきたと考えられる（Rose-Ackerman, 1997；佐藤，1982；李，2002）。こうした見解に沿うならば，ボランティアはその活動理念を理解し，また共有することで，活動を熱心に行うようになると考えることができる。

しかし西浦（1997）が指摘するように，ボランティア参加者は理念以外の多様な期待を持って参加してきている。これは本書第2章の調査結果からも明らかである。また，本書第3章の調査結果によれば，「理念の理解」は壮年層の活動継続をかえって妨げていた。ボランティアを熱心にさせるものは本当に活動理念なのだろうか。

この問題について，近代組織論の中核的，古典的な理論として存在している，組織均衡理論（theory of organization equilibrium）からの示唆がある。組織均衡理論とは組織存続を説明する理論である。単純にいえば，組織が人々に対して提供する「誘因」が，人々が組織へ「貢献」する量と同じか，それ以上である場合，個人は動機や目標が満たされ，組織への参加を続ける。その結果，組織は存続し，成長する，という理論である。もし，個人の貢献に対し，組織の誘因が足りないものであれば，人々は組織への参加を中止し，その組織は衰退し，死滅することになる（占部，1974：p.102）。

組織均衡理論に関する研究は，営利組織における従業員の行動を主眼において分析されているものが多い。しかしながら，この理論の基礎を築き上げたバーナードC. I.や，サイモンH. A.の議論を振り返ると，彼らはこの理論の適用範囲として公式組織全般[3]，すなわち，産業組織・営利組織に限らず，政府組織や非営利組織への参加者についても念頭に置いていたことがわかる。

特に，サイモンはボランティアが行う組織への貢献についても言及している。以下，その箇所を引用する。

　「ボランタリー組織においては，組織の目的は，通常，組織のメンバーのサービスを確保する直接の誘因となっている。このボランタリー組織における管理には，以下のような事実から特別な問題が生じている。すなわち，そのメンバーの貢献は，しばしば，パートタイムのものであり，種種の参加者は，それぞれ，組

織の目的について対立する解釈をすることもあり得るし，さらに，組織の目的は，参加者の管理体系の中ではかなり小さい役割しか果たさないものであるため，協力させるための単に弱い誘因を提供しているに過ぎないという問題である。この観点よりすれば，そのボランティアは，企業組織の顧客と多くの点で同じ特徴を有している。しかし，そのボランティアは，金銭の代わりにサービスを組織に貢献している。」(Simon, 1997：p.143)

「組織の目的」とは，宗教組織であれば教義であり，政治組織・運動組織であればイデオロギーである。非営利組織においてのそれは，一般的に，「ミッション」(mission＝使命) と呼ばれている (Drucker, 1990)。サイモンはボランティアの貢献の特徴は従業員よりもむしろ顧客に近いと述べ，そして，そうしたボランティアにとって，「組織の目的は，参加者の管理体系の中ではかなり小さい役割しか果たさない」と言い切る。確かに，組織活動を方向づけるためにミッションは重要である。しかし，参加者の誘因には，それほどなりえないのである。このように，組織均衡理論の視座からは，組織理念はボランティアの活動積極性を充分に促す要因ではないとされるのである。

3　ボランティアの組織コミットメント

それでは，一体何が，ボランティアが活動を積極的に行う要因となるのか。この問題について，別の理論的側面から考えてみたい。ここで援用するのは，組織コミットメントの理論である。

組織コミットメントとは，広く組織への帰属意識を表す概念として，組織心理学，または組織行動科学の分野で用いられている概念である。それは，主として，①組織の目標に対する信頼と受容，②組織の代表として進んで努力する姿勢，③組織の一員としてとどまりたいとする願望，という3側面によって説明される，組織に参加する個人の態度である (Mowday et al., 1982)。一般的に組織コミットメントには，次の3種類があるとされている (Allen & Meyer, 1990)。第一に，「情緒的（または感情的）コミットメント」である。これは組

織に愛着があり，そのために組織に関与し続ける意識である。第二に，「功利的（または存続的）コミットメント」である。これは組織を辞めると損害が大きいので，そのまま組織に関与し続けようとする意識である。第三に，「規範的コミットメント」である。これは，組織に関与することは当然と捉えて，組織に関与する意識である。このうち，ボランティアには「功利的コミットメント」がない，もしくは有給の従業員に比べて低いとする意見がある（Cnaan & Cascio, 1999 ; Liao-Troth, 2001）。これは，ボランティアは自発的に組織に参加していることが前提となっているため，嫌な活動からは，即，撤退すると考えられるからである。また，ボランティアはその組織から生活の糧を得ていないことも，それに影響していよう。

　ボランティアの組織コミットメントは，どのような性質を有しているのであろうか。ジェンナーは，1979年と1981年の2度にわたり，250人の女性ボランティアの組織コミットメントを測定し，それが，活動の頻度や，活動の継続とどのような関係にあるか，調査している（Jenner, 1981 ; Jenner, 1984）。その結果，ボランティアの組織コミットメントは，組織の一体感や，メンバーシップへの満足，活動頻度，今後の活動予定と関係がみられた。これらの関係は正の関係であり，すなわち一方の値（組織コミットメント）が高まると，一方の値（組織の一体感，他）も高まっていた。ただし，調査結果からは，ボランティアの組織コミットメントは永続的なものではないことや，必ずしも高い組織コミットメントが活動量と関係するものではないことも示唆された。

　ボランティアの組織コミットメントは，どのようにして高まるのであろうか。デイリー（1986）は実証的調査の結果をもとに，ボランティアの仕事の性質は職務満足に影響を与え，それが組織コミットメントに影響を与えるとしている。このため，「職務満足はボランティアの組織コミットメントを理解する上で重大な役割を演じている」（Dailey, 1986 ; p. 22）と述べている。また，デイリーは，組織のフィードバックがボランティアのコミットメントを高めると，調査の結果より言及している。

　ただし，別の見方もある。ボランティアの活動への満足と組織コミットメン

トは直接的には無関係であり，別の，異なった要因が，活動への満足と組織コミットメントの双方に影響を与えているという見解である。こうした見方に基づいてティッドウェル（2005）が注目したのは，「組織アイデンティティ」（Organizational Identification）である。組織アイデンティティとは，個人が組織のなかで形成する「組織の一員」意識のことであるが，なおかつ，自身と組織は絡み合った一体のものとして認識された状態の意識を指す（Ashforth & Mael, 1989）。ティッドウェルの調査の結果，この組織アイデンティティが，ボランティアの活動への満足と組織コミットメントの双方に影響していることが明らかになっている。また，安藤・広瀬（1999）の環境ボランティアを対象とした研究結果でも，組織への帰属意識がボランティア活動の積極的行動を行う意向に影響を与えており，こうした見解を支持するものとなっている。

このように，これまでの研究結果では，ボランティアが組織に関与し続けようとする意識，すなわちボランティアの組織コミットメントについて，充分に明らかになっているとはいえない。しかしながら，それは，活動への満足や，組織アイデンティティと何らかの関係性を持ちつつ，活動積極行動に一定の影響を与えているとみなすことができる。

なお，これまでの研究成果からは，ボランティアの組織コミットメントには，活動理念は，特段に重要な役割を果たしていないとされている。例えば，ドレスバック（1992）のハイキング団体のボランティアの調査や，リャン他（2001）の環境活動のボランティアを対象にした調査でも，ボランティアは，活動の社会的な側面よりも，個人的なメリットによって，組織コミットメントを強めていることが明らかになっている。これらの調査結果は，先ほどの組織均衡理論の見解を，さらに裏付けているといえよう。

4 ボランティアの心理的契約

ボランティアの活動積極行動については，ここまで紹介した組織均衡理論，組織コミットメント理論などの，組織的な心理や行動を分析する観点（一般的

に組織心理学や組織行動科学と呼ばれる）から，多くの示唆がもたらされていることがわかる。これは，ボランティアの多くが現在，組織的に活動しているためである。

さらに別の組織心理学的な分析枠組みを用いて，ボランティアの活動積極行動を考察してみたい。それは，「心理的契約」という概念である。

「心理的契約」(psychological contract) とは，Schein (1965) などが初めて紹介した概念であるが，近年，より厳密な再定義がなされ，個人と組織との関係性を理解する上での有用な概念として，注目を集めている。(5) 心理的契約とは一般的に，「個人と組織との間における相互的な義務についての個人側の信念であり，その義務は約束の知覚を基礎としており，必ずしも組織側の代理人による認識を必要としない」と定義される（Morrison & Robinson, 1997 ; Robinson, 1996 ; Rousseau, 1989）。心理的契約概念はもっぱら個人の側の認識を問題とするため，その契約対象は，組織のある特定の代理人ではなく，個人の側で擬人化された〈組織〉となる（Morrison & Robinson, 1997 ; Rousseau, 1989 ; Schein, 1965）。また，心理的契約は，個人と，個人を取りまく組織的環境との相互作用によって形成される（Shore & Tetrick, 1994）。このため，個人の目的や欲求や性格によって様々に形作られるものとなる。

個人が，組織が心理的契約に違反していると認識した場合（すなわち，個人の期待に組織が応えていないと認識した場合），業績，職務態度，職務継続などを低下させ，さらに，職務満足とコミットメントを減少させると考えられている（Robinson, 1996 ; Robinson et al, 1994 ; Robinson & Morrison, 1995 ; Robinson & Rousseau, 1994）。

このような心理的契約概念を用いてボランティアの組織行動を研究したのが，ファーマーとヒョードル（1999）である。ファーマーとヒョードルは，ボランティアの心理的契約は他のタイプの労働者のそれとは異なっていると指摘する。ファーマーとヒョードルが言及するボランティアの心理的契約の特徴を整理すれば，次のようになる。(6)

まず何よりも，ボランティアに対して，組織側が提供できる満足は，単純に

金銭でまかなえるものではないし，必ずしも期待通りの満足を与えられる保障はない。このためボランティアは，組織に対して単に期待をしているというよりも，むしろ心理的契約意識を持って参加しているということができる。そして，ボランティアは有給の従業員に比べて，明示された契約内容を持たないために，暗黙的な組織に対する相互の義務感・期待感（＝心理的契約）が強く働くことになる。組織的に活動するボランティアの場合，通常，組織と長期的に，かつ包括的に，この心理的契約を結んでいる意識を持っている。しかし，もしもその契約的感情が満たされない場合，即座にその組織から退出しがちである。これはボランティアを組織に縛り付けるものがあまりないからである。

ただし，リャオ＝トルース（2005）の研究結果では，心理的契約にはボランティアの性格や動機が影響していたという。協調性と情緒不安定さは，関係的な心理的契約に影響を与え，誠実性とVFIモデル（第2章参照）に基づくキャリア動機は，取引的な心理的契約に影響を与えていた。全てのボランティアが，心理的契約を同じように知覚するわけではないようである[7]。

5　ボランティアのリーダーシップ

活動積極行動の究極的な行動様式はリーダーシップである。

スミス（2000）は，有給職員が存在するNPOの場合には，マネジメントが強調されるが，ボランティアグループにおいては，リーダーシップがより強調されるとしている[8]。その理由は，ボランティアグループを持続させるための指導や「社会的推進力」が，他に少ないためである（Smith, 2000: p.149）。無論，NPOでもリーダーシップは重要であるが，ボランティアグループのそれは，より「根元的」なものとなるとスミスは述べている（pp.165-166）。

[1]　ボランティアリーダーの機能

一般的に，リーダーには大きく二つの機能的側面，すなわち「シゴト」が存在しているとされる。ひとつは「配慮」（consideration）である。これはメン

バーへの思いやりや，人間関係の調整などの機能である。もうひとつは「構造づくり」(initiating structure）である。これは課題遂行や目標達成のための業務指導（スーパービジョン）などの機能である。この二つの役割のうち，ボランティアグループのリーダーシップにおいては，前者の「配慮」がより重要とされがちである。

　その理由は，第一には，ほとんどのボランティアメンバーにとっては，ボランティア活動とは「仕事」ではなく，「レジャー」の時間であり，そのために，業務指導は最小限か，全く必要としていないためである (Smith, 2000 ; p.159)。

　だが，こうしたメンバーの意識に関わらず，リーダーは活動の成果をつくらなくてはならない。このため，メンバーを上手に「のせる」ことに労力を割かざるを得ない。これが第二の理由である。いいかえれば，ボランティアグループにおいては，組織を円滑に運営していくためには，組織の長期的な目的と，各ボランティアメンバーの直接的なニーズとを調整する必要があり，それはリーダーにとって，きわめて重要な業務となるのである (Harris, 1998)。しかし，ハリスが述べるように，ボランティアリーダーはメンバーに対して，組織活動を存続させていくための基本的な業務に取り組んでもらうために，動機付けや管理に腐心せざるを得ないが，その説得のために用いることのできる方法は実に弱いものしかない。自発性・無償性を旨とするボランティアを惹き付け，活動を継続してもらうためには，第2章，第3章で明らかにしたような，ボランティアの参加動機や，活動継続要因の理解が重要となる（その具体的な方策については第7章で詳しく述べる）。また，リーダー自身もボランティアであることから，そのリーダーシップに何らかの権威や根拠づけはないことが多く，リーダーシップの正統性が確保することが難しい。ボランティアリーダーはその正統性の確保のために，カリスマ的なリーダーシップ[9]になりがちである (Kay, 1994)。

　ただし，リーダーに必要とされる機能は，ボランティアグループの発展段階によって異なっているとされる。李（2002）は，ボランティアリーダーのタイプについて，「創発型リーダー」と「調整型リーダー」という2種類の類型を

提起している。前者の創発型リーダーは，先ほどのリーダーの二つの機能のうちの，構造づくりを主として担う存在であり，後者の調整型リーダーは，配慮を担う存在である(10)。そしてその上で，ボランティアグループの創設期には創発型リーダーのリーダーシップがきわめて重要であるが，活動が創設期から安定期に移るにつれて，もう一方の調整型リーダーの役割が重要になると述べている(11)。

2　誰がリーダーになるのか(1)：ボランティアリーダーの特性

　ボランティアリーダーとなる人達は，特別な能力を持った人達なのであろうか。または，リーダーとなる人達には何か特徴的な性質はみられるのであろうか。

　複数の研究が，ボランティアリーダーの性格的特徴として，理念主義的な性格を有していることを指摘している。リッチ（1980）によれば，ボランティアリーダーの活動へのモチベーションとは，市民的義務感，隣人への献身，友愛，価値の保持，役割満足，などを含んだものであるとしている。特に，新たに活動や組織を立ち上げたボランティアリーダーにその傾向は顕著である。例えば，李（2002）の研究では，ボランティアリーダーへのヒアリング調査を通じて，そのリーダーの内面的特徴について言及している。リーダー達のなかでも，活動を新たに立ち上げた「創発型」のリーダーが有していた最も基本的な価値観は，以下の四つであったとしている。それは，まず，全ての個人を至高な存在とみなし，全ての個性と差異性を尊重する「平等」の価値。次に，個人の自由意志，自己決定を唱える「自律性」の価値。そして，自己目標の達成を追求する権利を主張する「自己実現」の価値。最後に，他者に無断で侵害されない私的領域を意味する「プライバシー」の価値である（李，2002：pp. 100-101）。

　こうした理念主義的な姿勢が組織運営に色濃く現れるようになれば，カリスマ的なリーダーシップを取るボランティアリーダーとなる。カリスマ的なリーダーシップを取らざるをえない理由は先述のとおりである。実際に，ボランティアリーダーのなかには，人間的魅力にあふれ，なおかつ熱い語り口で活動理念を話すことで，人を惹き付けることが得意な人達も多い。このようなカリ

スマ的なリーダーシップは，その人の個性や能力に帰する部分もあるので，属人的という批判も受けやすいが，その分，強力なリーダーシップを発揮することができる[12]。

とはいえ，ボランティアリーダーがそうした理念主義的な意識によって，無条件に，無際限に活動に没頭しているという見方は，あまり現実的ではない。フリードマン他（1988）が，アメリカとイスラエルの地域組織を対象に行った調査結果によれば，リーダーと一般的なメンバーとを分かつ特徴的な態度とは，「地域への愛着」と「より大きな機会費用」であったという。機会費用とは，選択した以外の行動によって得られたはずの，最大の利益のことをいう。すなわち，ボランティアリーダーは地域への愛着をより強く持ってリーダーとしての役割を果たしているものの，活動へのコミットメントが一般的なメンバーよりも大きいために，機会費用を強く感じていた。言い換えれば，活動時間をより負担に感じていたのである。この調査結果を踏まえるならば，少なからぬ数のボランティアリーダーの胸の内は，活動に対してのコスト意識が働いているのではないかと考えられる。

また，カタノ他（2001）の調査結果によれば，ボランティアリーダーは他のボランティアメンバーに比べて活動参加頻度は高かったのだが，それにも関わらず，組織コミットメントは他のボランティアメンバーよりも，統計的に意味があるといえるほど高くはなかったとしている。この調査結果からは，ボランティアリーダーは献身的に活動しているが，その意識は他のボランティアに比べて，それほど大差ない姿が思い浮かぶ。強烈に理念主義的な，一部のボランティアリーダーが目立つことが多いが，総体的には，多くのボランティアリーダーはそれほど理念的ではないのかも知れない[13]。

なお，先述のフリードマンらの調査結果では，加えて，ボランティアリーダーとその他のメンバーとの間に，何らかの社会背景的な違いを見出すことはできなかったとしている。ボランティアグループにおいては，社会的な地位，立場の違いがリーダーを生むわけでもなさそうである。

3 誰がリーダーになるのか(2)：ボランティアリーダーを生み出す環境

ボランティアリーダーが，他のボランティアと比べ，特別に抜きん出た能力や性格を持つわけではないとすれば，そのリーダーを生み出す環境に違いがあるのではないか，という仮説が想定されうる。李（2002）も，リーダーにはある種の価値観・性格的特徴がみられるものの，その活動創発には何らかのきっかけを必要としていることを指摘している。

まず，いうまでもなく，ボランティアグループのなかでいちメンバーとして活動していた者が，現リーダーの引退，または交代によって，新リーダーに就任するケースがある。ボランティアグループでは，産業組織と異なり，団体の外から新しいリーダーが選ばれることは滅多にない（Smith, 2000）。ボランティアグループのリーダーは，もっぱらそのグループのなかの，他のメンバーへと継承される。

しかし，それ以外の，ボランティア活動やグループを一から立ち上げるリーダーも多いはずである。李（2002）の調査結果によれば，そうしたリーダーの活動の創発のきっかけとしては，自分の生活の必要からの創発（例えば，子育て経験から子育てボランティア活動を創り出した例）や，生活環境の変化によってきっかけを創り出す活動の創発（例えば，自宅の改築に伴って，「地域交流ホール」を作り，交流活動を始めた例）や，仕事との関連で専門性の高い活動を起こす場合（例えば，カラーコーディネーターの仕事との関連でまちづくりの活動を始めた例）がみられたとしている。

また，ボランティアリーダーを生み出す重要なきっかけのひとつとして，教育をあげることができる。行政などが行った市民向けの講座やセミナーをきっかけに，学んだことを活かすためにボランティアグループを立ち上げたという例はよくあることである。クック他（1985）の研究によれば，農村地域でのリーダーシップ教育を2年以上受けたものは，その後，よりボランティアグループの活動を始める傾向にあった。また，その際に鍛えられる能力は，問題解決能力，新しい役割の習得，公共問題のよりよい理解，他のリーダーとのさらなる協力であったとしている。

とはいえ，スミス（2000）は，高い専門性を持ったボランティアグループを除き，たいていのボランティアリーダーは，特に公式のトレーニングを受けていないことが多いと指摘している。そして，多くのボランティアリーダーが，良きリーダーであるための教育を充分に受けていないことについて問題視している。この問題の指摘は古くからある。例えばアンダーソン（1964）は，個人的な貧困やモラルの欠如によって，多くのリーダーがグループの活動資金に手をつけたり，記録を改ざんしていることを指摘していた。

また，李（2002）は，わが国での多くのボランティアリーダーの研修が，すでにグループで活動をしていた「交代型」のリーダー向けであることに言及し，新たに活動を始めようとするリーダーを促進・支援するものとはなっていないことを指摘している。

ボランティア活動を振興するためには，ボランティアリーダーを生み出す環境づくりを，地域で整備していく必要がある。

4 ボランティアリーダーの課題(1)：リーダーの継承

組織でリーダーの存在感が強まれば強まるほど，その後継者問題に，より焦点が当てられるようになる。ボランティアグループにおいてもそれは同様である。

ボランティアグループでは，一人のリーダーによる長期政権化が問題となることが多くある。全国ボランティア活動振興センター（2002）「全国ボランティア活動者実態調査報告書」によれば，ボランティア団体・グループの活動年数の70％以上の長期にわたって現在の代表者が代表を務めているところの割合は，活動年数が15年未満の団体のうちで，約半分にも達していた（48.7％）。一人のリーダーによる長期政権にはメリットがあるものの，一方でデメリット，弊害も存在している。

メリットとしては，常にそのリーダーが活動のことを把握しておけるので，活動の安定化が図られる。また，活動のミッション，目的もそのリーダーが代弁すればよいので，活動の軸がブレることも少ない。

デメリットとしては、まず、意志決定がリーダー、およびその周辺の少数者に常に限られることで、民主的な運営が阻害される可能性があることである。これは「寡頭制の鉄則」と呼ばれるものであり、この後で詳しく述べる。

その他の弊害として、リーダー自身の負担の重さもあげることができる。リーダー自身もボランティアであることから、リーダー一人に活動の負担が偏重することは本来、好ましくはない。しかしながら、長期政権によって、情報や活動資源がリーダーに集中することになり、結果として自然に、リーダーの負担が重くなっていってしまうことになる。

なぜ、リーダーの継承がうまくいかないのか。リャン他（2001）の環境活動のボランティアを対象にした調査の結果によれば、ボランティアたちはあまりリーダーになることを望んでいなかったという。というのも、ボランティア達は常に、リーダーの多忙さをみているためではないかとリャンらは推測している。企業や大規模NPOのリーダーは、通常、その大きな負担とひきかえに、権力や高額な給料などの魅力的な報酬が存在している。しかしながらボランティアグループのリーダーには、それらの報酬は全く存在していない。いわば「損な役回り」なのである。それにもかかわらず、彼・彼女らがリーダーになるのには、理念主義的な意識が強くあるためであることが多い。しかしながらそうした献身的な意識は他人には引き継がれにくいために、グループが一代で解散することも多い。

スミス（2000）によれば、リーダーの継承については、主要な実践上の課題であるにも関わらず、欧米においても研究が少ないという。今後、研究が進められることが期待される分野である。

5 ボランティアリーダーの課題(2)：意志決定

一般的に、ボランティアグループにおいては、内部的な民主主義性のひとつの現れとして、意志決定もきわめて民主主義的になされるとされている（Smith, 2000）。確かに、ボランティアグループが形成されてすぐの時には、熱意のある少数のメンバーによって民主的な運営がなされることが多い。しか

しその後，新たにメンバーが加入することで，グループ全体の人数が増大し，それにつれて，民主的な意志決定を取ることは現実的に不可能となる。そこまでいかなくても，非効率な側面が目立つようになる。また，新規メンバーは，初期メンバーとの情報の格差や，熱意の違いなどによって，「周辺メンバー」に位置づけられがちである。他方，初期のメンバーは「中核メンバー」として位置づけられることになる。そうなると，その中核メンバーであるリーダーと，それを取り巻く少数者達によって，グループは運営されることになる。

　これは「寡頭制の鉄則」と呼ばれ，どんなタイプのボランタリーアソシエーションもこの寡頭制の鉄則から逃れることはできないとされている（Lansley, 1996 ; Perkins & Poole, 1996）。この寡頭制は，周辺メンバーの参加意識を低下させるだけでなく，組織の新陳代謝を遅らせ，活動の停滞を招く原因ともなるとされている。寡頭制に陥ったボランティアグループと，そのリーダーはどうすればよいのだろうか。佐藤（1982）は，取りうることのできる対応の仕方として，二つの方向性に言及している。一方は，組織の官僚制化と専門職化を全面的に進める方向である。ボランティアを有給スタッフにし，職業化させることである。その先に行き着くところは，ボランティアグループのNPO化である。これは，客観的にみて，組織の発展と位置づけることができるだろう。しかしそれは，すべてのボランティアグループでとることのできる方向という訳ではない。そう簡単に，組織化できるものでもないだろう。

　佐藤（1982）はもうひとつ，オルタナティブな方向性も示唆している。それは，組織の「ボランタリーゼーション化」を推し進める方向である。これは，佐藤（1982）の説明をそのまま引用するならば，「中核集団を形成しているスタッフとヴォランティア（筆者注：原文のまま）との間に対等の協力関係を形成する努力のうちにみいだされる」（佐藤，1982：p.143）ものである。この方向性は，メンバーのニーズと，グループの長期的な目標の達成との間のバランスを取ること（Harris, 1998）を再度，試み，実践しようとするものであるため，多くのボランティアグループにとって好ましい方向性であると思われる。しかし，現実的にそれを実現するにあたり，組織内でどのような意志決定構造を築

いていけばよいのかは不透明であり，第一の方向性に比べ，困難な道筋であることが予想される。

このため，多くのボランティアグループは，二つの方向性の間で右往左往しているというのが現実のところなのではないだろうか。

6　ボランティアの活動積極行動の整理

誰でも熱意を持って，ボランティア活動にのめり込むわけではない。また，多くの人々が無条件で熱中できるとも思えない。本章では主として組織行動・組織心理の視点から，ボランティアが活動を積極化する行動について考察してきた。本章の考察からは，ボランティアの組織コミットメントが，活動理念よりも，活動への満足や，組織アイデンティティと結びつき，その積極性に影響を与えていることが明らかになった。また，心理的契約の視点からは，ボランティアは有給の従業員に比べて，明示された契約内容を持たないために，暗黙的な組織に対する相互の義務感・期待感（＝心理的契約）を強く持ちがちであることを指摘した。ボランティアが活動を積極的に行う心理にはこうした傾向が指摘できることを，ボランティアの受け入れ組織等，関係者は理解すべきである。

本章の後半では，積極行動が行き着くところである，ボランティアリーダーの行動，すなわちリーダーシップについて論じてきた。ボランティアリーダーは特別な特性を持った人物ではない。また大概は，一般のボランティアと意識的にも大差ない。ボランティア活動の活性化のためにはリーダーの役割はきわめて重要である。しかしボランティアリーダーを生み出し，育成するために必要な条件が何かは，充分に明らかになっていない。また，リーダーには継承や意志決定などの問題がつきまとっている。こうした部分は，実践的にも研究的にも，今後の課題として残されている。

第4章 ボランティアの活動積極行動

注
(1) この組織均衡理論の観点からのボランティアの行動の考察は，桜井（2003）でより詳しく論じている。
(2) 西浦（1997）では，ボランティアグループのことを「ボランタリーアソシエーション」と表現している。これは，自発的に結社された集団のことである（第3章の注記も参照のこと）。これら二つの概念は安易に同一視することはい。しかし第3章の注記でも述べた通り，本書においては読者の混乱を避けるために，原文の引用などを除き，「ボランティアグループ」に表記を統一している。
(3) バーナードの定義では，公式組織とは「二人以上の人々の意識的に調整された活動や諸力の体系」であり，また非公式組織とは個人的な接触や相互作用の総合，および人々の集団の連結を意味する（Barnard, 1938 : 115）。そのため不明確で，決まった構造を持たない。公式組織のなかにも非公式組織はみられるし，非公式組織も公式組織を持つ傾向にある。このため，ボランティア組織＝非公式組織とは限らないといえよう。
(4) ただし，これまでのボランティア研究においては，組織コミットメントという用語はきわめて多様で曖昧な意味で用いられている。例えば活動頻度を指していたり，活動への積極的な態度を示していたり，時には活動期間を表していたりしている。このような使い方は概念の混乱を招き，比較研究などに支障が生じる。このため，ここで取り上げた先行研究は，厳密な意味で組織コミットメントを測定しているものに限っている。
(5) 心理的契約概念は，すでに様々な国においての企業と従業員の関係性の理解へ取り入れられている（Morishima, 1996 ; Westwood et al., 2001）。また，心理的契約概念の適用範囲は企業組織の従業員にとどまらない。コイル＝シャピロ＆ケスラー（2003）はイギリスの地方公務員を，パーヴィス＆クロップレー（2003）はイギリスの国立病院の看護婦を対象に，それぞれの組織行動について心理的契約概念を援用して検討している。
(6) なお，ファーマーとヒョードル（1999）は，心理的契約の構成要素とされる「期待の充足」と「組織的サポートの知覚」が，ボランティアの活動参加と活動継続にどのように影響を与えているかについての実証的調査を行っている。それによれば，ボランティアの活動参加には，期待の充足と組織的サポートの知覚の双方が影響を与えていたが，ボランティア活動の継続については，組織的サポートの知覚のみが影響していた。
(7) 取引的な心理的契約とは，概して，特殊な，短期的で，貨幣化できる義務であり，限定的な集団への参加となる。関係的な心理的契約とは，対照的に包括的な，長期的で，制限のない義務となる。そして関係的契約においては，貨幣化できる要素の交換だけでなく，ロイヤリティやサポートといった社会情緒的な要素の交換も基礎としている（Robinson, 1996 ; Rousseau, 1990 ; Rousseau and Parks, 1993）。
(8) スミス（2000）は，米国の非営利組織研究ではこれまで「有給職員NPO」に主眼が置かれてきており，地域的なボランティアグループ（同著の表現では「草の根組織」）についてはほとんど無視されてきたと批判する。そしてそれは，1999年時点での，10億人規模の米国でのボランティア参加を無視するものであるとも述べている。そして彼は，こうした視野の狭いNPOセクター観は「天動説」的であるとし，ボランティアグループを含んだ，いわば「地動説」的なNPOセクター観による，調査研究が必要であ

るとしている。
(9) カリスマとは，人並みはずれた能力や資質のことや，それを持つ人のことを指す。元々は神からの賜物を意味している。カリスマへの人々の自発的な服従による支配のことを，ウェーバーは「カリスマ的支配」と呼んだ（Weber, 1921）。
(10) 李（2002）は，創発型リーダーと調整型リーダーの相違の説明を，三隅（1978）の「PM理論」などを援用して行っている。PM理論とは，リーダーシップの機能を大きく二つに分類したものであるが，そこでは集団における目標達成ないし課題解決へ思考した機能のことをパフォーマンス（performance）の頭文字を取ってP機能と呼び，集団の自己保存ないし集団の過程それ自身を維持し強化しようとする機能のことをメンテナンス（maintenance）の頭文字を取ってM機能と呼んでいる。もちろんこれは，本文中で説明している，「構造づくり」と「配慮」という分類とほぼ重なるものである。
(11) ただし，李（2002）は，「調整型リーダーは，創発型リーダーに対して，助言・アドバイス・忠告など，補佐と監督の役割を果たす存在である」（李，2002：p.255）と表現していることからわかるように，調整型リーダーを副リーダー的な存在とみている。
(12) スミス（2000）によれば，ボランティアグループにおけるカリスマ的なリーダーシップについては，伝記的な研究を除き，ごくわずかしか研究されていないとしている。今後の研究が必要となっている領域である。
(13) 活動を長年続けているボランティアグループのなかには，リーダーは当番制であり，メンバーのほとんどがそれを経験している場合がある。そうしたグループでは，リーダーとその他のメンバーとの理念的な相違はほとんどみられないと思われる。
(14) 寡頭性の鉄則は，そもそもはミヘルス（1911）が政党組織の研究より導き出した概念である。彼は大組織における少数者による支配を指摘したが，大組織とは呼べないボランティアグループにも，それがみられることが指摘されている。

第 II 部
ボランティアマネジメントの課題
―― 理論と実践の検討

第5章 ボランティアコーディネートからボランティアマネジメントへ
―― その理論的展開 ――

1 ボランティア活用を巡る理論化の状況[(1)]

　ボランティアを活用するための理論が存在する。その代表的なものとして，「ボランティアコーディネート」理論がある。これは社会福祉の領域を中心に，70年代以降，日本各地で誕生した「ボランティアコーディネーター」の役割が議論されるなかで生まれてきた，日本独自の理論である。その後，90年代前半までにその理論が一定整理され，そして1995年の，阪神・淡路大震災でのボランティアの活躍と，その対応を巡って起きた混乱から，再度注目を集めるようになった。

　一方，90年代からは新たに，NPOや施設，行政などで，ボランティアを活用する理論として，「ボランティアマネジメント」理論が注目され始めた。これは主に，欧米で発展してきたものであり，それが日本に紹介されるようになったものであるが，欧米でも比較的，新しくできた理論体系である。

　こうした二つの理論が連関しながら発展してきているのが，現在のボランティア活用を巡る，理論的状況であるといえる。本章では，こうしたボランティアの活用に関する諸理論の，発展経緯と，その体系を整理するとともに，また現在，どのような理論的状況にあり，その課題はなんであるのかについて，考察，整理を行いたい。

2　ボランティアコーディネート理論

1　ボランティアコーディネート理論の成生と発展

　筒井（1999a）によれば，ボランティアコーディネーターの必要性の議論が登場したのは，1970年代半ばからのことであるという。70年代といえば，高度経済成長によって，日本社会が激変した時期である。急激な産業化によって，多くの人々が農村から都市へと移り住むようになり，その結果，農村部では過疎化が深刻化し，また都市部では，近隣住民同士の関わりの希薄さが指摘されるようになった。このため，ボランティアはコミュニティを再生する存在として，期待されるようになっていた。また70年代から80年代にかけては，地域における在宅福祉のボランティアニーズが顕在化した時期であった。この時代，高齢化の進展によって，高齢者福祉のニーズが高まったものの，サービスは充分ではなく，政策的な対応が迫られていた。しかし日本は，二度のオイルショックによって経済が不安定となっていたこともあり，積極的な対策は政策的になされなかった。この時期，日本政府は，公的福祉政策の充実は日本の伝統にそぐわないものであるとし，1978年の厚生白書において「同居は福祉の含み資産」と表現したように，従来の家族・地域社会・職場での相互扶助を基礎とした福祉システムの構築を目指すべきであるとした。これは当時，「日本型福祉社会」と呼ばれた。しかし，その論調には，政府の財政負担を軽減する意図があったと多くの論者は指摘する（阿部，2003など）。こうした背景により，在宅福祉サービス活動に携わるボランティアが増加したのであった。

　その一方で，この時代には，ボランティア活動への関心が一般に高まっていたこともあり，特定の課題への関心を持たずにボランティア活動への参加を希望する（「ボランティア活動をしたいが，何をしていいか分からない」）人も増えてきた。このため，ボランティア活動とはどういったものか，どんな活動があるか，といった情報を提供する必要が出てきたのである。

　こうした経緯により，80年代には，政府主導で，全国各地の社会福祉協議

会にボランティアセンターが整備されていった。すでに1973年から,厚生省は市町村の社会福祉協議会に対して,「社会活動奉仕センター」(後のボランティアセンター)の設置を奨励していたが,1985年には「福祉ボランティアのまちづくり事業(通称「ボラントピア事業」)」が開始され,福祉的課題に対応するボランティア活動の育成に,大規模な国家予算が投入されることとなった。同事業は,市町村社会福祉協議会が行う福祉教育やボランティア研修,ボランティアグループの組織化等の事業に対して,国が資金面からの助成を行うことにより,ボランティア活動の振興を総合的に図るものであった。その結果,1993年までに全国641ヵ所の市町村が助成を受け,のべ1155ヵ所の社会福祉協議会に,累計25億3800万円余りの予算が投じられた(阿部,2003)。こうしてボランティアコーディネーターが全国的に増加していく。このような状況下で,ボランティア活動の需給調整に関する,理論の体系化が求められたのである[2]。

　70年代から80年代は,わが国におけるボランティアコーディネート実践の萌芽期である。同時にこの時期は,ボランティアコーディネートのあり方や役割についての論考も,いくつか散見されるようになった。木谷(1977),木谷(1979),岡本(1981a),岡本(1981b)などがそれである[3]。例えば,木谷(1979)では,市町村の社会福祉協議会が運営するボランティアセンターの果たすべき機能は,ボランティアの「需給調整機能」,ボランティアニーズの「開発機能」,ボランティアに対して学習機会の提供などの「援助機能」の三つであるとし,それぞれの現状を説明している。そしてその上で,さらなる発展のために,コーディネーターの配置が鍵となると述べている。

　また,岡本(1981b)では,ボランティアセンターの機能を次のように整理している。それは,①ボランティアに対する正しい社会福祉の理解の推進などを行う「教育的機能」,②ボランティア活動や地域課題に関する「調査研究的機能」,③広報媒体の活用による「情報提供機能」,④地域の個別ニーズに対応する「受給・連絡調整機能」,⑤ボランティア(グループ)の援助や,ボランティアニーズの開発や相談などの「活動援助および開拓機能」である。さらに,

ボランティアセンターのあり方としては，単なるあっせん紹介機関としてではなく，「住民（市民）の社会参加」としてのボランティア活動を促進することが重要であるとしている。

これらの記述内容から，すでにこの当時，後述の「仲介型」のボランティアコーディネートのあり方について，一定，体系的に考えられつつあることが伺われる。

その後，90年代に入ると，全国の社会福祉協議会での，ボランティアコーディネーターの数的増加と，専門性の強化がさらに進んだ。1993年7月の中央社会福祉審議会地域福祉分科会の意見答申である「ボランティア活動の中長期的な振興方策について」において，「ボランティアコーディネーターを3万人，ボランティアアドバイザーを30万人」が設置目標として提案され，これに応じる形で，厚生省では「市区町村ボランティアセンター事業」が実施された。その結果，ボランティアコーディネーターの数は，1991年には全国の社会福祉協議会において957人だったのが，1998年には2642人にも及ぶこととなった（全国社会福祉協議会「ボランティア活動年報1999年」）。この1990年代前半の時期に，ボランティアコーディネート理論は体系化されたといってよい。宮城（1989），筒井（1991）などがそれである。次項ではこの，90年代前半に整理されたボランティアコーディネート理論について，その概要を考察したい。

2　ボランティアコーディネート理論の概要

ボランティアコーディネート理論では，ボランティアコーディネートのタイプを**表5-1**に示すように，3類型に分類している（全国社会福祉協議会・全国ボランティア活動振興センターボランティアコーディネーター研修プログラム教材開発研究委員会，2001）。第一に，学校や企業など，構成メンバーがボランティア活動に参加することを支援する「送り出し型」である。これは学校や企業などで行われるボランティアコーディネートである。第二に，ボランティア活動希望者・団体とボランティアの支援を求める人・団体の間に立ち，両者をつなぐ「仲介型」である。これはボランティア活動推進機関などで行われる。第三

表 5-1　ボランティア・コーディネートの 3 タイプ

ボランティア・コーディネートのタイプ	主要な役割	主要な実践箇所
送り出し形	ボランティア活動への参加の支援	学校・企業
仲介型	ボランティアを求めるニーズとボランティアをしたいニーズの調整	ボランティア・センター（社会福祉協議会等）
受け入れ型	ボランティアを受け入れる	施設・NPO

に，組織的な目標を達成するためにボランティアを受け入れ，その活動を支援する「受け入れ型」である。これは福祉施設や社会教育施設やNPOなどで行われる。

　90年代前半のボランティアコーディネート理論の成立期においては，3タイプのなかでも特に，「仲介型」に関心が注がれていた。「仲介型」の理論化を目指したのがボランティアコーディネート理論であったといっても過言ではなかった。その理由は，前述のように80年代以降，全国の市町村・都道府県社会福祉協議会にボランティアセンターが整備されたことであり，また，ボランティア活動の推進のカギと考えられてきたのが，民間や社会福祉協議会のボランティア活動推進機関であったからである。

　この「仲介型」ボランティアコーディネート理論は，その理論の構成として，規範論，機能論，過程論と呼ぶべき，三つのパートから成り立っている。

　「規範論」とは，専門職としてのボランティアコーディネーターが持つべきボランティア観や，被援助者の捉え方，また，ボランティアコーディネート（コーディネーター）のあり方・目的・価値について述べられた部分である。ボランティアコーディネーターの専門職倫理の確立を目指す議論であるともいえるだろう。

　「機能論」とは，ボランティアコーディネート（コーディネーター）の果たす役割や機能を静的に分析し，考察をしたものである。その役割は，論者によって異なるが，おおよそ5から12に分類されている。だが，共通してその中心

第Ⅱ部　ボランティアマネジメントの課題

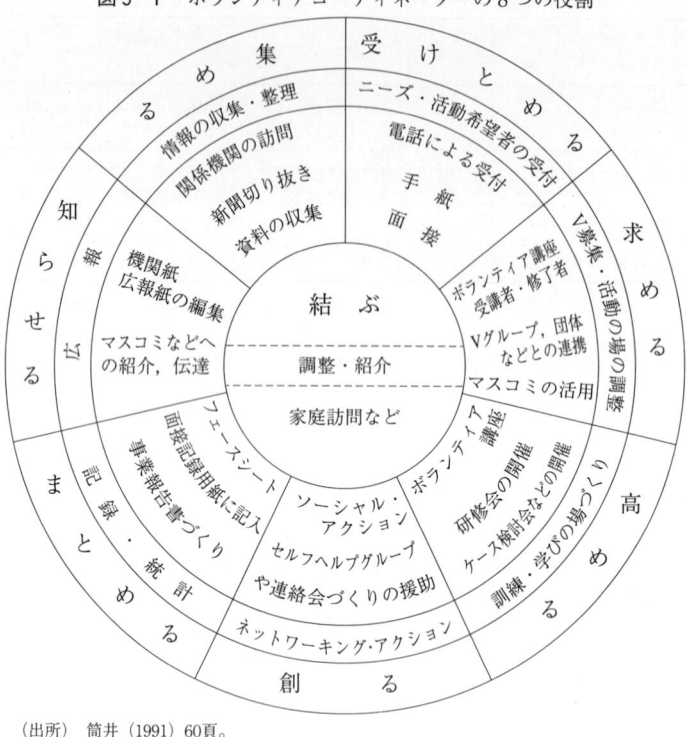

図 5-1　ボランティアコーディネーターの 8 つの役割

（外輪・時計回り）受けとめる／求める／高める／創る／まとめる／知らせる／広報／集める

（中輪）ニーズ・活動希望者の受付／電話による受付／手紙／面接／ボランティア講座受講者・修了者／グループ，団体などとの連携／マスコミの活用／ボランティア講座／研修会の開催／ケース検討会などの開催／訓練・学びの場づくり／ソーシャル・アクション／セルフヘルプグループや連絡会づくりの援助／ネットワーキング・アクション／フェースシート／面接記録用紙に記入／事業報告書づくり／マスコミなどへの紹介，伝達／機関紙広報紙の編集／資料の収集／新聞切り抜き／関係機関の訪問／情報の収集・整理

（中央）結ぶ／調整・紹介／家庭訪問など

（出所）　筒井（1991）60頁。

的な役割と認識されているのは，ボランティアを求めるニーズと，ボランティアを行うニーズを「結ぶ」または「つなぐ」こと。すなわち，ボランティアの需給調整活動である。（図 5-1 参照）全国社会福祉協議会・全国ボランティア活動振興センター（1997）「『ボランティアコーディネーター実態調査』報告書」によれば，社会福祉協議会の専任のボランティアコーディネーターが最も時間をかけている業務は，「ボランティアの活動に関する情報提供・相談」（37％）となっている。このことからも実際的にも「つなぐ」ことが仲介型ボランティアコーディネーターの最も重要な業務であることがみてとれる。

そして最後に，ボランティアコーディネーターが行う業務過程の展開について，段階的に手順や留意点を考察した，いわば「プロセス論」がある。筒井

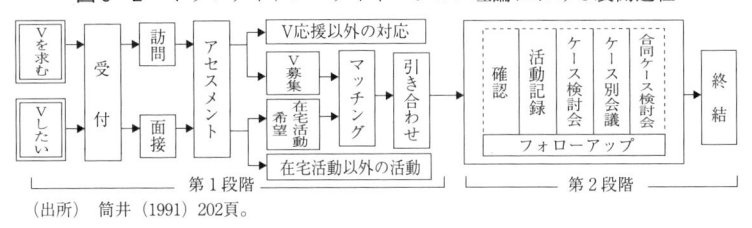

図5-2　ボランティアコーディネーション理論における展開過程

（出所）　筒井（1991）202頁。

（1991）は，ボランティアコーディネーターが行う業務過程の展開について，段階的に手順や留意点を記している。それによれば，ボランティアコーディネートのプロセスには，ボランティアを求めるニーズを起点とするものと，ボランティアを行うニーズを起点とするものの二種類があるとされ，それぞれにおけるコーディネーションの展開過程が段階的に示される。図5-2は，そのボランティアを求めるニーズを起点とした展開過程について図示したものである。そのプロセスをまとめると，「相談」→「調整」→「実行」→「終結」（「見直し」）となる。

　ボランティアコーディネート理論の概要は，次のようにまとめることができる。まず，この理論において想定される主たる行為者は「仲介型」機関（の担当者）である。そして，福祉的課題の解決を最終的な目的とし，「ボランティアを望むニーズ」と「ボランティアをしたいニーズ」の需給調整活動が中心的な技法として用いられる。このため，この時期におけるボランティアコーディネート理論を，「ボランティアコーディネート＝仲介型＝需給調整活動」という図式にまとめることができるだろう。また，ボランティアコーディネート理論においては，ボランティアは地域資源のひとつとしての，インフォーマルな福祉サービスの提供者と捉えられている側面が強い。

　ボランティアコーディネート理論は，以上のように，①社会福祉的課題の解決を図るための方法論であるという点と，そのために，②ニーズと資源を調整する技術が中心とされるという点から，その理論的背景として，社会福祉学におけるソーシャルワークの理論，特にコミュニティワークからの影響を強く受けていると考えることができるだろう。[4]

3 90年代を通じたボランティアを取り巻く状況の変化

90年代に起こったボランティア活動の変化は，ボランティアコーディネート理論に大きな影響を及ぼした。ここではひとまずボランティア活動を取り巻く環境変化について確認しておきたい。

1 ボランティア活動分野の多様化

環境変化の一つ目は，ボランティア活動の分野が多様化したことである。従来，ボランティア活動といえば福祉分野の対人サービス活動を指していたが，90年代に入り，防災，環境，国際交流，まちづくり，男女共生参画社会などの分野の活動もボランティア活動であると捉えられるようになった。1997年度に経済企画庁（現・内閣府）がまとめた「個人から見た市民活動に関する調査」によれば，活動している主な分野について，「教育，文化，スポーツの振興などに関する活動」が35％，「高齢者・障害者などの福祉に関する活動」が15％，「防犯，防災，まちづくりなど地域生活，地域社会を暮らしやすくするための活動」が13％となっている。

これは，1995年の阪神・淡路大震災におけるボランティアの活躍と無関係ではなかろう。1995年1月，阪神・淡路大震災が起きたとき，全国から様々なバックグラウンドを持った，多数のボランティアが被災地に駆けつけた。しかし，現地ではその貴重なボランティア精神，ボランタリーパワーが充分に発揮できない事態が起きたという。震災時にボランティアを受け付けたところは地方自治体（及びその災害対策本部），社会福祉協議会ボランティアセンター，市民団体，福祉施設，避難所等であったが，それらに対して一度に大多数のボランティアが集まったために，その人々を適切なボランティア活動へとつなぐことができなかった現場が多かった（特にそれは，地方自治体の窓口で顕著であった）。このような阪神・淡路大震災時の反省から，災害現場におけるボランティアコーディネートの重要性が認識されるようになったのである。

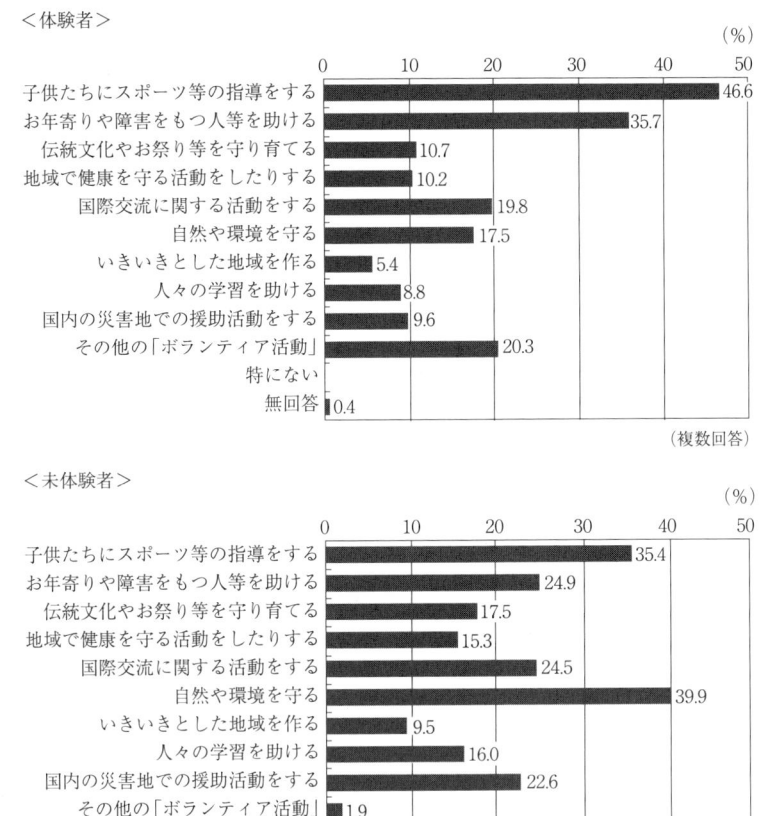

第5章　ボランティアコーディネートからボランティアマネジメントへ

図 5-3　ボランティア活動の実際の分野とイメージする分野
（現在体験の有無別）

＜体験者＞ (%)

分野	%
子供たちにスポーツ等の指導をする	46.6
お年寄りや障害をもつ人等を助ける	35.7
伝統文化やお祭り等を守り育てる	10.7
地域で健康を守る活動をしたりする	10.2
国際交流に関する活動をする	19.8
自然や環境を守る	17.5
いきいきとした地域を作る	5.4
人々の学習を助ける	8.8
国内の災害地での援助活動をする	9.6
その他の「ボランティア活動」	20.3
特にない	
無回答	0.4

（複数回答）

＜未体験者＞ (%)

分野	%
子供たちにスポーツ等の指導をする	35.4
お年寄りや障害をもつ人等を助ける	24.9
伝統文化やお祭り等を守り育てる	17.5
地域で健康を守る活動をしたりする	15.3
国際交流に関する活動をする	24.5
自然や環境を守る	39.9
いきいきとした地域を作る	9.5
人々の学習を助ける	16.0
国内の災害地での援助活動をする	22.6
その他の「ボランティア活動」	1.9
特にない	7.7
無回答	9.4

（複数回答）

（出所）　内外学生センター（1998）6頁。

　若い世代では，そうしたボランティア活動分野多様化の傾向はさらに顕著であった。内外学生センター（1998）「学生のボランティア活動に関する調査報告書」では，全国98大学の大学生を対象に行った調査結果が掲載されている（図5-3参照）。それによれば，ボランティア活動を行っている学生の活動分

野については,「子供たちにスポーツ等の指導をする」(46.6％),「お年寄りや障害をもつ人等を助ける」(35.7％),「国際交流に関する活動をする」(19.8％),「自然や環境を守る」(17.5％)といった分野が高い割合を示している(複数回答)。一方,ボランティア活動未体験者で,仮に今後行うとすればどのような活動分野がイメージできるかという質問に対しては,「自然や環境を守る」(39.9％),「子供たちにスポーツ等の指導をする」(35.4％),「お年寄りや障害をもつ人等を助ける」(24.9％),「国際交流に関する活動をする」(24.5％)と,実際に活動をしている分野同様,多様な活動分野がイメージされている(同じく複数回答)。

このような若年層での多様なボランティア活動・活動観は,今後のボランティア活動のフィールドを,さらに多様化へと押し進める原動力となることは想像に難くない。

2 ボランティア活動のスタイルの多様化

もうひとつはスタイルの多様化である。これまでボランティア活動の性質は,「無償性」「自発性」「公共性」といわれてきた(原田,2000;入江,1999)。しかし,現在では,そうした枠組みでは捉えきれないスタイルの活動が行われるようになってきている。

例えば,無償性を越えた活動として,有償ボランティア活動がみられるようになった。この一見矛盾した活動は80年代に現れた。その内容はボランティアに実費弁償として交通費などを支給するものから,労働の対価として最低賃金以下の謝礼を支給するものまで様々であった。筒井(2001)によれば,こうした有償ボランティアが現れた背景として,高齢者の「住み慣れた家で暮らし続けたい」という意識と現実の施策・サービスのギャップ,日常生活における「家事・介護」をボランティア活動で対応することの限界,対等性の確保という三つの要因があったとしている[5]。また,この有償ボランティア活動がニーズを満たす努力を追求した結果,事業的な形でサービスを提供する取り組みに発展することもある。全国社会福祉協議会は在宅福祉サービスに携わるこうした

取り組みを,「住民参加型在宅福祉サービス団体」と呼んでいる。

　自発性という概念枠組みを逸脱したボランティア活動としては,小・中学校・高校や大学で行われている学習目的のボランティア活動体験があげられる。「学校における体験活動の実施状況（2000年度）」（文部省調べ）によれば,小学校では6年間でおよそ180強の単位時間が,中学校では3年間でおよそ80弱の単位時間が,高等学校ではおよそ70単位時間が体験活動の時間として割かれていた。これらの全ての時間でボランティア活動体験がなされているわけではないが,それでもその時間の多くに取り入れられていると考えることができる。アメリカなどの諸外国では,こうしたボランティア活動を取り入れた教育カリキュラムを「サービスラーニング」と呼び,幅広く取り組まれるようになっている。日本でも,かつてはボランティア教育とは福祉教育のことを指していたが,現在ではこのサービスラーニングの概念に近づいて来ていると考えることができる（サービスラーニングについて,詳しくは第8章3 [2]を参照）。

　さらに,「公共性」では捉えきれないボランティア活動としては,セルフヘルプグループ（self help group）の活動をあげることができる。セルフヘルプグループとは,同じ問題や悩みを抱えた人々が自発的に集まり,それぞれの悩みを語り合ったり,時には社会的な運動として問題を訴える活動を行っている団体のことである。アルコール依存症者の会,難病患者の会,双子の親の会,認知症高齢者を介護する家族の会など,多種多様なセルフヘルプグループが存在している。非常に当事者性が強い活動であるが,だからといって私益を追求する公益性の低い活動というわけではない。諏訪（2001）が指摘するように,セルフヘルプの活動も,「たんに特定の誰かの問題であることを超えた部分がなければ,社会的なつながりや共感・支援は期待できない」（p. 52）からである。また,田尾（1999）はセルフヘルプグループについて,「本来のボランティア活動のモデルを提供するものであり,何かボランタリーな集まりをつくろうというときには原型になるものである」（p. 9）と述べ,セルフヘルプの活動がボランティア活動と連続性があることを指摘している。

　なお,こうした従来のボランティア概念で捉えきれない活動領域の拡大につ

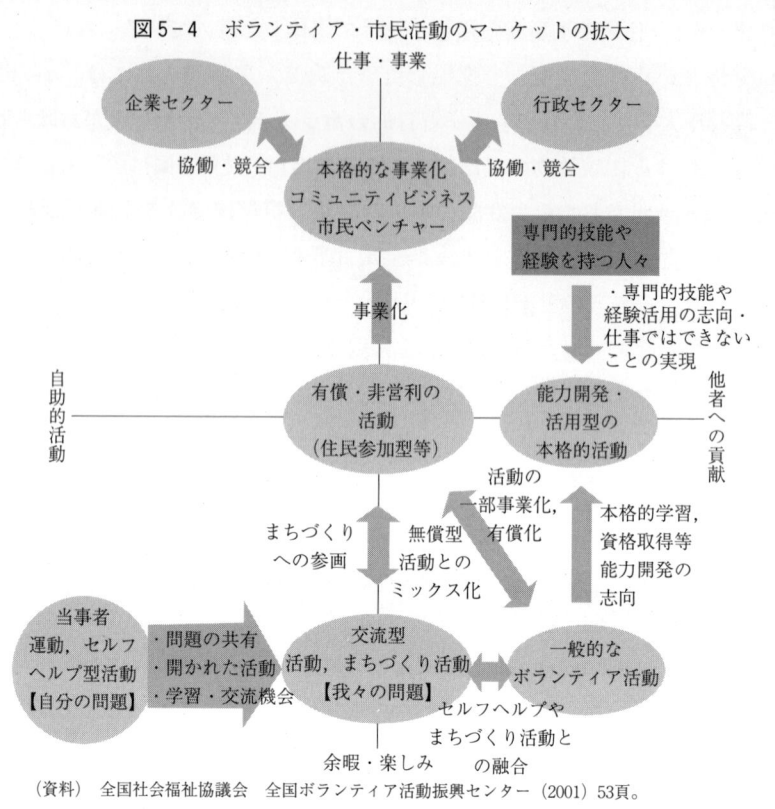

第Ⅱ部　ボランティアマネジメントの課題

図5-4　ボランティア・市民活動のマーケットの拡大

（資料）　全国社会福祉協議会　全国ボランティア活動振興センター（2001）53頁。

いて，諏訪（2001）は図5-4のように表している。[(6)]

3　ボランティア活動に関わる組織の多様化

またこうした現象に関連したことであるが，ボランティアが関わる組織についても多様化してきている。これまではボランティア受け入れ組織といえば，福祉施設や病院や社会教育施設といった施設型の公益法人が中心であったのだが，90年代から2000年代にかけて，公的機関，NPO，ネットワーク組織体など，多様な組織体がボランティアを受け入れるようになった。また，ボランティアを送り出す側として，企業や学校が積極的に関わるようになってきている。そうした傾向は2000年2月に開催された「全国ボランティアコーディ

ネーター研究集会 2000」の参加者の所属に現れている。(全国ボランティアコーディネーター研究集会 2000 実行委員会, 2000)。それによれば, 参加者 264 名中, 回収されたアンケートの総数は 170 で, そのうち最も多いのは社会福祉協議会の職員で 88 名, 次が福祉施設で 22 名であった。以下, 社会福祉協議会以外のボランティアセンターが 17 名, NGO・NPO が 9 名, 社会教育関係 6 名, 学校関係 4 名, 企業 3 名, その他が 18 名であった (無回答 3 名)。社会福祉協議会や福祉施設以外からの参加者が, アンケート回答者ベースの割合ではあるが, 3 割以上を占めていたことになる。

4　ボランティアコーディネート理論の新たな展開

1　「仲介型」ボランティアコーディネートの問い直し

このようなボランティアを取り巻く状況の諸変化によって, ボランティアコーディネート理論にも, 変化が求められるようになった。

すでに述べたとおり, 従来のボランティアコーディネート理論の枠組みは, 仲介型ボランティアコーディネート機関が, 社会福祉的課題の解決を図るための方法論であり, そのために, ニーズと資源を調整する技術を中心に構成され, 成り立っていた。ところが, 90 年代を通じて起こったボランティアを取り巻く環境の変化によって,「仲介型」が前提とする組織, 業務のあり方が問われることとなった。

例えば, 1998 年の特定非営利活動促進法 (通称 NPO 法) の施行以後, 都道府県および市区町村において設置が相次いでいる, いわゆる「NPO 支援センター」[7]の多くでもボランティアコーディネートを行っているという事実がある (桜井, 2004a)。さらに, 文部科学省によって 2004 年度から実施されている「地域ボランティア活動推進事業」(地域教育力再生プラン) の一環で, 各地に「ボランティア活動支援センター」が現在, 設置されている。無論, そこでもボランティアコーディネートは行われていよう。

こうした新たな「仲介型」機関の登場により,「仲介型」ボランティアコー

ディネートのあり方が問われるようになったのである。今後は同じ「仲介型」といえども，その機能においてボランティアの養成や研究など，一部の事業に特化するところや，活動領域別に事業を行うところなど，多様化が進むことが予想される。

　この点について筒井（1999b）は，これからのボランティアセンターは，ボランティアという資源をボランティア受け入れ組織へと効果的につなぐ，「人材インターミディアリ」としての役割を特に認識し，遂行することが求められているとしている。そしてその上で，ボランティアコーディネーターは「サービス業従事者として」，「ソーシャルワーカーとして」，「市民社会づくりの担い手として」の，三つの観点からの専門性を持つ必要があるとしている。

　しかし注意しなければならないのは，決して在宅福祉ニーズが減少しているわけではないことである。今後，社会福祉協議会におけるボランティアセンターにおけるボランティアコーディネートでは，従来通り，在宅福祉ニーズへの対応を中心に行うところもありながらも，それだけでなく，幅広いボランティア活動に対応するところなど，地域事情に応じた様々な対応をとる必要があると考える。

2　ボランティアコーディネーターの専門性とは？

　また，こうしたボランティアコーディネート理論の問い直しのなかで，ボランティアコーディネーターの職種としての専門性とは何であるかが，重要なトピックとして議論されるようになってきた。

　例えば，地主（2003）は，ボランティアコーディネーターの専門性は，ボランティアとの関係性のなかにこそあるとし，社会学の行為論の文脈に依拠し，ボランティアコーディネート実践の妥当性について検討している。また，小林（2002）はボランティアコーディネートにおける，福祉社会形成への寄与の可能性を考察している。

　そもそも「専門職者」（profession）とは，その特徴は次の五つにまとめられる（田尾，1995）。①専門的な知識や技術（一貫性のある体系的なもの），②自律

性（組織の権威に対し相対的に自由），③仕事へのコミットメント（内発的モチベーションの高さ），④同業者への準拠（組織内属者に対し，外部に所属性と準拠性を持つ），⑤倫理性（公共の福利に仕える期待と自覚）である。また，こうした特徴をもつ専門職者として，聖職者や法律家，医師が典型例であるとされる。

現状では，ボランティアコーディネーターがこのような固有の専門性を有する「専門職」として社会的認知を得られているとはいいがたい。石井（2003）は，大阪・兵庫・京都の社会福祉協議会のコーディネーターを対象に行った調査結果より，その専門性追求を妨げている背景には，以下の「悪循環」が存在していることを指摘している。それは，日常業務が多忙なことから専門性習得の機会が希薄となり，それが専門性発揮の機会をさらに妨げ，さらには組織内で専門性の認知がなされず，結果，コーディネーターの業務内容と組織内環境が整備されず，その他の業務に携わらざるを得なくなっているのである。

同様に，桜井（2005）は，京都府内のボランティアコーディネーターを対象とした調査結果を分析し，その業務の困難性は，「裁量」を充分に発揮できない組織的環境に起因していることを見出している。そしてその上で桜井（2005）では，ボランティアコーディネーターが裁量を発揮し，様々なプログラムを開発することにこそ，その専門性は現れるとしている。

その姿は桜井（2005）が述べるように，「ストリートレベルの官僚制」（street level bureaucracy）の特徴を強く帯びたものと考えることができる。ストリートレベル官僚とは，リプスキー（邦訳1986）によって提起された概念であり，そこには「教師，警官やその他の法の執行に携わる職員，ソーシャルワーカー，判事，弁護士や裁判所職員，そして政府や自治体の施策の窓口となりサービスの供給を行うその他の公務員など」が典型的に含まれるとされている（リプスキー，邦訳1986：p.18）。ストリートレベル官僚は集団的に，その組織行動的な側面について，次のような特徴が認められる。第一に，所属する組織の資源やサービスの供給について，その量や質を決定するための裁量が相当程度認められていること。第二に，ストリートレベル官僚は，資源を独占する立場にあること。第三に彼・彼女らの成果や，職務満足感は市民との相互作用

に依存していることである。ストリートレベル官僚たるボランティアコーディネーターは,「組織の論理」に翻弄されつつも,最大限に裁量を発揮して,クライエント支援を行っているのである。

　もし今後,ボランティアコーディネーターが専門的な職種として社会的な理解を得ようとするならば,越えなくてはならないハードルは高いだろう。まずはなにより,「仲介型」「受け入れ型」「送り出し型」というボランティアコーディネート組織のタイプを越えた,また,福祉や環境といった活動分野を越えた,固有のボランティアコーディネート実践の知識・技術・倫理を提示する必要がある。また,ボランティアコーディネーターの専門性を養成する研修プログラムの確立も重要となる。石井（2003）は,研修プログラムの現状は,体系的か,効果的か,そしてなにより現場で求められているか,という点から,見直しが求められていると述べている。

5　ボランティアマネジメント理論

　1　ボランティアマネジメント理論の登場

　また他方で,90年代後半からのボランティアの状況変化は,ボランティアを受け入れる組織の多様化と拡大を推し進め,「仲介型」以外の,「受け入れ型」「送り出し型」のボランティアコーディネートが高度化するという影響も及ぼした。結果,そうした多様化した現場においては,「仲介型」を想定していたこれまでのボランティアコーディネート理論がフィットせず,新たな技法の構築が求められるようになったのである。

　既存の技法に飽き足りない人々に受け入れられたのは,欧米ですでに用いられていた「ボランティアマネジメント」の理論であった。妻鹿（1999）によれば,アメリカにおいてボランティアマネジメントという概念が現れてきたのは,NPOにマネジメント概念が取り入れられるようになってきたのと軌を一にするという。[8]そしてそれは2,30年前のことに過ぎず,したがって比較的新しい概念であるといえよう。またそのためか,ボランティアマネジメントを行う担当

図5-5 「The Volunteer Management Handbook」の内容

第1章	ボランタリー・セクターのための比喩と見通し
第2章	ボランティア活動への動機付け
第3章	ボランティアのための組織的準備
第4章	リクルート，オリエンテーション，そして活動維持
第5章	ボランティアのトレーニングと開発
第6章	品質管理手法を用いたボランティアのトレーニング
第7章	ボランティアプログラムのための方針立案
第8章	ボランティアプログラムの監督
第9章	短期的なボランティア活動
第10章	ボランティアとスタッフの関係
第11章	ボランティアのための報酬と承認システム
第12章	資金調達に携わるボランティアの役割
第13章	企業と社員のボランティアプログラム管理
第14章	一般的な賠償責任と免責事項
第15章	理事メンバーの賠償責任と結果責任
第16章	危機管理戦略
第17章	ボランティアと従業員の法律
第18章	ナショナル・サービス：20の質問と回答

（出所）Connors（1995）を参考に筆者作成。

者の呼称も，ボランティアマネジャー以外に，ボランティアコーディネーターや，ボランティアアドミニストレーター，またはボランティアディレクターなど，多様なままであり，統一される気配がないのが現状のようである。

2 ボランティアマネジメント理論の概要

アメリカの研究者，実践家，コンサルタントなどの19人の編著者によって1995年に発行された「ボランティアマネジメント ハンドブック」では，ボランティアマネジメントについて，図5-5のようなテーマを取り上げ，論じている。こうしたマニュアル的ともいえる実践的な研究書の章立てをみれば，アメリカなどでのボランティアマネジメントとは，何を主要に論じるものであるかが理解できよう。

それは，第一に，ボランティアが関わって実施される事業のマネジメントであるということ。そして，第二に，ボランティアという人的資源自体のマネジメントということである。妻鹿（1999）によれば，ボランティアマネジメント

第Ⅱ部　ボランティアマネジメントの課題

表5-2　ボランティアマネジメント論の体系

広義のボランティアマネジメント	狭義のボランティアマネジメント（総論部分）A	・A-1 組織としてのボランティア受け入れ準備 組織内のニーズのアセスメント，使命や方針の決定
		・A-2 ボランティアプログラムのマネジメント（アドミニストレーション） ・ボランティアのリクルートから評価に至る一連のプロセスのマネジメント
	狭義のボランティアマネジメント（各論部分）B	・短期プログラムへの対応 ・有給スタッフとボランティアとの関係の構築 ・資金づくり ・企業のためのプログラムづくり ・ボードメンバーとしてのボランティアのマネジメント
	Cボランティアと法律のインターフェースのマネジメント	

（出所）　妻鹿（1999）97頁。

の構成要素には，広義の捉え方と，狭義の捉え方という，二つの捉え方が存在しているという。まず広義には，組織としての，ボランティア受け入れ準備に関するあらゆる業務，という捉え方である。そこでは，組織内のボランティアニーズのアセスメントに始まり，ボランティア活動の使命や方針の決定，ボランティアのリスクマネジメントなどの，幅広い業務がそれに含まれることになる。一方，狭義の場合には，ボランティアプログラムのマネジメントのみを指すとしている。ここでの「ボランティアプログラム」とは，単純にボランティア活動のメニューのことを示すのではなく，より事業全体を含んだ，「個々の活動メニューの開発や紹介も含め，ボランティア募集から紹介，実施，評価までの一連のプロセスを指している」（妻鹿，1999：p. 96）と理解すべきであるとしている（表5-2参照）。

　いずれにしても中心となるのは，ボランティアプログラム（事業）のマネジメントと，ボランティア（人的資源）のマネジメントなのである。日本では「マネジメント＝管理」という理解が多いために，「本来自発的であるボランティアを強制的に管理する気なのか」という反発も予想される。しかし，ボランティアマネジメントとは，ボランティアの管理というよりも，ボランティア

という特殊な人的資源の開発・活用と，それにより，事業を成果へ導く方法を探求した体系，と理解するべきだろう．

3　ボランティアマネジメント理論の課題

　ボランティアマネジメント理論は，日本では認知され始めたばかりである．これをより理論的に深化させるためには，以下のような問題が存在していると考える（桜井，2005）．

　第一に，ボランティアプログラムを，どう組織の事業戦略と結びつけるかが，既存の理論においては明らかにされていないことである．ボランティアは「無償」で参加するが，それは，組織にとってコストが全くかからないということではない．ボランティアマネジメントにかかるコストを考えると，業務の内容によっては，有給スタッフで担った方がよい場合もある．また，ボランティアを受け入れている組織と一口にいっても，その組織サイズや，活動分野，利用する資源，サービス利用者など，組織戦略を規定する諸要因の有り様は多様であり，その方向性をひとくくりで考えることはできない．例えば，小さなボランティアグループにおいては，ボランティアプログラム（それは多くの場合，グループの活動そのものであるが）の管理をするリーダーたちもボランティアである．このため，その管理は限定的なものにならざるを得ず（Smith, 2000），ボランティアプログラムを用いたボランティアマネジメント手法はそのまま用いることは難しい．こうした問題について，どう考えるべきなのであろうか．こうした点について，この後の第6章で詳細に論じることにする．

　また問題の第二として，既存のボランティアマネジメント理論では，ボランティアの組織行動に関する理解と，それを踏まえた実践への応用という視点が弱い．妻鹿（1999）が指摘するように，これまでのボランティアマネジメントにおいては，ビジネスのマネジメントの手法をそのまま取り入れてきているのだが，冒頭に述べた通り，ボランティアと企業の従業員とでは組織に参加する前提に違いが認められる．このため，ボランティアのモチベーションや組織行動の特徴を理解し，それをボランティアマネジメントの手法へ活かすことが求

められる (Pearce, 1993)。これまで本書においては，第2章から第4章にてボランティアの組織行動を明らかにしてきている。こうした成果を踏まえた上で，第7章では，実際のボランティアマネジメントにおいての，具体的な方策について考察する。

　さらに第三に，ボランティア「ならでは」の成果を，どのように組織的に評価するかという，評価の問題がある。ピアス (1993) が指摘するように，ボランティアは組織からは，「予想以上の成果を生む存在」と「不安定で充分に期待できない存在」という両極端な評価を受けがちである。これは，ボランティアの活動成果についての評価測定軸が，組織のなかで定まっていないからに他ならない。これまでのボランティアマネジメント研究においては，この評価のあり方や方法についての検討が不充分である。この問題について，本書の第8章で考察を行う。

6　ボランティアコーディネート，ボランティアマネジメントのゆくえ

　ボランティアマネジメント理論が登場した現在，従来のボランティアコーディネートの理論は，拡散ともいうべき方向性にあるといえる。しかし，こうした方向性に危惧する人々も存在している。そこでは，専門性の確立の議論とも関連しながら，既存の理論の凝縮性・体系性を指向する，揺り戻しの動きが見られるのである。具体的な作業としては，「ボランティアコーディネート」とは何か，「ボランティアコーディネーター」とはどのような存在か，という，それ自体の再定義が行われつつある。

　例えば，全国社会福祉協議会・全国ボランティア活動振興センターボランティアコーディネーター研修プログラム教材開発研究委員会編 (2001) では，ボランティアコーディネーターを，「市民のボランタリーな活動を支援し，その実際の活動においてボランティアならではの力が発揮できるよう，市民と市民または組織をつないだり，組織内での調整を行う（スタッフ）」と定義した上で，ボランティアコーディネーター全てに共通する目標，使命として，「市

第5章　ボランティアコーディネートからボランティアマネジメントへ

民の参加を支援すること」と「市民としての成熟を支援すること」があるとし，その機能と規範の面から，ボランティアコーディネーターの共通性に言及している。

　また，特定非営利活動法人　日本ボランティアコーディネーター協会（以下，「JVCA」と略記）では，ボランティアコーディネーターの追求する価値と果たすべき役割である「基本指針」について，(1)「どのような社会をめざすのか」，(2)「どのようにボランティアをとらえるのか」，(3)「どのようにボランティアに向き合うのか」，(4)「どのようなボランティアコーディネートを行うのか」という四つの視点から明文化している。

　この「基本指針」を示した背景として，JVCAでは以下のように述べている。

　　JVCAは，「ボランティアコーディネーターの専門的な役割を確立する」ことを目標に活動をしています。私たちは，ボランティアコーディネートを一定の専門性に基づく業務であると考えており，この「基本指針」によって，自らの"仕事"の礎になっている考え方をともに理解し，さらには，少しでも多くの人たちにボランティアコーディネーターの役割を知っていただきたいと思っています。

　　「ボランティアコーディネーター」に関する社会的な認知は，残念ながらまだ十分に広がっておりません。組織のなかでの位置づけがあいまいであったり，役割が理解されていなかったりという現状があります。また一方では，ボランティアコーディネーターという言葉が安易に使用される傾向も見られるようになってきました。

　　そこで，いま，『ボランティアコーディネーター基本指針』を4つの視点に沿って明確にし，文章にまとめ，広く発信していくことが不可欠だと考えたのです。

　　この四つの基本的な問いをつねに念頭におきながら，自分自身の（職場の）業務を進めたり，見直したり，また，あらためてボランティアコーディネートのあり方を考え，話し合うきっかけにしていただければと思います。

　　（JVCAのホームページ http://www.jvca2001.org/guidelines/index.html より。2004年12月2日閲覧。）

　これらの定義・視角からは，ボランティアコーディネート理論は現在，ボランティアマネジメントをも包含する，包括的な理論を指向する方向性にあるこ

とが見受けられる。ただし，様々な状況におかれているボランティアコーディネーターの実践を，体系的に捉えることができるのかは，未だ明らかでない。今後，より実践現場が複雑になるにつれて，異なる体系化の方向が必要となる可能性もないとはいえないだろう。

　いずれにせよ重要なことは，現実のボランティアを取り巻く諸変化に対応し，ボランティアコーディネートの理論体系も変わっていかざるを得ないということである。ボランティアマネジメント理論の登場も，日本のボランティア活動の現状からして必然的なのである。今後，ボランティアコーディネート理論がどのような体系化を行っていくにしても，現実とのインタラクティブな関係を失えば，発展もそこで終わりとなるであろう。

　注
(1) 本章は「ボランティアマネジメントの理論と実践」（『生活協同組合研究』310巻，2001年，36-43頁）に大幅な加筆修正を加えたものである。
(2) 日本でのボランティアコーディネートの理論は日本独自に発展した理論であるが，同様な方法論はイギリスなどでも発展してきている（妻鹿，1999）。
(3) ただし，この当時の議論においては，ボランティアセンター（主として社会福祉協議会を想定）におけるコーディネーターの役割の重要性を論じると同時に，施設におけるボランティアコーディネーターの役割の重要性についても論じられていたことを補足しておきたい。木谷（1977）は，アメリカの例を引き合いに出して述べているし，岡本（1981a）も，病院や社会福祉施設でのコーディネーターを「施設コーディネーター」，社会福祉協議会やボランティアセンターなどのコーディネーターを「センターコーディネーター」とし，それぞれの役割の違いを論じている。
(4) 実際，多くの社会福祉協議会が母体であるボランティアセンターで働く職員の実感としては，ボランティアとは，「地域の福祉問題解決のための手段」なのではないだろうか。筆者が非公式に，ある都市部の社会福祉協議会の職員から聞いた話であるが，ボランティアセンターは，あくまでも「社会福祉協議会の一部署として"ボランティア部門"がある感じ」だそうである。
(5) 現状，有償ボランティアがNPO法人において広く活用されていることについては，第1章を参照のこと。しかしながら昨今では，有償ボランティアは，必要性を超えて，氾濫しているように感じるのは筆者だけであろうか。筆者が大学ボランティアセンターでコーディネーターとして勤務していた頃，行政関係機関から，「時給1500円の有償ボランティア募集」や，「日当10000円の手話通訳ボランティア募集」といったチラシが送られてきて，あ然としたものである。なぜアルバイトではいけないのか。第1章でも

(6) こうしたボランティア活動領域の拡大は，実務的にも困難なケースを生じさせている。例えば，ボランティア活動中の事故に対応する「ボランティア保険」の運営機関において，その保険加入者の基準をどのように設けるべきか，難しい判断を強いられている。
(7) ボランティア活動・NPO・市民活動を総合的に支援する組織や，またはその組織が運営する施設のことを，総称してここでは「NPO支援センター」と呼ぶ（実際の名称は様々である）。それらは組織的には，直接自治体が運営するもの，自治体の外郭機関によって運営されているもの，社会福祉協議会によって運営されるもの，NPOが運営するものなど，様々なタイプが存在する。
(8) アメリカ以外の国におけるボランティアマネジメント理論の発展については，妻鹿（1999）を参照のこと。

第6章 ボランティアプログラムの設計と開発

1 ボランティアマネジメントのプロセス

　本章から第8章までは，ボランティアマネジメントの具体的なプロセスにおける課題について述べていく。ボランティアマネジメントのプロセスについては，マクリー（1994）が，図6-1のようなボランティアマネジメントのプロセスのモデルを示している。まず①「ニーズ・アセスメントとプログラムの立案」段階から始まる。次に②「業務の開発と設計」段階で，ここでは具体的にボランティアが担う業務をつくる。その次に③「ボランティアの募集」段階があり，④「インタビューとマッチング」になる。続いて⑤「オリエンテーションとトレーニング」段階，そして，実際に活動へ参加することになるが，そこでは⑥「指導と動機づけ」が行われる。そして最後に⑦「評価」段階となる，としている。

　また，ブルードニー（1994）はボランティアマネジメントのプロセスに関して，表6-1のような8段階のモデルを提示し，それぞれの段階での具体的な実践方法を述べている。その他にもステップタット（1995）などでもボランティアマネジメントのプロセスが示されているが，それらのプロセスには大まかに言って，3段階の共通した段階が存在している。第一に組織内でボランティアを受け入れるための準備段階であり，第二にボランティアを受け入れ，そして活動継続を促すためにボランティアへ働きかける段階，そして第三に，ボランティアの活動や，マネジメントのプロセス自体を見直す，評価とフィードバックを行う段階である。

　本章では，第1段階の，組織内でボランティアを受け入れるための準備につ

第6章　ボランティアプログラムの設計と開発

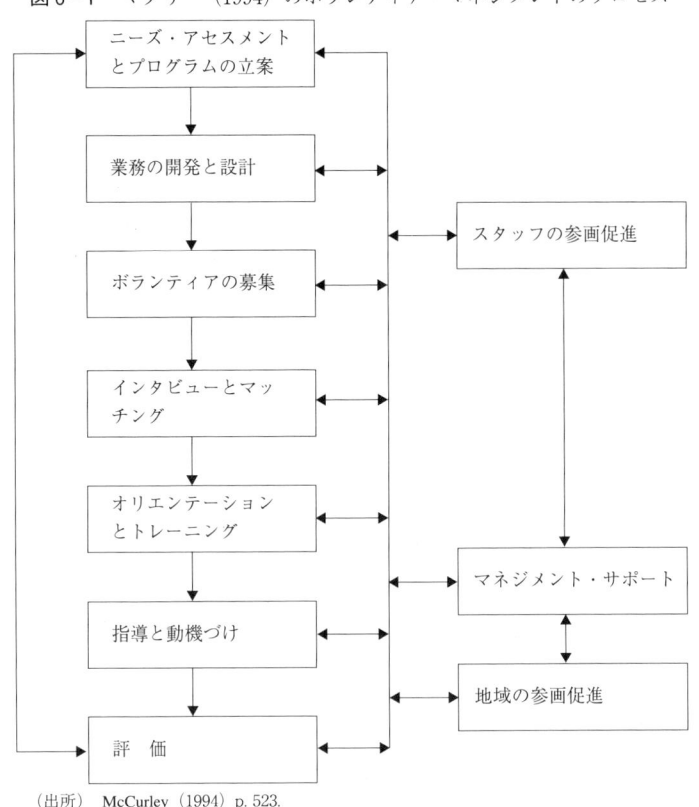

図6-1　マクリー（1994）のボランティア・マネジメントのプロセス

```
ニーズ・アセスメント
とプログラムの立案
      ↓↔
業務の開発と設計
      ↓↔           スタッフの参画促進
ボランティアの募集           ↕
      ↓↔
インタビューとマッチング
      ↓↔
オリエンテーションとトレーニング
      ↓↔           マネジメント・サポート
指導と動機づけ              ↕
      ↓↔           地域の参画促進
評　価
```

（出所）　McCurley（1994）p. 523.

表6-1　ブルードニー（1994）のボランティア・マネジメントのプロセス

1）ボランティアの参加のための基本理念をつくる
2）ボランティア・プログラム作成に有給スタッフを巻き込む
3）ボランティア・プログラムを組織に浸透させる
4）プログラムをリードする役割を作る
5）ボランティアのための職務規程（job description）を準備する
6）ボランティアのニーズを満たすようにする
7）ボランティアをマネジメントする
8）ボランティアによる効果を評価し，承認する

（出所）　Brudney（1994）を参考に筆者作成。

いて，そこにおいて何が問題となるかについて述べていきたい。この段階における中心的な課題とは，第5章で述べた通り，ボランティアプログラムを，どう組織の事業戦略と結びつけ，設計するかである。なお，ボランティアへの働きかけについては次の第7章で，そしてボランティア活動の評価については第8章で論じていく。

2　ボランティア受け入れにおける「ボランティアステイトメント」の重要性

<u>1</u>　ボランティアステイトメントとは

　ブルードニーがモデル化した8段階のボランティアマネジメントのプロセスでは，第1段階の課題とされていたのは，「ボランティアの参加のための基本理念をつくる」ことであった。ボランティア受け入れ組織においては，まず何よりも，ボランティアがなぜ必要なのか，どのような役割を担うのかについて，公式に位置づける必要がある。多くの論者は，このため，ボランティアの受け入れは，理事会レベルでの意志決定がなされる必要があるとも述べている（Brudney, 1994 ; Ellis, 1996 ; Hobson et al., 1996 ; Pidgeon, Jr., 1997）。

　組織で確認されたボランティアを受け入れる姿勢や，理念については，できることならば，明文化しておくべきである。これは，ボランティア受け入れに関する組織の声明文であり，いわば，「ボランティアステイトメント」と呼ぶことができる（Brudney, 1994）。その明文化により，組織内外に，その組織の姿勢をアピールすることができる。例えば，筆者が調査旅行で訪れたカナダ・バンクーバーのある高齢者施設では，ボランティアの控え室（ボランティアルーム）に，施設長からのメッセージが貼りだしてあった。そこにはボランティアを歓迎する言葉や，ボランティアに期待する姿勢などが語られていた。

<u>2</u>　財団法人　京都市ユースサービス協会でのボランティアステイトメント作成事例

　こうした，組織における「ボランティアステイトメント」作成について考察を深めるために，「京都市ユースサービス協会」での例を検討したい。なお，

第6章　ボランティアプログラムの設計と開発

ユースサービス協会においては，まだ，「ボランティアステイトメント」導入後の活用状況や効果について，検証はなされていない。このため，ここでは導入経緯についてのみの考察になってしまうことを，先に断っておきたい。

　財団法人　京都市ユースサービス協会は，「ユース・サービス」（青少年の自立的な成長の援助）という基本的な理念を持って，1988年3月，青少年の自主的な活動の振興を図ることにより，京都市の青少年の健全な育成に寄与することを目的に設立された。

　京都市ユースサービス協会（以下，「協会」と略記する）の主な事業展開としては，青少年の社会参加のきっかけづくり，青少年指導者（ユースリーダー）の養成，青少年の活動に関する情報の収集・提供をするネットワーク活動，青少年グループ・育成団体・ボランティア団体・NPOのサポート，青少年の活動に関する調査・研究があげられる。現在，京都市内七つの「青少年活動センター」を京都市より委託を受けて運営している。

　協会と，協会が運営する京都市青少年活動センターでは，数多くのボランティアスタッフの協力を得ながら事業が進められている。そのボランティアの募集やマネジメント，スタッフ組織の運営などについては，それぞれの活動毎，センター毎の歴史的な経緯や活動の経過により，個別に行われていた。この現状に対し，企画委員会（理事長の委嘱を受けた委員により構成され，協会の事業展開の方向性，事業の企画実施の助言，事業の評価・見直し等を教義・検討する組織）が理事会で，2003年5月に以下のような提起を行った。「ボランティアの活用は，各現場で広範に行われているが，受け入れのスタンスやボランティアに委ねる役割，位置づけは相当に幅がある。①誰でも出来るボランティアと，高度な動機や使命感があるべきとの立場の差もある。さらに，②効率的な事業運営のために寄与できるボランティアを求める考え方と，基礎的な社会経験やコミュニケーション能力開発の機会を提供することに比重を置く考え方との違いもある」（以上，2003年5月27日企画委員会報告より引用）。この報告を受け，協会ではより良くボランティアスタッフの力が活かせるように，また協会の責任として，どのようにボランティアを位置づけるのかを明確にするために，その

方針を「声明」という形で提示することにした。

　その後，ボランティアステイトメント作成のためのタスクチームが作られた。チームメンバーは，企画委員1名と，協会職員（ユースワーカー）2名，事務局として協会職員1名の計4名（ただし2004年度にインターン生が1名参加）であった[1]。まず，2003年の9月から12月にかけて，協会で活動するボランティアと，対応している職員のそれぞれに対して，グループインタビューを行った。ボランティアからは，協会での活動にどのような魅力を感じているか，参加したきっかけは何であったか。問題に感じていることはあるかなどを尋ねた。職員に対しては，現在行われているボランティア活動の概要とそこでボランティアを受け入れるメリット，問題に感じていること，ボランティアステイトメントの必要性などを尋ねた。職員のインタビューでは，各青少年活動センターによってボランティアの受け入れのスタンスが様々であるため，統一的な考え方を示すことが困難という意見も出た。しかし，インタビュアーであるタスクチームのメンバーが，協会の現状から，そうしたボランティア向けのメッセージを発することの重要性の認識を促した。結果的に，インタビューは職員がボランティア受け入れを振り返る場となったともいえよう。

　そして，途中，試案を何度か公表しながら，その都度出た意見を元に修正し，2005年8月に「ボランティアステートメント2005」として完成した。なお，検討の結果，文書は，協会でボランティア活動を希望する人（または現在活動している人）に対しての「ボランティア向け」と，広く青少年支援に関わる人々や市民に対しての「一般向け」の2種類が作られた。

　また，同ホームページには，「今後は，このステートメントという共通の土台の上に，それぞれの場において，"ユース・サービスの理念"に沿った，多様な"ボランティア"による活動が広がっていくことを期待したいと考えています」とある[2]。今後，京都市ユースサービス協会および各青少年活動センターでは，この「ステートメント」に添ったボランティア活動の場の提供や，活動の評価が行われる予定である。また，その「ステートメント」が協会の現状にそぐわなくなった場合，積極的に文面の変更を行っていく予定である。そのた

図6-2 ユースサービス協会のボランティアステートメント2005

2005.8
(財) 京都市ユースサービス協会

ボランティアステートメント2005(一般向け)

　ここでは、「ユースサービス協会のボランティア活動へようこそ！」で説明している、ユースサービス協会のボランティア受け入れについての基本的な考え方を再度整理して、広く青少年支援に関わる方々、市民に対して提示します。

1．ユースサービス協会の考えるボランティア像

(1) ボランティア個人の成長につながる
○活動を通して自立性・協調性・連帯感を養うことができる。
○自分たちで企画・運営ができるようになる。
○自らの居場所を自分で作ることができるような応援・支援がある。

(2) 事業における欠かせないパートナーであり支援者
○事業運営のパートナーである*。
○事業を進めるのに欠かせない力を発揮してくれる存在**。
○専門的な知識や技能を提供してくれる存在。
○ユースサービスの営みを支援してくれる存在。

(3) 社会参加を実感できる機会としてのボランティア
○自分の活動が社会へ還元される喜びを実感できる。
○社会の一員として参画する機会を得る。
○関わる人たちの課題解決や変化・成長を実感できる。

2．なぜ、私たちはボランティアを受け入れるのか？

(1) 青少年の様々な可能性を引き出し、育成するための機会として。
　　ボランティアの活動の基本は、一人ひとりが主体的に活動することです。主体的に行動すると、多くのことに気づき、学ぶことができます。その気づきは、自分自身に対してでもあり、他者に対してでもあり、それらの関係から、社会にまで広がります。ボランティア活動は、自己実現、自己変容の場でもあります。

(2) 職員(ユースワーカー)には出来ないことが出来る。
　　ボランティアは、ワーカーとは異なる視点から課題や提案をすることが出来ます。また、同じ企画であったとしても、ボランティアが参加することによって、全く雰囲気が変わることがあります。例えば、年齢の近いお兄ちゃん、お姉ちゃんとして子どもたちと遊び、役割のモデルとなったり、より親しみを持ってもらったりすることが出来ます。すなわち、ボランティアはワーカーの代替ということではなく、ワーカーとボランティアが協働することによって、より広がりを持った事業を展開することが出来ます。

(3) ユースサービス協会の理念を理解し，応援してくれる人を増やすため。
　　ボランティア活動をとおして，青少年にユースサービス協会の理念を理解してもらうことにより，青少年活動センターを身近に感じてもらったり，地域社会に青少年活動センターを正確に理解したりしてもらうための一助となってもらうことが出来ます。

(4) 青少年の社会参加を促進するため。
　　「社会参加したい」「自己実現を図りたい」「自己表現したい」という欲求は，人間にとってごく普通の基本的なものです。そのニーズに応え，社会参加の場を提供します。

3．ユースワーカーの役割

　私たちの考えるボランティア活動の主役は，青少年。協働して，活動を創っていくために，ワーカーの考えを押し付けたり，型にはめようとしたりしないような心がけが必要です。ボランティアの変化を把握し，その状態に合った言葉かけなど，以下のような点が，ボランティアと接するワーカーには必要だと考えています。

(1) ボランティア一人ひとりを把握すること。
　　必要なときに適切な働きかけが出来るように，常に見守ったり，聴こうとしたりする姿勢。

(2) ボランティアを信頼し，任せるという姿勢。
　　ボランティア自身が考え，工夫し，決定する機会を尊重する。

(3) ボランティアと話し合い必要な軌道修正を行うこと。
　　ボランティアによる自由な企画が本来の目的に沿ったものであるかを検証し，必要に応じて，ボランティアと話し合いながら軌道修正を行うこと。（ボランティア活動は独りよがりな活動ではない。個人やグループの想いを大切にしつつも，サービスを受ける「相手」のことを見失っていないかを検証することが必要。）

(4) 偏らない適切な情報を提供する。
　　偏らない，多様な判断・価値観をボランティアが持てるようになるための，幅広い情報を提供できるようにすることが求められると考えています。

(5) 自分の担当以外のボランティアも把握すること。
　　「ボランティアと担当の軋轢や密着，馴れ合い」「担当がいないと連絡も取れない」「担当の言うことしか聞かない」といったリスクの回避の意味でも，活動において第三者に近い人の存在も必要と考えます。

(注)
　　＊「パートナー」という言葉には，どちらが上でどちらが下，どちらが「主」でどちらが「従」でない，という意味をこめています。もちろん，ボランティアをすることは「各自が自分のためにする活動」であることから始まりますが，ボランティアの思いと協会の求めることとが一致する点で協働する存在，という意味でこの言葉を用いています。
　　＊＊「欠かせない力を発揮する存在」という表現
　　ここで言いたいことは，「ボランティアは時には思いもよらない成果を生み出す，ワーカーとは違ったアプローチで利用者に接することができる。また，ワーカーでは思いつかないようなアイデアを生むこともある。」という考え方です。

めに，あえて「2005」と入っているのである（図6-2参照）。

　先にも述べたが，協会においては，ボランティアステイトメントの成果については検証されていない。しかし，事例からは，導入すること自体にも，組織内で何らかのインパクトがあったことが明らかとなっている。それは，職員のインタビューが，ボランティア受け入れ体制の振り返り作業になったことなどである。しかし，最も重大な成果は，文章として作成することによって，あいまいで拡散的であったボランティア受け入れの方針が，主要な部分で明確化されたことであろう。

　ボランティアステイトメントを作成し，それを表明することは，その組織のボランティア政策を組織内外に対してアピールするという，積極的な意味を持つ。このためボランティアステイトメントの作成は，多くの組織において一考の余地があるのではないかと考える。

3　ボランティアプログラムの開発：病院ボランティアを例に

1　プログラム内容の現状：有給職員の業務との関係性からの分類

　前段でみたように，「ボランティアステイトメント」の設定と明示化は，ボランティアマネジメントのファーストステップとしてきわめて重要である。しかしながら，そうしてつくられたボランティア受け入れの基本理念が，現実に実施されるかどうかは，別の問題である。ミンツバーグ（1973）は経営戦略について，それは意識的・明示的に策定されるものではなく，一連の意志決定の結果として形成されるものである，と指摘しているが，それはボランティアマネジメントにおいても同様なのだと理解すべきである。

　それではいかなる要因によって，組織におけるボランティアの役割やボランティア活動の内容は決定されるのであろうか。ここでは筆者による病院ボランティアを対象にした研究（桜井，2004b）の結果を紹介し，その問いに答えておきたい。この桜井（2004b）の研究では593の病院を対象として，病院におけるボランティアプログラムの多様性と，そして，そうした多様性がどこから起

因しているのかについて，明らかにしている。

　まず，同調査で明らかになった，病院のボランティアプログラムの内容について紹介しておきたい。図6-3は，同調査で「病院で取り組まれているボランティア活動」と尋ねた結果（自由回答によって得られた記述）を分類・分析したものである。また，調査対象病院のボランティア導入状況については，図6-4の通りである。

　その結果，最も多くの病院で行われているボランティア活動内容は，「受付・案内」の活動であることがわかった。これは診察申込書の記入の補助や，外来予約機の操作方法の案内や，外来受診者の院内案内などが含まれる。2番目に多くの病院で行われている活動は「院内環境の整備」であった。これには院内の清掃，院外の園芸作業，洗濯や衛生材料の制作などが含まれている。その他，「送迎・移動介助」（外来の送迎や車いす介助）や，「専門職ボランティア」（各種療法の講師，理容ボランティア，ロビーコンサート等）も，比較的多くの病院で取り組まれている活動内容であった。また，ユニークな活動内容として，「患者の代弁活動」を行っているところもみられた（1ヵ所）。

　このように，病院で取り組まれているボランティア活動は非常に多岐にわたっているが，桜井（2004b）では，病院のスタッフ（医者・看護師などの医療従事者，または事務員など）の業務との関係性から，次のような活動内容の類型化を行っている。それは「代替的活動」，「補助的活動」，「独自的活動」という3類型である。

　「代替的活動」とは本来，病院の有給スタッフ（医師・看護士・医療技術者・事務職員等）が行うべき業務を，ボランティアが肩代わりしている活動内容を指す。この類型には「院内環境の整備」，「看護・介護」のボランティア活動が含まれる[4]。こうした活動が取り組まれる理由としては，病院がボランティアを「無償の労働力」として捉え，人員不足を補うために受け入れる意向が強いためではないかと考えられる。

　「補助的活動」とは，病院のスタッフが行っている業務を，ボランティアがフォローしている活動である。この類型には「送迎・移動介助」，「受付・案

第6章　ボランティアプログラムの設計と開発

図6-3　病院で取り組まれているボランティア活動

独自活動
- 患者の代弁活動　0.4
- 交流　10.1
- 専門職ボランティア　14.0
- 図書サービス・読み聞かせ　12.0
- 患者サービス・手伝い　9.7

補助活動
- レクリエーションやイベントの補助　7.4
- 事務　2.7
- 受付・案内　38.0
- 送迎・移動介助　17.4

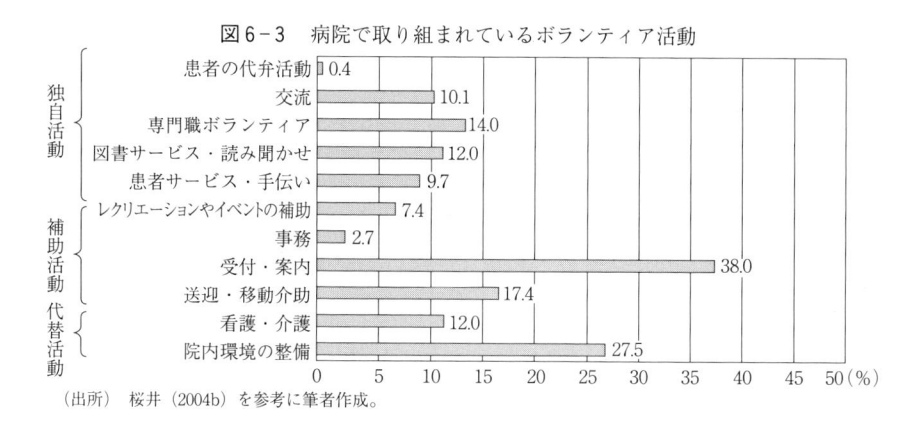

代替活動
- 看護・介護　12.0
- 院内環境の整備　27.5

（出所）桜井（2004b）を参考に筆者作成。

図6-4　病院のボランティア導入状況
許可病床数によるボランティア受け入れの有無

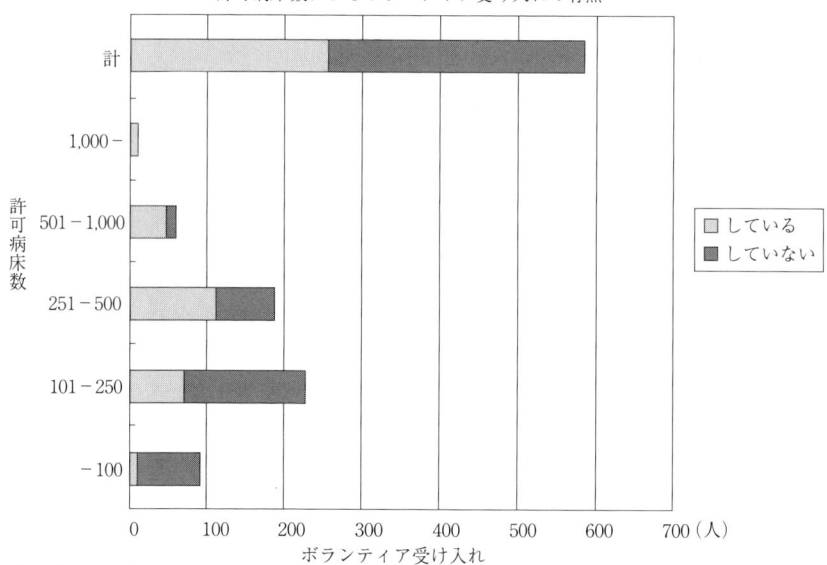

（凡例：している／していない）

許可病床数別：計／1,000-／501-1,000／251-500／101-250／-100

（出所）桜井（2004b）を参考に筆者作成。

内」,「事務」(チラシ作り,事務補助など),「レクリエーションやイベントの補助」,「患者サービス・手伝い」(患者の身の回りの世話など)が含まれる。こうした活動が取り組まれる理由には,病院がボランティアを導入することによって,患者へのよりきめ細やかな対応を可能とし,患者サービスの向上を図ろうとする意向があるのではないかと考えられる。[4]

「独自的活動」とは,病院のスタッフが行っている業務からは独立して,ボランティアが独自の活動を展開しているものである。この類型には「図書サービス・読み聞かせ」(外来患者向け移動図書,患者用図書室の管理,小児病棟での絵本の読み聞かせなど),「専門職ボランティア」,「交流」(患者の話し相手,小児病棟での勉強指導や遊び相手など),「患者の代弁活動」が含まれる。こうした活動が取り組まれる背景には,病院がボランティア活動のメリットを理解し,ボランティアを受け入れることで,病院の他のスタッフでは行うことのできないサービスを患者に提供するねらいがあるものと考えられる。

2 プログラム内容はどのような要因で決まるのか？

これらの活動類型のなかでも,「独自的活動」は,ボランティア固有の成果を生み出す活動であるといえる。このため,ボランティアプログラムとしては「独自的活動」が病院で展開される方が,「代替的活動」や「補助的活動」よりも,病院にとって事業戦略上,メリットが大きいように思える。「独自的活動」であればこそ,ボランティアにとってやりがいある活動だろうし,患者にとってもユニークなサービスが提供されることで,魅力的な病院に感じられるだろう。しかしながら,全ての病院のボランティアが「独自的活動」を行っているわけではない。ボランティアを受け入れている病院によって,その受け入れプログラム内容に差異が生じている。これは,なぜなのだろうか。

こうした問いに答えるために,桜井(2004b)では統計的な分析を行っている。分析は二段階で行われている。まず,病院のボランティア受け入れ人数に影響を与える変数(データ)を分析している。その結果,病院の「患者への診療情報公開の重視度」と,「病床利用率」が,受け入れ人数に正の影響を与え

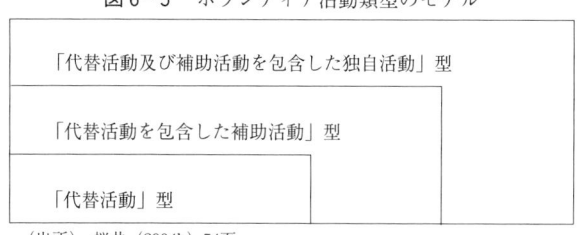

図6-5　ボランティア活動類型のモデル

```
┌─────────────────────────────────────────────┐
│　「代替活動及び補助活動を包含した独自活動」型　　　　│
│　┌─────────────────────────────────────┐　　│
│　│　「代替活動を包含した補助活動」型　　　　　│　　│
│　│　┌───────────────┐　　　　　　　　　　│　　│
│　│　│　「代替活動」型　　　│　　　　　　　　　　│　　│
│　│　└───────────────┘　　　　　　　　　　│　　│
│　└─────────────────────────────────────┘　　│
└─────────────────────────────────────────────┘
```

(出所)　桜井（2004b）54頁。

ていることが分かった。「患者への診療情報公開の重視度」とは，その病院での患者へのアカウンタビリティ（情報公開）への意識の強さを測ったものである。つまりは患者へのサービス意識であり，それが高い病院ほど，ボランティアの受け入れに積極的であった。また，一方で，「病床利用率」が高い病院とは，入院患者が多く，忙しい病院のことである。そのため，この数値が高くてボランティアを受け入れている病院では，人員不足を解消するためにボランティアを無償の労働力と捉えて導入していると考えられなくもない。

　そして，第二段階目の分析で，病院によってボランティアの活動展開が異なっている理由が明らかとなっている。そこでは，第一段階の分析で明らかになった病院がボランティアを受け入れている理由である「患者への診療情報公開の重視」，ならびに「病床利用率」が，病院ボランティアの活動内容の３類型（代替的活動・補助的活動・独自的活動）とどのような関係にあるのかについて，統計的な分析を行っている。

　第二段階の分析結果を述べる前に，紹介しておかねばならないことがある。それは桜井（2004b）ではその分析に際して，まず，病院ボランティアの活動内容を図６-５のようなモデル化してから，分析を行っていることである。

　桜井（2004b）がこのようなモデルを想定したのは，次の理由による。便宜上，ボランティア活動内容を三つの類型に分類したが，実際の現場においては，「代替活動」，「補助活動」，「独自活動」どれかひとつの類型の活動が取り組まれている場合もあれば，いくつかの類型に含まれる複数の活動内容がひとつの病院で展開されている場合もある。このため，病院でのボランティア活動展開

を「代替活動」型,「代替活動を包含した補助活動」型,「代替活動および補助活動を包含した独自活動」型の3タイプに分類し,モデル化したのである。このモデルでは,「代替活動」よりも「補助活動」が上位的な活動であり,「補助活動」よりも「独自活動」が上位的な活動であると想定されている。

さて,その分析の結果である。結果,活動内容段階がより上位のタイプになるほど,「患者への診療情報公開の重視」の平均値が高まることが分かった[8]（分析の詳細は章末別表6-2を参照）。つまり,「患者への診療情報公開」を重視しているような,患者へのサービス意識が高い病院ほど,ボランティア活動の内容も「補助活動」だけではなく,より多彩な,患者満足を高める「独自活動」についても行っていた。

一方,もうひとつのボランティア受け入れの要因である「病床利用率」にはそういった傾向はまったくみられなかった。このため,スタッフの多忙さを理由にボランティアを受け入れた病院では,ボランティア活動はスタッフの代替や補助的な役割にとどまり,ボランティア独自の活動が生まれる可能性が少ないと考えられる。

この調査結果についてまとめると,以下の通りである。まず,積極的な理由（「患者への診療情報公開の重視」＝患者へのサービス意識の高さ）で,ボランティアを必要とし,受け入れている病院では,そのボランティアの活動は単にスタッフの代替や補助的な活動にとどまらず,ユニークな,ボランティア独自の活動への展開をみせている。しかし,消極的な理由（「病床利用率」＝多忙さ）でボランティアを必要とし,受け入れている病院においては,そうした多様な活動展開がみられず,どちらかといえばスタッフの代替的に,「無償の労働力」としてボランティアを活用している姿がみてとれた。

調査結果からいえることは,ボランティアプログラムの開発と展開は,受け入れ組織（この調査の場合には病院）の,ボランティアを受け入れている姿勢と大きく関係しているということである。先にふれたピアスが述べるところの,ボランティアに対する両極端な評価は,こうした,組織がボランティアを受け入れる姿勢と大きく関係していると考えられる。すなわち,ボランティアがそ

の組織にとって，どのようなメリットや成果を与えうるのかを理解している場合には，ボランティアを「予想以上の成果を生む存在」として活用するが，理解していない場合には，「不安定で充分に期待できない存在」として，単なる無償の労働力としか扱わないのである。

しかし，果たしてボランティアが真に無償の労働力となりうるのかは，大いに疑問が残るところである。というのは，ボランティア自体の労働は確かに「無償」かも知れないが，ボランティアプログラムの企画運営には，広報や，説明会の実施や，ボランティアのトレーニング，リスクマネジメントなどのコストが発生するからである。ブルードニー（1994）も，「経費節約」のためのボランティア受け入れには，大きな誤解があると述べている。ひょっとしたら業務の内容によっては，ボランティアが行わずに有給スタッフが行った方が，より効率的に，より安定的に実施できる場合もあるかも知れない。従って，こうしたことを考えずに，安易にボランティアで，という発想はきわめてリスキーなものなのである。

4　組織ライフサイクルとボランティアの役割

[1]　組織ライフサイクルの考え方

また，こうしたボランティアプログラムの内容は，ボランティアを受け入れる組織のライフサイクル段階によっても変化する。「ライフサイクル」とは，第3章で紹介したように，元々は，人間の生活周期をいくつかの段階に区分して捉える考え方である。そこから応用し，組織の盛衰についても，その発展段階によって区分して捉えるのが，組織ライフサイクルの考え方である。

田尾（1999）は，クイン＆キャメロン（1983）の一般的な組織発展のライフサイクルに関するモデルに準拠し，ボランタリー組織の組織発展について言及している[9]。引用すれば，それは，「まず問題対応型の組織として，当初目的を明確に持った集団として活動を開始する。起業の段階である。この時期は（中略）創業者の段階である」（p. 66）。次に，「それが集合を重ねて大きくなり，

図6-6 ボランタリー組織のライフサイクルモデル

起業の段階 → 集合化と形式化の段階 → 成熟期の段階

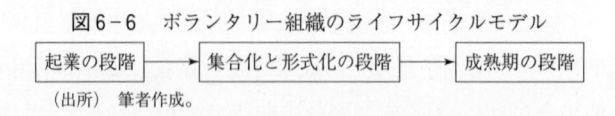

(出所) 筆者作成。

その集団の維持に関心を向けるようになると公式の目標を定め，体制化が進行する。それがさらに整備されて，さまざまの規制などが定められるようになる。集合化と形式化の段階である」（p.66）。そして，「さらに文書化や標準化によっていかに効率的に運営するかという経営課題に向かうことになる。成熟期である」（p.67）（図6-6参照）。

この組織ライフサイクルの視点において重要なことは，「その組織の進化は，基本的には，それぞれの段階には対処すべき課題がある」（田尾，1999：p.67）ことであり，そしてその「危機的な課題の克服がその組織としての発達をみるための着眼点となる」（田尾，1999：p.67）ことである。この視点からすれば，組織におけるボランティアの役割も，組織の発展段階によって，それぞれの段階の課題に対応して，変化すると考えることができる。具体的にどのように変化するのかについて，ここでは，労働政策研究・研修機構（2004）のNPO法人（特定非営利活動法人）の調査結果を援用して，それを考察したい。

2　NPO法人における組織ライフサイクルとボランティアの役割変化

表6-2は，労働政策研究・研修機構（2004）の調査結果に基づくものであり，NPO法人においての活動者の種別ごとの，その活動者の有無と団体の年間収入の関係を表したものである。

この表から，無償の事務局ボランティアは，団体規模が拡大するほど，その割合が一貫して減少していることが分かる。年間収入規模が1-499万円の団体では，73.2％もの団体で無償の事務局ボランティアが存在しているが，1億円以上の団体では，17.6％しかいない。しかしながら，その他のボランティアについては，減少幅はそれほど大きくない。年間収入規模1-499万円の団体では62.5％であり，一方で1億円以上の団体でも，36.8％の団体で活動をして

表6-2　当該活動者がいる場合(団体の年間収入別)

(単位：%)

		全体	団体の年間収入(昨年)						
			0円	1-499万円	500-999万円	1,000-2,999万円	3,000-4,999万円	5,000-9,999万円	1億円以上
	役員	97.9	96.7	96.7	97.8	98.2	99.1	99.2	100.0
有給職員	うち有給役員	30.6	17.5	10.3	23.8	41.8	59.0	57.1	63.2
	正規職員	43.4	19.4	11.4	29.4	68.6	85.5	91.3	91.2
	非正規社員	47.7	19.4	18.4	39.7	70.9	82.1	84.1	77.9
	出向職員	7.7	11.8	3.7	6.1	10.4	4.3	9.5	14.7
		63.9	37.9	28.3	57.1	89.6	94.9	97.6	95.6
ボランティア	有償ボランティア	42.7	18.0	30.5	47.9	50.4	49.6	47.6	47.1
	無償事務局ボランティア	50.1	57.8	73.2	57.8	35.4	25.6	27.8	17.6
	無償その他ボランティア	54.5	51.2	62.5	59.6	50.9	38.5	48.4	36.8
		79.5	70.6	86.0	83.8	78.0	70.1	74.6	67.6

(注)　n＝1,930：年間年収に回答したサンプル。
(出所)　労働政策研究・研修機構（2004）133頁。

いる。また，いうまでもないが，有給職員は，団体規模が拡大するほど，その存在割合が増大している。

　このことから，NPO法人の組織規模と，ボランティアの役割の関係について，次のことがみてとれる。まず，小規模な，立ち上げたばかりの団体においては，有給職員を雇用する財政的余裕がないために，コアスタッフはボランティアによって担われる。リーダーもボランティアであることが多い。しかし団体が発展し，組織規模が大きくなるに従って，事務局は有給職員によって担われ，ボランティアの割合は少ないものとなっていく。しかしながら，単純に減少するというわけではなく，組織において役割が変化するとみなすべきである。ボランティアは大規模の団体においては，個々の事業単位の活動場面で活躍していることが多いからである。

　このようなNPO法人の例にみるように，組織が発展するにつれて，組織の課題も変化し，そしてそれに連動して，ボランティアの役割も変化する。このため，ボランティアプログラムの設計にあたっては，組織ライフサイクルに沿った設計を行うことが重要なのである。

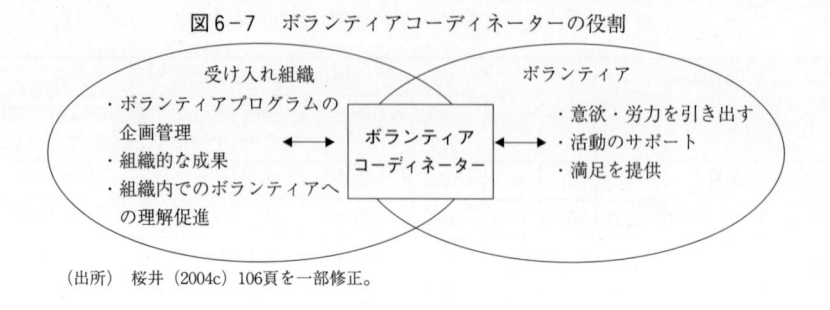

第Ⅱ部　ボランティアマネジメントの課題

図6-7　ボランティアコーディネーターの役割

```
    受け入れ組織                              ボランティア
・ボランティアプログラムの          ・意欲・労力を引き出す
  企画管理              ボランティア      ・活動のサポート
・組織的な成果    ←→  コーディネーター ←→  ・満足を提供
・組織内でのボランティアへ
  の理解促進
```

（出所）　桜井（2004c）106頁を一部修正。

5　誰がプログラムを設計するのか：ボランティアコーディネーターの配置

1　ボランティアコーディネーターとは

　組織において，ボランティア活動を充実させようとしたときには，ボランティアの担当者を配置することが欠かせない。この担当者は一般的に，「ボランティアコーディネーター」と呼ばれる。

　ボランティアコーディネーターや，その業務であるボランティアコーディネート（またはボランティアマネジメント）については，すでに前章で詳細に述べている。しかし繰り返しになるが，簡単にそれを定義しておくならば，ボランティア活動を調整・促進・計画実施するために，様々な機関において，コーディネート業務に携わる者のことを指す。ボランティアコーディネーターは，その所属する機関の特性から，ボランティアセンターなどの「仲介型」，学校や企業などの「送り出し型」，病院や施設などの「受け入れ型」に大別される。

　ボランティアを受け入れる組織のボランティアコーディネーターは，「受け入れ型」にあたるわけであるが，その役割としては，何よりも，ボランティア活動が組織の成果になるように計画し，実施することである。またそのためには，組織内でボランティア活動への理解を促すことが重要であるし，一方でボランティアに対しては，その意欲を引き出しつつ，様々な面で活動中のサポートを行い，ボランティア自身が活動に満足できるようにしなくてはならない（桜井，2004c）（図6-7参照）。

2　ボランティア受け入れ組織におけるボランティアコーディネーターの配置状況

日本では現在，各種のボランティア受け入れ組織において，どの程度ボランティアコーディネーターが配置されているのであろうか。こうした問いに対しては，倉田（2001），鈴木（2004），安立（2003）などの研究が参考となる。それぞれの研究における調査対象は異なっている。倉田（2001）は社会福祉施設が調査対象であるし，鈴木（2004）は社会教育施設（公民館，図書館，博物館，青少年施設など）を対象としている。そして安立（2003）は病院を対象としている。

倉田（2001）によれば，348の高齢者・身体障害者・知的障害者施設のうち，ボランティアの受け入れや調整などの役割を担う，担当の職員が明確であった施設の割合は，約7割（73.2％）であった。一方，鈴木（2004）の調査結果では，ボランティアコーディネーターが存在している施設は，市立図書館，公民館で約半数であり，また，女性施設，県・政令指定都市図書館では6割から6.5割であったとしている（有効回答数は1033施設）。またそのうち，公民館の26.6％，県・市立博物館の21.4％では「ボランティア自身」がボランティアコーディネーターをしていたという。

さらに，安立（2003）の病院ボランティアの調査によれば，ボランティアコーディネーターは65％の病院で配置されていたとしている。しかしこれは，「日本病院ボランティア協会」に加盟している病院を対象に行った調査の結果であり，そもそもの母数が，意識の高い病院に限られている。従って実際には，ボランティアコーディネーターが配置されている病院の割合は，この調査結果よりも低いことが予想される。

また，安立（2003）の調査結果では，ボランティアコーディネーターの84％は他の病院職との兼任であり，専任はわずか16％であった。兼任している職務の内訳としては，40％を超える病院では看護職との兼任であった。次いで，20％程度の病院が事務職との兼任で，ソーシャルワーカーとの兼任が約10％，そしてボランティアとの兼任（ボランティアの立場でコーディネーターをしている者）が10％であった。この調査結果から垣間見える病院ボランティア

コーディネーターの姿としては，その多くは兼任であり，その立場は看護職や事務職・ソーシャルワーカーといった，より患者に近い職制の者が就くことが多いようである。

ただし，倉田（2001），鈴木（2004）の調査結果においては，専任のボランティアコーディネーターはみられなかった。このことから，病院でのボランティアコーディネーター配置は，社会福祉施設や社会教育施設に比べ，兼任を含めての全体的にはそれほど配置が進んでいないものの，一部の病院においては専任の配置も行われているという，格差の大きい現状であるといえる。これは，病院は社会福祉施設や社会教育施設に比べて，施設規模の格差や，施設機能の差異が大きいからではないかと考えられる。

このように，ボランティアを導入している多くの組織では，ボランティア担当者が専任職員として配置されていることはまれである。特に，立ち上げ段階のNPOや小規模なボランティアグループでは，組織のリーダーがボランティアのマネジメントを行っていることが多い。それに，リーダー自身もボランティアであることがほとんどである。ある程度の規模のNPOや施設においても，主としてボランティアの受け入れ・調整担当は，他の仕事との兼任であることが多い。相当な規模のNPOや施設，または行政組織でなければ，ボランティア担当が専任配置されることは少ないであろう。すなわち，前項でふれた「組織ライフサイクル」の段階によって，組織のボランティアコーディネーター配置のあり方にも差異があるといえよう。

6　パートナーシップによるボランティアプログラム開発の可能性

1　立命館大学ボランティアセンターの事例から

ボランティアプログラムの開発は，必ずしも単一の組織内で完結するとは限らない。NPOの組織的な特質としてネットワーキングが強調されるように，近年では，ひとつのボランティアプログラムの企画実施に，複数のNPO・行政機関などが関係していることも多い。

第6章　ボランティアプログラムの設計と開発

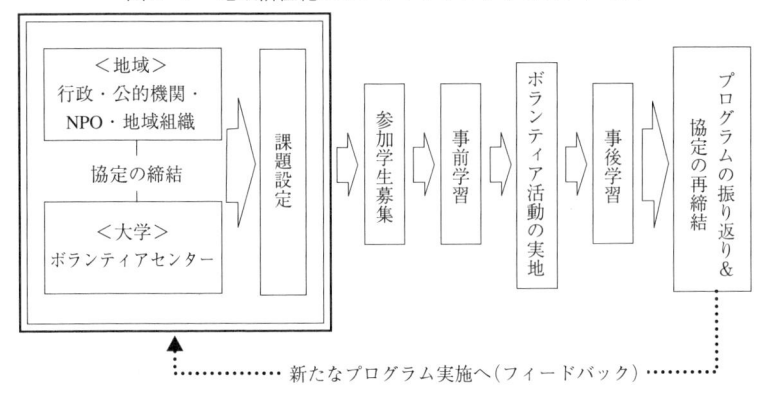

図6-8　地域活性化ボランティアプログラムのプロセス

```
┌─────────────────────┐
│  <地域>             │
│  行政・公的機関・    │
│  NPO・地域組織      │ ┌──┐  ┌──┐  ┌──┐  ┌──┐  ┌──┐  ┌──┐  ┌──┐
│        │           │→│課│→│参│→│事│→│ボ│→│事│→│プ│
│    協定の締結       │ │題│  │加│  │前│  │ラ│  │後│  │ロ│
│        │           │ │設│  │学│  │学│  │ン│  │学│  │グ│
│  <大学>             │ │定│  │生│  │習│  │ティ│  │習│  │ラ│
│  ボランティアセンター│ └──┘  │募│  └──┘  │ア│  └──┘  │ム│
└─────────────────────┘        │集│        │活│        │の│
       ↑                       └──┘        │動│        │振│
       :                                    │の│        │り│
       :                                    │実│        │返│
       :                                    │地│        │り│
       :                                    └──┘        │＆│
       :                                                │協│
       :                                                │定│
       :                                                │の│
       :                                                │再│
       :                                                │締│
       :                                                │結│
       :                                                └──┘
       :                                                  │
       └······新たなプログラム実施へ（フィードバック）·····┘
```

　一例として，立命館大学ボランティアセンターでのパートナーシップによるボランティアプログラムの開発事例について紹介しておきたい。立命館大学ボランティアセンターでは2005年度より，地域課題に即した継続的なボランティア活動を実施するために，京都府内・滋賀圏内の行政，公的機関，NPO，地域組織などと協定を締結し，複数の「地域活性化ボランティアプログラム」を実施している[10]。

　このプログラムの実施プロセスは次の通りである。まず，協定締結によって始まり，地域課題に即したテーマでプログラムが設定され，それへの参加学生が募集される。募集に応じて集まった学生に対しては，活動地域の状況，活動内容の意義等についての事前学習があり，それらを通じて参加前に問題意識を固める。そして実際のボランティア活動を40時間以上行う。活動後，経験を振り返る事後学習を行い，学生自身が学習成果を確認することを行う。この一連のプロセスが修了した後，実施プロセス全体を振り返り，ボランティアプログラム全体の成果を地域と大学両者で確認し，次年度の実施に向けて，協定の再締結と新たなボランティア内容を再設計する（図6-8参照）。

　これにより，現地の団体や行政機関がアレンジした地域課題に即して，学生がボランティア活動に従事し，より効果的に地域に貢献することができる。大学側にとっても，学生に対して「教育的効果を持ったボランティア活動」を促

すことが可能となる。地域側が活動の地域貢献効果に責任を持ち，大学側がボランティア（学生）のニーズ充足に責任を持つという仕組みである。また，こうした仕組みを取り入れることによって，参加する学生は毎年変わるかもしれないが，協定という枠組みが保たれるので，次の年もボランティアプログラム自体は継続させることが可能となる。

2 パートナーシップによるボランティアプログラム開発の可能性と課題

ここでは大学ボランティアセンターと，NPO・行政との協働によるプログラム開発を一例としてあげたが，他にも，様々な組織間のパートナーシップによるボランティアプログラムの開発が可能である。現実に実施されている例としては，社会福祉協議会のボランティアセンターが，社会福祉施設と連携して「ボランティア入門講座」を開催し，講座を修了した者が，その社会福祉施設で活動を始める仕組みを整備した事例がみられる。

こうしたパートナーシップによるボランティアプログラム開発には，次のようなメリットがある。ひとつには，互いの苦手を補ってのプログラムづくりができることである。立命館大学ボランティアセンターの事例では，学生をボランティアとして送り出す際に，地域のニーズ把握や，活動実施に向けての関係者間の調整といったことが，大学ボランティアセンターでは不得手であった。そのために，大学ボランティアセンターがボランティアプログラムを開発する上では，地域側に適切なカウンターパート（相手方）が必要となっていた。カウンターパートは行政機関のほか，NPO，住民組織，時には企業などの，多様な連携先が考えられる。そして地域での調整を，地域の組織が担う一方で，立命館大学ボランティアセンターでは，地域の組織では充分に行うことができない，学生ボランティアの募集とトレーニングを担っていた。

また，別のメリットとして，複数の組織が関係することによる，信頼性の向上がある。単独のNPOでは信頼が得にくいが，行政との協働事業とすることによって，そのプログラムの信頼性が増し，参加者や協力者を獲得しやすくなることがあげられる。また，大学生がボランティア活動をしたいと思った時，

何十とあるボランティア募集のチラシなどの情報のなかから，自分の希望に適した活動をみつけだすのは困難な作業である。しかし，その大学のボランティアセンターが主催している活動であれば，大学生の信頼を得ることができ，選ばれる可能性は高まるであろう。

パートナーシップによるボランティアプログラム開発が成功するには，関わる組織全てにメリットがある仕組みを作ることができるかどうかが課題となる。いわゆる，ウィン＝ウィン（win-win）のボランティアプログラムが開発できるかが，重要となる。それぞれの組織がどこにメリットを見出しているかによって，責任の所在も明らかになる。メリットがはっきりしないパートナーシッププログラムでは，責任もあいまいとなり，プログラムを実施しても，成果をあげることは難しくなる。その点を明らかにしておくことが，プログラム実施前に必要となるだろう。

7　課題の整理：準備段階の重要性

本章ではボランティアマネジメントのプロセスとしての第1段階である，組織内でボランティアを受け入れるための準備について述べてきた。具体的には，ボランティアを受け入れる組織的な姿勢の確認（ボランティアステイトメント），ボランティアプログラムの開発，組織ライフサイクル段階によるボランティアの役割変化，ボランティアコーディネーターの配置，そしてパートナーシップによるボランティアプログラム開発について，それぞれの可能性や課題について論じた。

ボランティアの受け入れについては，組織全体の理解のもとで，その受け入れ方針を決定すべきである。しかしそのボランティアの役割や，活動プログラムの内容については，組織の受け入れ姿勢の他に，組織ライフサイクル段階によっても，組織毎に差異が生じることになる。勇ましい言い方をすれば，組織にとって，ボランティアを「戦略的」にどう位置づけるか，という問題なのかもしれない。ボランティアコーディネーターの配置は，組織が戦略的にボラン

ティアを配置するひとつのきっかけとなりうるだろう。

　また，最後に述べたパートナーシップによるボランティアプログラム開発は，今後，日本社会においてボランティア活動を促進していく上で，大きな可能性を持っている。様々な組織の連携によって，ボランティア活動が促進されていくことが望まれる。

　注
(1)　なお，筆者は企画委員として参加したタスクチームのメンバーである。したがって，このステイトメントづくりに参与観察的に関わっている。
(2)　2005年12月現在。
(3)　なお，同研究は平成15年度厚生労働省科学研究費補助金「効率的な医療機関の経営母体に関する研究：株式会社病院経営，非営利組織経営論の視点で」（課題番号　H14-政策-019，研究代表者　山内一信）の成果の一部である。この研究会の成果は，真野（2005）にまとめられている。
(4)　ただし，病院によっては，ボランティアが「病室の清掃をすることで，より自然な形で患者と交流できる」ことを目的とした活動もあるそうである。しかし，回収された調査票からは，そこまでは読み取れないため，掃除については，全て「院内環境の整備」に含んでしまっている。これは同調査の限界である。
(5)　ボランティア受け入れ人数を従属変数とした重回帰分析の結果に基づく。「重回帰分析」とは何かについては，第2章を参照のこと。
(6)　「患者への診療情報公開の重視度」は強い関係性で，また，「病床利用率」が弱い関係性で，影響があることが認められた。詳しい分析結果については章末の別表6-1を参照のこと。
(7)　なお，この結果については，「療養型病床数」や「平均在院日数」は，ボランティア受入数に統計的に影響がみられないことから，回転率に関係なく，単純に入院患者が多い病院であるほど，ボランティア受入数に影響しているということがいえると考える。
(8)　このようなモデル仮説を前提とした上で，モデル仮説におけるボランティア活動の3タイプと，先ほど病院がボランティアを受け入れる要因として明らかになった2要因（「患者への診療情報公開の重視」と「病床利用率」）とが，どのような関係にあるのかについて，「一元配置分散分析」（第2章を参考）を行った。これらの詳しい分析結果については章末の別表6-2を参照のこと。
(9)　この田尾（1999）のボランタリー組織の概念定義については，ほぼNPO（非営利組織）と同じものであるが，田尾（1999）によれば，「非営利とボランタリーという概念の間には，微妙なニュアンスの相違があり，その重みの掛け方で，組織を理解する枠組みと認識の方法に相当程度の誤差」がでるだろうとしている（田尾，1999：p. 5）。
(10)　同プログラムは，2006年より，立命館大学の正課授業に取り入れられた。授業名を

「地域活性化ボランティア」とし,あらゆる学部の学生が受講できる仕組みになっている(2単位)。また第5章でも述べたように,このような,高等教育にボランティア活動が取り入れられた形態については,一般的に「サービスラーニング」と呼ばれている。

別表6-1 重回帰分析結果

	標準化係数	有意確率	VIF
ステイクホルダー概念の理解	-.045	ns	1.090
地域への健康教育	.012	ns	1.451
不特定多数への健康教育	-.073	ns	1.888
患者への診療情報公開	.347	***	1.637
地域への自院情報公開	-.184	ns	1.760
不特定多数への自院情報公開	.016	ns	2.048
許可病床数	-.018	ns	3.684
療養型病床数	.001	ns	1.818
平均在院日数	-.086	ns	2.080
病床利用率	.232	*	1.245
入院病棟数	-.100	ns	1.067
外来診療科目数	-.025	ns	1.244
入院診療科目数	-.058	ns	3.457
1日平均外来数	.044	ns	3.223
MRI 数	.084	ns	3.018
CT 数	.044	ns	2.840
F 値	1.436		
R 2 乗	.158		

***P<0.005,**P<0.01,*P<0.05
従属変数:全ボランティア人数
(出所) 桜井(2004b)。

別表6-2 活動内容段階別「患者への診療情報公開の重視」の平均値

「代替活動」型	「代替活動を包含した補助活動」型	「代替活動及び補助活動を包含した独自活動」型	F 値
4.89	1.31	1.20	3.40*

***P<0.005,**P<0.01,*P<0.05
(出所) 桜井(2004b)。

第7章 ボランティアの人的資源管理
―― 募集・導入・維持のプロセス ――

1　ボランティアの人的資源管理の重要性[1]

　前章で考察したように，ボランティアは，有給スタッフとは異なった組織的成果への可能性を持つ。ボランティアを受け入れる諸組織において，こうした視点を取り入れた場合，ボランティアを組織戦略上，どのような人的資源として位置づけるかが重大な課題となり，それゆえにボランティア担当者や，ボランティアグループのリーダーは，ボランティアの人的資源としてのマネジメントに無関心でいることはできなくなる。

　しかし，ボランティアとは，企業の従業員とは異なった前提で組織に参加してきている存在であり，そのために，安易に企業組織で用いられている人的資源管理の手法をボランティアに適用させることは避けるべきである。ボランティアの自発性は高いモチベーションの源泉となるが，逆にいえば，気に入らないことはやらないということにもつながる。ボランティアには，仕事を無理にさせることは難しく，充分に納得を得てからでないと，動いてもらえないという側面がある（田尾，1999）。田尾は，ボランティアのモチベーション管理に関して，「通常の会社組織に比べると，その折り合うところは，自主性や自発性に重心を移すようなことがあり得る。しかし，まったくその方向だけに傾くことはない」と，企業の従業員とボランティアの管理の違いについて言及している（田尾，1999：P. 37）。また，レオナード他（2004）も，120人の女性ボランティアと，21人のボランティアコーディネーターにインタビュー調査を行った結果から，ボランティアに対するコーディネーターの姿勢には，対等的，促進的，管理的の三つのタイプがあるが，このうち管理的な姿勢はボランティ

アの方向性と対立していたと分析している。

本章では、こうしたボランティアの人的資源管理について、重要なプロセスである、ボランティアの募集、配置、活動維持について、それぞれ順を追って考察していく。

2　ボランティア募集における「マーケティング」という発想

1　積極的なボランティア募集は必要か？

ボランティア活動においては、当初は、志を同じくする人々が有機的につながり合うことで、「創発的」に活動がスタートすることも多い（李、2002）。この場合には意図的な募集という形は取っていないかもしれない。しかしそうしたグループであっても、活動を拡大するときや新たな活動を始めるときには、組織外部の環境に働きかけ、新たなメンバーを募ることが必要となる。ボランティアグループやNPOが活動を継続的に行っていく上で、ボランティアのリクルートは大きな課題のひとつとなるのである。

ボランティアはどのようなきっかけで活動に参加しているのであろうか。

山内編（2004）が、インターネットアンケート会社の登録モニターに対して行ったアンケート調査（回答者合計9155人）では、2002年1年間になんらかのボランティア活動を行った人（全体の21.8％）の中での、「ボランティア活動を始めたきっかけ」は以下の通りであった（図7-1参照）。まず、「家族や知人等を通じて紹介されたから」が最も多く、35.7％であった。続いて、「職場や学校を通じて行うボランティア活動だったから」（34.4％）が多く、また、「自宅または勤務先の近くに団体の活動拠点や事業所があったから」も27.7％と、多かった。この調査結果からは、ボランティアはあまり、ボランティア受け入れ団体の積極的な募集活動によって参加しているわけではないようにみえる。

しかし、15歳から70歳までの国民3,972人を対象とした経済企画庁「平成12年度　国民生活選好度調査」によれば、「あなたは、今後、ボランティア活動をしてみたいと思いますか？」という問いに対して、60.6％の回答者が、

第Ⅱ部　ボランティアマネジメントの課題

図7-1　ボランティア活動を始めたきっかけ（問3：MA）／前回調査との比較
（単位：%）

きっかけ	今回調査 (n=1,997)	前回調査 (n=1,215)
家族や知人等を通じて紹介されたから	34.7	35.7
職場や学校を通じて行うボランティア活動だったから	31.2	34.4
自宅または勤務先の近くに団体の活動拠点や事業所があったから	24.0	27.7
ポスター・チラシ等を見たから	9.3	2.9
子供の頃からボランティア活動をしていたから	8.3	—
身内が以前その団体のボランティアのお世話になったから	8.2	10.3
テレビ・雑誌等で紹介されていたから	4.6	1.4
その他	12.8	26.3

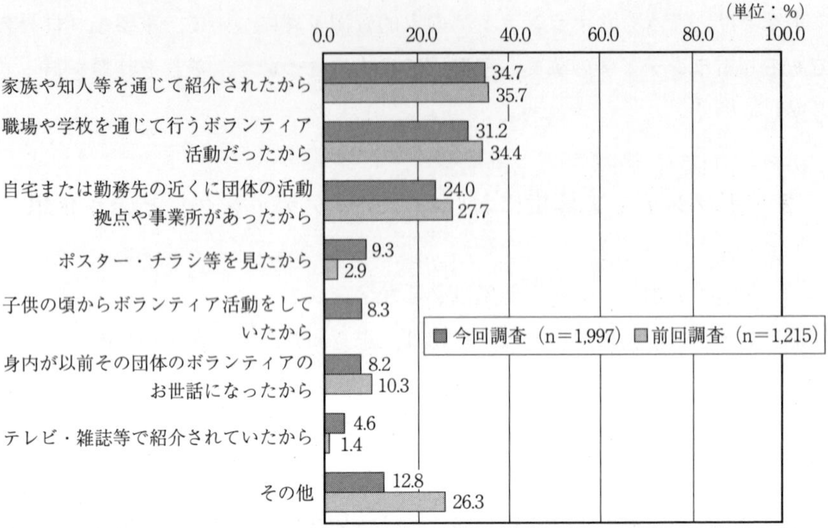

（注）　「子供の頃からボランティア活動をしていたから」は前回調査（三和総合研究所「NPOに対する寄付とボランティアに関する実態調査」2000）では選択肢になかった。
（出所）　山内編（2004）4頁。

「機会があれば参加してみたい」と答えている。なお，「是非参加してみたい」と答えた回答者は4.3％であった。このように，日本において潜在的なボランティア活動への参加希望者は少なくはない。にも関わらず，実際に参加している者は，それほど割合は高くない（第1章を参照のこと）。すなわち現在，日本ではボランティア活動への参加希望者と，実際の参加者の人数には大きなギャップが存在しているのである。このことから，さらなる積極的なボランティア活動への誘いをすることで，より多くの参加者を獲得できる可能性があると考えられる。

[2]　マーケティング指向のアプローチによるボランティア募集

　ボランティアのニーズを重視し，それを満たすことが，ボランティアの募集を効果的に行うためのポイントであるという考え方がある。この考え方は，「マーケティング指向のアプローチによるボランティア募集」と呼ばれる

(Yavas & Riecken, 1981 ; Wymer & Starnes, 1999)。マーケティングとは，社団法人日本マーケティング協会の定義によれば，「企業および他の組織がグローバルな視野に立ち，顧客との相互利用を得ながら，公正な競争を通じて行う市場創造のための総合的活動」である。このマーケティングというものをボランティアに引き付けて考えるならば，ボランティアたちを顧客集団とみなした上で，自分たちの活動に関心を抱き，参加する層（＝ボランティア市場）はどのような人々なのかをつぶさに分析し，より効率的にボランティアを募集しようとする試みであるといえる（Bussell & Forbes, 2002）。いわば，「ボランティア市場」を創造・開拓する取り組みである。そしてその顧客満足を高めること＝ボランティアのニーズを満たすことによって，ボランティアの募集が行われるのである（Wright et al., 1995）。

マーケティング指向のアプローチからは，ボランティアを募集する組織が，「誰がボランティアとなるのか，なぜボランティアとなるのか，そしてどうやって依頼するか」（Kotler & Scheff, 1997 : p. 424）を明らかにする必要があることが示唆される。例えば，ワイマー＆スターネス（1999）は，ホスピス（末期ガンなどの終末期ケアの施設）で活動するボランティアが，他の組織で活動するボランティアと比べ，どのような特徴を有するかを調べている。その結果，ホスピスボランティアは他のボランティアに比べ，平均的に年齢層が高く，活動頻度が高く，宗教活動にも熱心で，また，自尊心が高かった。このような調査を行うことで，そのボランティア活動に関心を抱く層がみえてくる。しかし，ひとつのボランティア活動に参加する層は一定とは限らない。このため，ボランティアを募集する際には，参加者層を複数，セグメント（区分）化することが重要である。

3 ボランティアの参加動機の理解と募集方法

1 モチベーションと募集方法の関係

なぜボランティア活動に参加するのか，という，ボランティア自身のモチ

ベーション（参加動機）の問題については，第2章ですでに論じている。マーケティング指向でボランティアの募集を行うのであれば，そのようなボランティアのモチベーションを踏まえた上で，どうやってその参加者を募集するのかという募集方法について考える必要がある。

　ところで，ボランティアのモチベーションと募集方法の間には，何らかの関係性があるのだろうか。研究者のなかには，ボランティアが活動へ参加する経路には，ボランティアの動機と何らかの関係があるとする意見もみられる（Sills, 1957；Pearce, 1993）。例えばピアス（1993）は，その関係性について，以下のように整理をしている。まず，ボランティアの活動参加への理由は三つの主要な類型に分けることができる。それは一般的な奉仕的または向社会的行動への動機，ボランティアの間で形作られる特有の社会的結合への期待，そして特定の組織の目的への共感である。そして，まず，一般的な奉仕的または向社会的行動への動機を持つ参加者は，別の団体やボランティア推進機関（ボランティアセンターなど）から紹介されて加わる傾向が強いとしている。またこの動機は，巨大な非営利機関で活動するボランティアに多くみられる。次に，ボランティアの間で形作られる特有の社会的結合を期待している者は，友人や縁者に誘われて参加する場合が多いとしている。小さなボランティアグループは相当程度をこの募集方法に頼る。またこの方法は，ボランティアの間の同質性を強めるので，特別な関心や技術を用いるボランティア活動には向いているが，多くのボランティアを必要とする活動には不向きである。最後に，特定の組織の目的に惹かれてボランティア活動を始める者は，直接その組織に連絡をして，活動に参加する傾向が強いとしている。連絡するまで経緯としては，ボランティア募集のチラシをみての反応や，呼びかけ，組織を取り上げた新聞記事，その組織から実際にサービスを受けた後，などがあるとしている。

2　ヒアリング調査の結果から

　このピアスの研究から，ボランティアの募集の方法は，モチベーションに対応したものではなければならないという仮説が導かれるが，実際にはどうなの

であろうか。このため，ボランティアの参加動機が，活動参加経路とどのような関連を持っているのかを明らかにする目的で，ボランティア受け入れに関する独自調査を実施した。調査対象は，京都市およびその近辺におけるボランティアグループと，ボランティアを受け入れている組織であり，主として社会福祉分野で活動を行うボランティアが対象である。調査時期は，2003年1月から3月にかけてである。また，調査方法は，半構造化インタビュー方式を採用している。

なお，調査団体は合計20団体であり，インタビューをした直接の対象者は，その組織におけるボランティアの管理者（ボランティアリーダー／コアメンバー／コーディネーター）である。また，可能な限り，その団体のボランティアメンバーに対してもインタビューを行った。実際には半分程度の団体において，一般のボランティアメンバーに対してもインタビューを行っている（調査団体に関するより詳細な情報は章末の別表7-1を参照のこと）。

調査の結果，最も多くの組織が行っていたボランティアの募集方法は，「口コミ」であった（20団体中14団体）。これは，すでに活動に参加しているボランティアメンバー（たいていの場合は友人）や，組織の有給職員からの勧誘であるが，一部には，ポスターやチラシを見た家族や，友人から紹介を受けるといった形の，間接的な口コミもみられた。次いで多かったのが，組織が主催・共催する「講座やイベント参加者からの参加」である（20団体中11団体）。これは「ボランティア講座」などの，活動参加を目的として企画された講座も含んでいる。いずれにしても，講座やイベントにおいては，参加者からすすんでボランティア活動への参加を希望する場合と，組織側から特定の参加者に対して勧誘をする場合の，二つのパターンがあるようである。また，「ポスターの掲示およびチラシの設置」も，半数程度の団体が行っていた方法である（20団体中11団体）。ポスター掲示場所や，チラシ設置場所としては，地域のボランティアセンター（社会福祉協議会およびNPOによって設立されたもの）や，大学，自組織関連の施設内（福祉施設に多い），関連専門諸機関（医療機関など），行政関係施設であった。ただし，行政関係の施設においては，行政関係のボラン

ティア募集しかチラシ設置やポスター掲示が許されない，というところもあるようである。逆に，行政と関わりの深い団体においては，行政の広報媒体を用いているところが多くみられた。その他の募集方法としては，ボランティアセンターなどからの直接的な紹介，インターネットでの募集，マスコミでの紹介（新聞の活動紹介記事など），団体のニュースレターでの募集などが，少数意見としてみられた。

　以上，調査結果より，ボランティア受け入れ組織が積極的に取り入れていた募集方法は，口コミと，講座やイベント参加者の勧誘であることが明らかになった。これらはもっぱら，対面的なコミュニケーションツールであり，より多くの情報をボランティア希望者に伝えることのできる方法である。このため，ボランティア希望者の参加動機に訴えることも，より効果的にできるのだろう[2]。例えば「レクリエーション」動機を持った者に対して，活動の楽しさを訴えることで参加に導く，といったようにである。また他方，ある募集方法には，ある参加動機に訴える特徴も有していることが伺われる。調査対象の団体からは，マスコミの情報によって組織に参加するボランティアは，理念主義的な動機を持っている傾向にあるという声が聞かれた。

　このように調査結果からは，ボランティアの参加動機と活動参加経路には，それほど明確にはならなかったものの，何らかの関係性が認められた。

3 ボランティア担当者はボランティアの動機を理解しているか？

　なお，調査対象となったボランティア受け入れ組織のなかでは，ボランティアの参加動機を理解し，それを応用させた募集戦略を意識的に行っているところは，ほとんどみられなかった。これは，倉田（2001）の調査結果と近似している。倉田（2001）は，348の高齢者・身体障害者・知的障害者施設の，ボランティア受け入れ体制についての調査を行ったが，その調査対象となった社会福祉施設のうち，ボランティア参加者のニーズを把握することを重視している施設は，わずか8.8％にすぎなかった。

　ただし，これとは正反対の研究結果もみられる。リャオ＝トルース＆ダン

(1999) は，ボランティアの管理者（ボランティアマネジャー）が，どれだけボランティアの動機を理解しているかについて調査している。同調査においては，ボランティア自身が抱いていた動機と，ボランティアの管理者が認識しているボランティアの動機とについて，双方を比較している。その結果から，リャオ＝トルースとダンは，ボランティアの管理者は，ボランティアの動機をきわめてよく理解していたと結論づけている。

　この違いは，日本とアメリカの文化的相違に起因するのかもしれない。また，リャオ＝トルースとダンの研究は，調査対象のボランティアとボランティアの管理者とが，それぞれ時間的・空間的に異なっているという，調査の限界性を持っている。このため，その結果の妥当性については，議論の余地を残している。いずれにしても，ボランティア受け入れ組織においては，今後，ボランティアの参加動機にうったえることのできる募集戦略，すなわち「マーケティング指向」によるボランティア募集を展開していくことが望まれる。

4 ボランティアの導入段階の課題：スクリーニングとトレーニング

1 ボランティアのスクリーニング

　また，これは前述の独自調査のインタビューのなかで聞かれた発言であるが，団体によっては，ボランティア希望者は多数来るのだが，なかなか定着しないのだという。

　つまり，ボランティア活動の初期参加の人数（エントリー人数）が，必ずしも定着する人数（リピーター人数）に比例しないというという問題が存在しているのである。すなわちこれは，ボランティアマネジメントのひとつの課題として，ボランティア導入段階におけるボランティアの「スクリーニング」（選り分け）に問題があるといえるだろう。

　先ほどの独自調査の対象団体においては，ボランティア受け入れのスクリーニングは，次の二つの段階で実施されていた。

　第1に，募集段階におけるスクリーニングである。ボランティア受け入れ組

織では，募集方法を限定することにより，自組織に望ましい（活動を続けやすい）ボランティアを選ぶことがある。口コミによる勧誘は，ボランティア（候補）のパーソナリティを，組織側があらかじめ知ってから行われることも多いが，それにはこうした理由も影響しているのであろう。サンプルGでは，口コミとニュースレターでしか，ボランティアを募集してはいなかった。これは同団体が会員を対象とした互助的な活動を行っているため，ボランティアも組織の理念を理解している（と考えられる）会員に限っているためである。また，準備されているボランティアプログラムも，募集段階において参加希望者が限定される原因となる。スミス（2000）が述べるように，小さなボランティアグループにおいては，特別なボランティアプログラムは用意されておらず，そのグループ自体がひとつのボランティアプログラムのようなものである。このため，当初から見当違いの希望を持った者はあまり応募してこない。このため第一段階でのスクリーニングがなされるのである。

第2段階として，ボランティア活動参加希望者に対して，面接とオリエンテーションを行うことによるスクリーニングがある。ピジョンJr.（1997）は，こうした組織側とボランティア側の意識のズレをできるだけ起こさないために，組織側は，ボランティアに希望することや注意事項について明文化した形でボランティアに伝え，逆にボランティアは，自分自身の条件や目標を，組織側に明文化した形で伝えることを勧めている。面接では，ボランティアの管理者が活動参加希望者に対して，活動の希望条件（曜日や時間帯，活動頻度など），希望内容などを聞く。また，管理者からはボランティアプログラムの紹介，ボランティアに希望する活動態度，過去に定着しなかった人の例などが話される。この面接ではボランティアの管理者が受け入れの合否を決定するというよりも，活動参加希望者に，その決定権がゆだねられることがほとんどのようである。つまり，話し合いのなかで活動継続が難しいと思ったら，活動参加希望者は自ら辞退する。この面接によるスクリーニングは，サンプルB，Qにおいてみられた。また，オリエンテーションや，それに代わる講座の開催によるスクリーニングも，サンプルH，N，Tなどでみられた。オリエンテーションや入門講

座に活動希望者が参加することで，活動を続けることができそうか，そうでないか，各人が判断することができる。また，注意深いオリエンテーションを行うことで，ボランティアがオリエンテーションに満足し，それがその後の活動継続に正の影響を与えるとする先行研究も存在している（例えば，Pierucci & Noel, 1980 や，Zischka & Jones, 1988 など）。ピエルッチ＆ノエル（1980）の302人の保護観察員ボランティアに対する調査結果も，これを示唆する内容となっている。同調査によれば，オリエンテーションに満足したかどうかは，オリエンテーション修了後，6ヵ月後に活動を継続しているかどうかを決定するひとつの要因となっていた。また，ボランティアが学習経験を得ることによって，参加動機を活動への積極化行動（特に組織コミットメント）へとつなげているとする研究結果もある（Serafino, 2001）。

　また，オリエンテーションでのスクリーニングは，リスクマネジメント上も重要である。ボランティアに対して活動上，起こりうるリスクを伝え，また，ボランティアが健康等で抱えているリスクを把握することが求められる。活動に問題なく参加できるボランティアかどうかを，組織側は見極める必要がある。[3]

2　ボランティアのトレーニング

　なお，インタビューのなかで，この導入段階の問題として圧倒的に多かったのは，新人ボランティアが1，2度参加したが，なじめずに来なくなった，というケースである。定着の可能性については，実際に活動に参加してみないと判断が付きにくいということもあるが，組織にとっては新しいメンバーを抱えること自体がひとつの負担となる上に，もし，その者がすぐにリタイアしてしまえば，コストが回収できなくなるため，非常に非効率なこととなる。できるだけ早い段階で，スクリーニングを効果的に行う必要があるだろう。[4]

　しかしこれは，ボランティアに準備と動機づけを充分に行うことができなかったという，トレーニングの失敗という見方もできる。実際，ボランティア希望者に対する面接を実施している組織は多かったが，トレーニングに時間を割いているところは，インタビュー対象組織のなかではほとんど皆無であった。

業務については、OJT⁽⁵⁾で教えるところが多いようである。これは、業務に関わる技術は座学では習得できないとの考え方が、受け入れ組織側にあるためではないかと思われる。

しかしながら、参加以前の段階でトレーニングを行うことは、「1，2度参加して来なくなるボランティア」を減らすために、準備と動機づけの観点から必要ではないかと考える。

いずれにせよ、オリエンテーションとトレーニングは、ボランティアを受け入れる組織にとって、ひとつの重要なプロセスであると認識すべきであろう。

5　ボランティアの活動維持のための方策

1　活動継続への働きかけの難しさ

ボランティア受け入れ組織にとって、ボランティアが活動を続けてくれるのかどうかは、ボランティアマネジメント上、ボランティアの募集と並んで、頭の痛い問題である。ただし、ボランティア活動を休止する者には「やむを得ずにやめた者」と「自ら選んでやめた者」の2種類が存在していることに留意しておくべきである。ブリチャチェク（1988）のホスピスでの調査によれば、ボランティア活動をやめてしまった人のうち、74.3％はマネジメント上の理由とは関係ない理由（転居や、学校・仕事の都合など）でやめていた。

また、同様に、全国ボランティア活動振興センター（2002）が、ボランティア活動を行っている者に、これまでにボランティア活動を中断したり、やめたりした（あるいは、やめたいと思った）ことがある人の理由を尋ねたところ、図7-2の通りの結果であった。「期待や要請が大きくなって負担になった」というマネジメント上の問題が最も多数（18.2％）であったものの、それに続くのは、「学校や仕事が忙しくなった」（17.9％）、「健康上の理由や体力的な限界を感じた」（14.3％）であった。この結果からも、ボランティアの活動継続に対して、組織側から行うことのできる働きかけは、限定的であると考えた方が良さそうである。こうした前提を留意しつつも、ボランティアを活動に留めてお

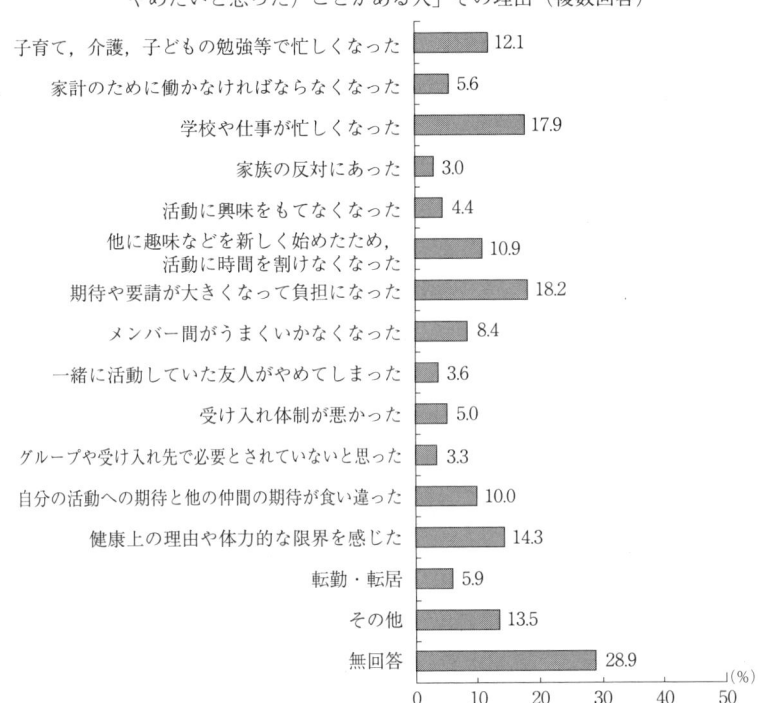

図7-2 「これまでにボランティア活動を中断したり,やめたりした(あるいは,やめたいと思った)ことがある人」その理由(複数回答)

理由	%
子育て,介護,子どもの勉強等で忙しくなった	12.1
家計のために働かなければならなくなった	5.6
学校や仕事が忙しくなった	17.9
家族の反対にあった	3.0
活動に興味をもてなくなった	4.4
他に趣味などを新しく始めたため,活動に時間を割けなくなった	10.9
期待や要請が大きくなって負担になった	18.2
メンバー間がうまくいかなくなった	8.4
一緒に活動していた友人がやめてしまった	3.6
受け入れ体制が悪かった	5.0
グループや受け入れ先で必要とされていないと思った	3.3
自分の活動への期待と他の仲間の期待が食い違った	10.0
健康上の理由や体力的な限界を感じた	14.3
転勤・転居	5.9
その他	13.5
無回答	28.9

(注) n=643。
(出所) 全国ボランティア活動振興センター(2002)116頁。

く組織的な方策について,検討していきたい。

　この,「ボランティアを活動に留めておく」ことのできる方法(「誘因」とよばれる)は,有形のものと無形のものとに大別される。有形の誘因とは,組織がボランティアに対して感謝の意を表すものであり,「象徴的報酬」と呼ばれている(Cnaan & Cascio, 1999)。その内容としては,感謝状,昼食会や慰安旅行の開催などがあげられる。

　また,無形の誘因とは,第3章で検討したボランティアの活動継続へ影響を与える各種の「状況への態度要因」に他ならない。これは活動を通じてボランティアが受け取る状況への態度(満足か否か)であり,第3章の調査結果から,

それは「活動自体の魅力」、「集団の魅力」、「自己効用感」の3種類に分類されることが明らかになっている。

以下では、独自調査の結果から、有形・無形の誘因の、具体的な内容がいかなるものであるのか、そしてそれがどのような場面で提供されるのかについて考察する。

2　有形の誘因＝象徴的報酬の利用（ヒアリング調査結果より）

金銭的報酬を本質的に第一の動因としないボランティアにおいては、有形／無形の誘因を用いて、公式的／非公式的なインセンティブシステムを組織内に構築し、組織に引き付け続けることが重要となる。このうち、有形のインセンティブシステムとして、「象徴的報酬」が欧米では多用されている。例えば、筆者が調査旅行で訪れたカナダ・バンクーバーのある高齢者施設では、玄関の入ったところの正面に、ボランティアが活躍している姿を撮影した写真を幾つも掲示し、ボランティアへの感謝の意を示していた。

今回の独自調査では、各団体のボランティア維持のための方策についても尋ねている。その結果、象徴的報酬の使用は複数の団体においてみられた（20団体中11団体）。なかでも多くの団体でみられたのは、「交流会」、「講習会」の開催であった（サンプルB、H、I、L、R、Sの6団体）。ただし、本来の象徴的報酬の使い方である、組織がボランティアの労をねぎらうという意図での開催よりも、ボランティア同士や、ボランティアと有給職員のコミュニケーションを促進するために開かれることが多いことに気をつける必要がある。また、ボランティアに「登録証」「名札」「名刺」を配布することも複数の団体でみられた（G、K、Nの3団体）。名札や名刺については、実務的な必要性から作られるのだが、それがボランティアにとって、組織の一員であるという意識を高めることにつながる。また「表彰」もいくつかの団体で用いられていた。これは主に行政による表彰であり、行政と関係のある団体によくみられた。さらに少数意見としては、「ユニフォーム」、「マスコミへの露出」もみられた。「マスコミへの露出」とは、組織側がニュースリソースとして、新聞社やテレビ局に

ボランティアの活動を流し，それが取り上げられることで，ボランティアのやる気を高めるという方法である。

ただし，調査においては，ボランティアに対するインタビューも行っているが，そこでは象徴的報酬に関する話題は，まったくといっていいほど言及されなかった。このため，ボランティアの活動継続に与える象徴的報酬の効果は，それほど大きくなく，部分的である可能性が高い。シュヴリエ他（1994）もホスピスで活動するボランティアを調査した結果より，内的報酬（心理的な報酬）の方が外的報酬よりも，強くボランティア活動の満足に関係していると考えられるとしている。本書第3章の調査でも，無形の誘因である「状況への態度要因」が，ボランティアの活動継続においては重要な役割を果たすことが明らかになっている。オリンピック選手は金メダルという象徴的報酬を獲得するために努力するが（McGree, 1988），ボランティアは，感謝状や名刺といった象徴的報酬を得るために活動をしている訳ではないのである。

3　無形の誘因の提供（ヒアリング調査結果より）
① 「業務の魅力」

では，無形の誘因である「状況への態度要因」が，具体的にはどのように提供されているのであろうか。「業務の魅力」，「集団の魅力」，「自己効用感」それぞれの類型にわけ，インタビュー調査の結果から考察したい。

まず，第一の誘因である「業務の魅力」については，先行研究の結果から，業務達成による充足感（Gidron, 1985），仕事自体の魅力（Gidron, 1985; Jamison, 2003），仕事の特徴（挑戦的，魅力的，責任性）（Lammers, 1991）などが確認されていた。これについては，例えば，サンプルAでのボランティアに対するインタビューで，「〇〇（団体名）ではみんな仕事を任せるのが上手。いつの間にか（活動に）関わるようになっていた。」という声が聞かれた。そのサンプルAのボランティアの管理者は，「ボランティアが組織に残ってもらうためには，それぞれが役割を発揮してもらうのがいいと考えている。それは，その人が得意なことを，自発的に行ってほしい。ここでのボランティア活動には

いろいろなチャンスがある。」と話していた。このケースより，ボランティアの管理者は，自律的な運営と業務の委任を積極的に行うことによって，ボランティアにやりがいを持たせ，活動の継続意欲へとつなげていることが理解できる。

ただしこのような誘因は，万人に通用するものではない。それが期待するボランティアのスタイルでない場合には，ボランティアは困惑することになる。ボランティア自身が楽しんでほしいと言われても，とまどう人もいる。ボランティアに対して自律的な運営と業務委任を行っている団体では，担当者に対して「指示してほしい」「何をしていいかわからない」との困惑の声もあるようだ（サンプルⅠでのボランティアの管理者に対するインタビューより）。また，ケースのなかには，「自律的な運営」なのか，ボランティアを放任しているのか，分かりかねるケースもあった。確かに，ボランティアを受け入れる組織が小規模であったり，ボランティアグループであったりする場合には，「管理が限定的にならざるを得ない」（Smith, 2000 : p. 152）。しかしながら，ボランティアに対する適切なスーパーバイズ（指導・配慮）がなければ，これらは誘因として機能しないのではないだろうか。ボランティア管理者は活動自体を方向づけ，業務の範囲を明確にすることが求められる。例えば，サンプルⅠでのボランティアの管理者へのインタビューで，活動の方向づけの方法として，ボランティアの関心事を職員がアレンジし，活動として成立させているとの旨の発言があった。

なお，第3章の調査結果では，「業務の魅力」は，若年層にとって，その活動継続の重要な要因とされていた。インタビューでも，この傾向を裏付ける結果がみられた。例えば，「仕事を任せるのが上手」と話していたサンプルAでのボランティアは，大学生であった。また，ボランティアの関心事を職員がアレンジし，活動の形にしているとボランティアの管理者が述べたサンプルⅠでは，大学生や若い社会人のボランティアが割合的に多くを占めていた。

②「集団性」

第二の状況への態度要因である「集団性」は，具体的には，活動を通じての

人間関係への満足（Gidron, 1985; Lammers, 1991）や、集団一体感（Galindo-Kuhn & Guzley, 2001）であり、それらは、ボランティアの活動継続に影響を与えていることが、先行研究と第3章の調査結果から確認されていた。今回のインタビュー調査の結果からも、ボランティア同士や有給職員との交流による満足により、活動を継続しているという声が多数聞かれた。例えば、サンプルHでのボランティアに対するインタビューでは、もともと友達同士で始めた活動であるので、活動の連絡がてら、ついつい話が盛り上がって長電話になることがある、という声が聞かれた。また、サンプルQでのボランティアに対するインタビューでは、活動を続ける秘訣は、楽しくできることであり、気持ちよく、みんなで一緒にできるかどうかだ、という話を聞いた。さらには、サンプルNのボランティアは、ここに来るといろいろな人と接することができるので楽しい、よく話している、という。普段は接することのない、多様な人々との人間関係にも、ボランティアは満足している様子がうかがわれる。

　一方で、「集団の魅力」の具体的内容として、先行研究ではあまり注目されていないものも、本調査ではみられた。それは様々な活動を通じての、組織・グループの枠を越えた幅広い交流である。例えば、サンプルAでのボランティアの管理者は、ボランティア個人が他の団体に関係していることも多いと話していた。また、サンプルLのボランティアへのインタビューでも、「ボランティアをしている人はどこかでつながっている。それは、2、3種類の活動をしている人が多いからだ」という発言があった。ボランティア活動で魅力を感じる人間関係は、組織の枠を越えている。いわば、人と人、組織と組織をつなぐネットワーカー（Lipnack & Stamps, 1982）として、ボランティアは存在しているのである。[7]

　第3章の調査結果によれば、「集団性」に対しては、壮年層が最も魅力を感じ、ボランティア活動を継続する傾向にあった。インタビュー調査でも、この傾向は明らかであった。例えば、友達同士で始めた活動と話していたサンプルHのボランティアは主婦であった。また、活動を続ける秘訣は、楽しくできることと話していたサンプルQでは、壮年層のボランティアが数多かった。

③「自己効用感」

　第三の「自己効用感」誘因の具体的内容としては，ガリンド＝クーン＆ガズリー（2001）の「参加による自己効用感の獲得」が，先行研究から明らかにされていた。その自己効用感は，どのように獲得されているのであろうか。

　サンプルHのボランティアの一人は，「普段は主婦をしており，人の役に立つことを実感する機会が少ない。ボランティア活動ではそれを確認できるのでうれしい」と述べていた。サンプルJのボランティアも，活動を行ってみて，「ボランティアには自分のできる範囲で，役に立つ喜びがあることに気がついた」としている。また，さらには，ボランティア活動によってサービスをする側であるにも関わらず，活動対象者から『力をもらっている』と感じることもある，と一部のボランティアは述べる。例えば，サンプルRのボランティアは，「みなさんがおっしゃることですけど」と前置きし，活動をしてみて，「自分がほっとできる。それは，対象者の自然体な姿をみるから」だ，と述べていた。また，その「力」は，さらなるボランティア活動の展開にもつながっている。サンプルKでの，ボランティアの管理者に対するインタビューでは，「何気なく行ったボランティアの行為に対して，思いのほか，対象者たちが喜んだ。それで，ボランティアが，ますますやりがいを持って活動に取り組むようになった」というエピソードが披露された。

　また，互助的なサービスを行う組織（主として当事者団体）においては，自身が当事者であった（または，ある）経験から，活動の意義や必要性を実感し，ボランティアとしてサービス提供者側に加わる，というボランティア参加経緯も多い。この場合，当事者意識の自覚は，活動継続のための重要な誘因のひとつとなる（サンプルMでのケース）。これなども，「自己効用感」誘因のひとつのサブカテゴリーとして考えてもよいだろう。

　こうした「自己効用感」は，第3章の調査結果では，高齢層にとって活動継続を促す要因となっていた。その傾向はインタビュー調査からは，それほど明確ではないものの，一部においてみられた（例えばサンプルMのボランティアは高齢層が中心であった）。

以下のように,「業務の魅力」,「集団性」,「自己効用感」といった無形の誘因は,調査対象の諸団体において確認された。ただしそれは,全ての組織で全ての誘因が見られる,という性格のものではない。例えば,各団体では,活動しているボランティアの年齢層に応じ,(第3章の調査結果より明らかになった)それらの年齢層に有効な誘因が,特徴的にみられていた。これは,ボランティアの活動継続を促すための方策は,個々のボランティアのニーズを理解した上で行われるべきである,という,「マーケティング指向」がここでも強調される,ということの示唆に他ならない。ボランティアを受け入れている組織においては,自組織のボランティアの集団的な特徴を理解し,より活動が継続されるよう,努力することが望まれる。

6　ボランティアフレンドリーな組織を目指して

本章ではボランティアの人的資源管理の重要性と,その要点について述べてきた。最後に,ホブソン他(1996)の＜ボランティアに友好的＞な組織概念について紹介し,まとめにかえたい。

ホブソンらは,ボランティアの募集と,活動継続を成功させる為には,組織が全体的に＜ボランティアに友好的＞(volunteer-friendliness)になる必要があると述べる。この＜ボランティアに友好的＞な組織の概念モデルは,ここまで論じてきたボランティアの人的資源管理の要点と重なる部分が多く,興味深いモデルである。

同モデルにおいては,主要な構成要素は次の4段階で考えられている。それは,「ボランティアの誘引と募集」,「組織スタッフとの最初の接触」,「ボランティアの活用と配置」,「活動後のフォローアップ」である。本章でふれたポイントはボランティアの募集,導入,維持であったが,このうちの維持を,ホブソンらのモデルでは二つに分けた形となっている(「ボランティアの活用と配置」,「活動後のフォローアップ」)。

このホブソンらのモデルは,ボランティアの人的資源管理のプロセスを評価

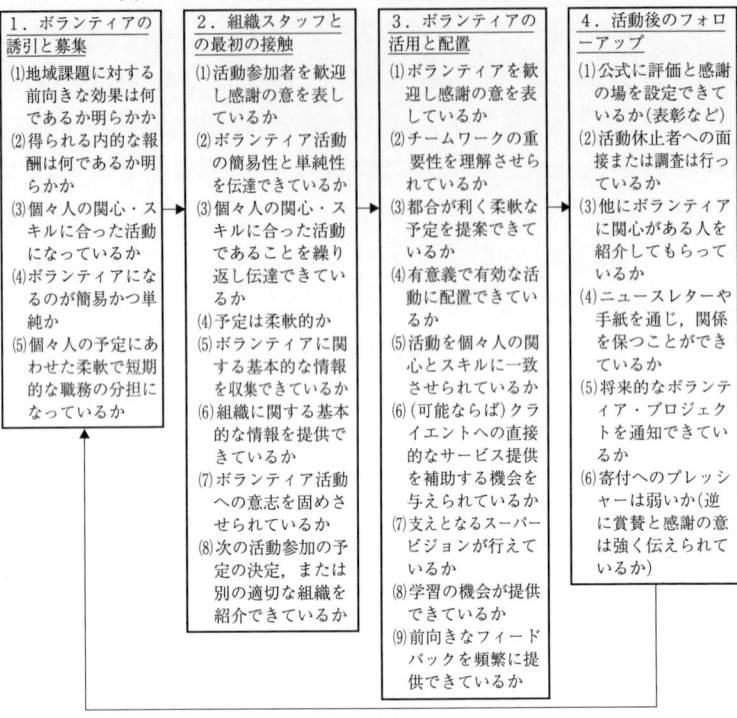

図7-3 ＜ボランティアに友好的＞な組織のポイント

1．ボランティアの誘引と募集	2．組織スタッフとの最初の接触	3．ボランティアの活用と配置	4．活動後のフォローアップ
(1)地域課題に対する前向きな効果は何であるか明らかか	(1)活動参加者を歓迎し感謝の意を表しているか	(1)ボランティアを歓迎し感謝の意を表しているか	(1)公式に評価と感謝の場を設定できているか（表彰など）
(2)得られる内的な報酬は何であるか明らかか	(2)ボランティア活動の簡易性と単純性を伝達できているか	(2)チームワークの重要性を理解させられているか	(2)活動休止者への面接または調査は行っているか
(3)個々人の関心・スキルに合った活動になっているか	(3)個々人の関心・スキルに合った活動であることを繰り返し伝達できているか	(3)都合が利く柔軟な予定を提案できているか	(3)他にボランティアに関心がある人を紹介してもらっているか
(4)ボランティアになるのが簡易かつ単純か	(4)予定は柔軟的か	(4)有意義で有効な活動に配置できているか	(4)ニュースレターや手紙を通じ，関係を保つことができているか
(5)個々人の予定にあわせた柔軟で短期的な職務の分担になっているか	(5)ボランティアに関する基本的な情報を収集できているか	(5)活動を個々人の関心とスキルに一致させられているか	(5)将来的なボランティア・プロジェクトを通知できているか
	(6)組織に関する基本的な情報を提供できているか	(6)（可能ならば）クライエントへの直接的なサービス提供を補助する機会を与えられているか	(6)寄付へのプレッシャーは弱いか（逆に賞賛と感謝の意は強く伝えられているか）
	(7)ボランティア活動への意志を固めさせられているか	(7)支えとなるスーパービジョンが行えているか	
	(8)次の活動参加の予定の決定，または別の適切な組織を紹介できているか	(8)学習の機会が提供できているか	
		(9)前向きなフィードバックを頻繁に提供できているか	

（出所）Hobson et al.（1996），p. 32. をもとに筆者作成。

するポイントとして，活用することが可能である。＜ボランティアに友好的＞な組織の概念モデルを一部修正し，それを評価ポイントとしての形に整理したものが図7-3である。実践の場においては，ボランティアにとって「友好的」な組織を目指すためのベンチマークとして，この図7-3を活用することができるだろう。

注
(1) 人的資源管理（Human Resource Management）とは，かつては労務管理（Personnel Management）と呼ばれていた分野である。1960年前後に，アメリカでは労務管理に代わり，人的資源管理という呼び名が使われ出したといわれている。労務管理と人的資源管理の違いについては，大きく異なると主張する者もいれば，ほとんど変わらない

とする者まで，論者によって様々である。異なっていると主張する論者の意見として，例えば，野呂 (1998) が先行研究のレビューによってみいだした結論によれば，人的資源管理が労務管理に比べて強調される点は，戦略性，人間性，公平性の重視であるという。
(2)　もちろん，ボランティア募集の広報手段は，その手間と効果とを天秤に掛け，より少ない手間で，効果の大きな手段をとるべきであることはいうまでもない。つまりは，コスト＆ベネフィットの問題である。筆者の経験では，大学ボランティアセンターでボランティアを募集する場合，インターネットやメールマガジンで学生に広報することと，口コミ（ある授業内での呼びかけも含む）で行うことが，最もコスト＆ベネフィットがよい実感がある。また，複数の広報手段を並行して用いることで，人々への訴求力が高まるというマーケティングの定石があるが，筆者の経験からはそれも実感される。
(3)　例えば，カナダなどでは，子どもに関わるボランティアを行う際に，警察で発行された，性犯罪歴がないことなどを証明する証明書の提出が必要となる。
(4)　また，逆に，組織側にとって迷惑なボランティアがいつまでも居続ける，という問題もある。これも可能であれば，オリエンテーション等で事前に防ぐことが望ましい。
(5)　OJT とは On the Job Training の略であり，仕事の実施を通して行われる教育訓練のこと。実地教育，職場内訓練ともいう。一方，職場外でレクチャーなどを受ける教育訓練は Off JT という。
(6)　象徴的報酬については第 3 章の注 4 を参照のこと。
(7)　パッセー&ライオンズ (2006) の研究では，オーストラリアのニューサウスウェールズ州の小〜中規模の NPO においては，およそ 9 割の団体が，活動を行う上で，他の NPO と何らかのつながりを持っていたという。このため，ひとつの団体にしか所属していない者でも，他組織の，複数のボランティアと関わり合う機会が少なくないことは，想像に難くない。

第Ⅱ部　ボランティアマネジメントの課題

別表7-1　調査対象団体の概要

サンプル記号	活動内容	組織設立年	法人種類	組織規模	ボランティア数
A	その他	1991	社団法人	中	40
B	その他	1998	NPO法人	小	10
C	その他	1995	任意団体	極小	30
D	高齢者	1995	社会福祉法人	小	10
E	障害児者	1983	任意団体	小	2
F	障害児者	1978	任意団体	極小	50
G	高齢者	1986	NPO法人	小	10
H	高齢者	2001	任意団体	小	15
I	障害児者	1960	社会福祉法人	中	50
J	高齢者	1949	社会福祉法人	大	50
K	高齢者	1993	社会福祉法人	大	20
L	高齢者	1995	任意団体	極小	30
M	高齢者	1980	社団法人	大	16
N	児童	1999	財団法人	中	258
O	児童	1997	社会福祉法人	小	5
P	その他	1973	任意団体	小	30
Q	高齢者	1979	社会福祉法人	小	30
R	障害児者	1968	NPO法人	小	40
S	障害児者	1985	任意団体	極小	20
T	高齢者	2000	任意団体	極小	87

(注)　1：「活動分野」での「その他」とは，外国人支援，女性支援，ボランティア活動支援などの団体。

2：「組織設立年」はその団体自体が設立された年なので，必ずしもボランティアを受け入れ始めた年とは重ならない。

3：「組織規模」の区分は次の通りに，便宜的に行ったもの。極小：有給常勤職員がいない組織。小：有給常勤職員が1人以上，11人未満の組織。中：有給職員が11人以上，101人未満の組織（非常勤職員を含む）。大：有給職員が101人以上（非常勤職員を含む），もしくは支部を持つ全国組織。である。

4：「ボランティア数」は月1回以上，その組織の活動に実質的に参加していると考えることのできる実人数（約）。

第8章　ボランティア活動の成果とその評価

1　ボランティア活動評価の困難性

　本章では，ボランティア活動の評価について考察していく。しかし，ボランティア活動の評価は容易ではない。まずはそのことを念頭におかねばならない。

　ボランティア活動の評価が困難な理由は，絶対的な評価基準を持たないからである。ボランティア活動には，企業における「利益」のように，一定のコンセンサスの取れた評価基準がない。このため，何を，何のために評価するのかという，評価目的自体を設定することから始めなくてはならない。

　また，評価の目的が設定され，それに沿った評価を行うことが決定されるに至っても，さらに困難が生じることがある。それは，「どのように評価するか」という，評価軸の設定を巡って，評価を行うメンバー間で価値観の相違が露呈し，意見が対立することが，ままあるからである（Oster, 1995）。

　そしてこの，「何を」「どう」評価するのかという問題は，「誰が」評価するのかということと，密接に関連している。

　ボランティアの評価は，評価の必要性を認識した時点で，行われるようになるものである。従って，その評価を必要とする者の，評価の目的に見合った方法で行わなければならない。

　評価を必要とする者には，以下の3種類が想定されるだろう。

　まず，ボランティアグループや，NPOなどの，ボランティア受け入れ組織自身である。ボランティア活動は，繰り返しになるが，企業のように金銭的な成果をあげることが，活動の目標ではない。しかしそのために，長く活動を続けていると，「自分たちは何のために活動をしているのか」「本当に対象者の役

に立っているのか」といった迷いが生じやすい。こうした局面で，自分達の活動自体を振り返り，今後の活動方針や，団体の有り様を考えることに役立てるため，評価の必要性が生じるのである。

　また，多くのNPOでは，乏しい予算をやりくりし，活動しているのが現状である。そうしたなかでは，ボランティアといえども重要な人的資源であろう。また，ボランティアのコーディネートにも，有給スタッフの貴重な労力や時間が費やされるわけであり，投入しただけの資源に見合った成果が生まれているのか，といった費用対効果（コスト＆ベネフィット）が気になるところであろう。こうした理由でも，ボランティア活動の評価が団体内部で求められることになる。それまで「なんとなく」行われてきたボランティアの活動も，評価という作業を導入することによって，改めてその活動固有の価値を見出し，明確な意志を持った取り組みへと進展させることが可能となる。

　想定される評価者の第二は，ボランティア活動を支援する立場の者や，機関である。ボランティア活動の支援施策を実施している行政機関や，財政的な支援を行う助成財団にとって，支援行為がどれだけ有効に役立ったかを明らかにしなくては，自分たちの支援活動の成果を測ることができない。またそれ以前に，支援をするにあたって，そのボランティア活動が支援に値するかどうか，評価が必要となるかも知れない。このために，ボランティア活動を評価しようとするのである。

　最後に想定される評価者は，第三者的な評価機関である。これは，そのサービスの質を評価し，一般的に公表することを目的に行われるものであり，何らかの制度的枠組みに基づいて行われることが多い。情報を公開することで，利用者の信頼や選択に資することや，その評価内容を受けて，サービス提供機関自体が改善を図ることが，その目的として一般的である。代表的には，福祉サービスと医療サービスの領域において行われているものがあげられる。こうした領域においては，ボランティア活動がどのように行われているかが，サービス機関ごとに客観的に評価されている。

　これらの評価者は，どういった視点で評価を行うべきであろうか。本章の以

下では，それぞれの評価者の立場から求められる評価のあり方について，考察を行っていく。

2　組織自身によるボランティア活動評価

[1]　ボランティアグループは拡大指向？

　ボランティアグループの多くは，活動を継続的に行っていきたいと考えている。全国ボランティア活動振興センター（2002）『全国ボランティア活動者実態調査報告書』によれば，調査対象のボランティア団体やグループにおいては，活動年数は「5～10年未満」が23.8％，「10～15年未満」が20.9％となっており，息の長い活動が多いことがうかがわれる。そして，今後の活動予定については，多くの団体が「現在の活動を続けていく」（71.3％）と，その継続的活動への意向を示している。

　しかし一方で，「現在の活動の範囲を広げていきたい」とする意欲的な団体は，17.3％しか存在していなかった。多くのボランティアグループは，活動を継続していくことは望んでいるが，その活動規模については，拡大する意図は持っていない，という状況のようである。

　ボランティアグループが活動を拡大するということは，それ自体がひとつの成果かもしれない。しかし，全てのボランティアグループがその活動を拡大させなければならないということはない。

　その理由は，本書が一貫して述べてきた，ボランティアマネジメントの独自性に関わっている。第一に，多くのボランティア活動が，活動を効率的に行うことよりも，単純に量的に測ることのできない「有効」な活動を目指しているためである。小粒でもピリリとしているのがよい活動，という考え方である。そして第二に，ボランティア活動においては，事業を実施して成果をあげることも重要であるが，ボランティア自身のニーズを満たすことも重要だからである。従って，メンバーが無理をして活動を拡大するぐらいならば，できる範囲で，余裕を持って活動をする方を選択するグループも多い。だからこそ，ボラ

ンティア活動なのであるともいえる。

　このため，こうした＜成長モデル＞をもってボランティア活動を評価しようとすると，大きな落とし穴に陥ることになる。むしろ，＜維持モデル＞を採用し，ボランティア活動の評価を検討する必要がある。この，＜維持モデル＞による評価のポイントを，先にあげた＜維持モデル＞がボランティア活動において必要な理由——「有効」な活動であることと，ボランティア自身のニーズを満たすことと関連させ，次に述べていきたい。

2　活動の「有効性」をどう評価するか：量的評価の限界

　様々な取り組みの成果の評価において，最も頻繁に用いられるのが，多様な数値を用いて行う，量的な評価である。量的な評価指標は，一見，わかりやすいために，ボランティア活動の評価でも頻繁に用いられがちである。[1]例えば，ボランティアの登録数や，事務所を訪れたボランティアの人数，サービス利用者へ派遣したボランティアの人数などが，評価軸となっている。また，さらには，ボランティアが無償で行った業務を，同様の業務を有償で行った場合の労働価値に換算することによって，そのボランティア活動の価値を評価しようとする取り組みもある。こうした量的な評価においては，それらの数値の増減（前年度比など）や，同様な活動内容の他組織と比較することで，その活動の価値を測定しようとする。

　しかし，ボランティア活動の有効性（effectiveness または efficacy）を，そうした量的な指標のみで充分に評価できるのかは疑問である。ボランティア活動は必ずしも，量的な規模によってその成果が図れるものではない。例えば，オスター（1995）は，少年少女クラブの場合には，提供したレクレーションの時間よりも，プログラムを通じて，少年少女がどれだけ自尊心と技能を身につけたかの方が問題となるだろうとしている。

　また，こうしたボランティア活動成果の量的な評価は，短期的な，活動の直接的な成果を評価する際にはある程度用いることができるが，活動が中長期的に及ぼした影響について評価する際には不向きである。バーマン（1998）や田

尾（1999）は，前者の短期的な成果をアウトプット（outputs）と呼び，後者の中長期的な成果をアウトカム（outcomes）と呼んでいる。アウトプットの評価は，例えばサービスを提供できた人数や，イベントに集まった人数をカウントすればよいので，量的な評価を行うことで済む。しかしながら，アウトカムを評価しようと考えた時には，単純に数値化できないものを評価することになるので，量的な評価軸では限界があり，そのために質的な評価軸の設定が必要となるのである。極端な場合，例えば環境保護の活動などは，50年100年経った後に真価が問われることもあろう。

こうした，有効性や中長期的な成果とは，言い換えれば，本書の第6章で明らかにした「ボランティア独自の成果」でもある。それは，有給スタッフでは生み出し得ないものであり，第6章の病院調査の結果では，専門職ボランティアによる患者サービスなど，様々にユニークな活動がみられた。[2]

また，同様の理由により，支援者がボランティア活動を評価する際にも，量的な評価指標に加え，質的な評価指標も採用しなくてはならない。そのため，ボランティア活動成果の具体的な評価指標については，次の「活動支援者による評価」のところで論じていくことにする。ここでは，ボランティア受け入れ組織自身が，活動成果を評価する場合に独自に必要となる視点について述べておきたい。

ボランティア受け入れ組織自身と，外部のボランティア支援機関とによる活動成果評価には，決定的に異なる点がひとつだけある。それは，ボランティア受け入れ組織自身が評価する場合には，その組織の「ミッション」がきわめて重要となることである。

ボランティア活動に限らず，より組織化されたNPOの事業評価の場合でも，「この事業は何を目標としていたか」という事業目標や，ひいては「この組織の存在する目的は何か」という，組織のミッションを確認してからでなければ，行うことはできない。それが行われることなしに，現状の事業を無理に評価しようとしても，自己正当化の行為にしかならないだろう。カンター＆サマーズ（1987）も，NPOでの評価実施に際して，活動目標のあいまいさは，内部政

治や目標のすり替え，公式・公的なミッションと実務的な目標のルース・カップリング（訳註：ゆるやかな結びつき）を生む温床となる，と警告を発している。

そのために，評価活動に先立ち，NPOでは組織のミッションをまず確認しなければならないとされる。そしてミッションに基づき，それぞれの事業毎のゴール（goal；行動目標）が立てられる。

ボランティア活動も，しかり，である。本書の「はしがき」で紹介した，高齢者に弁当を宅配する「配食サービス」を例に考えてみたい。「はしがき」では，配食サービスの活動においては，効率的に弁当を配達することよりも，利用者とのふれあいや，安否確認を重視する活動もありえると述べた。しかしそれも，配食サービスのボランティア団体のなかで，そうした活動の目標が明確に確認されていなければ，活動の「成果」として測定することはできない。単なる心暖まるエピソードに終わってしまう可能性が高いだろう。このように，ボランティア活動の成果について，内部で評価する場合には，活動のミッションや，ゴールとの関連で検討することが重要なのである。

3　ボランティアマネジメントのプロセス評価

また，＜維持モデル＞を前提とした評価においては，ボランティアマネジメントについてのプロセスを評価することも重要である。

ボランティア活動のプロセス評価においては，事業が滞りなく進んでいるかだけでなく，「ボランティアのニーズ」を満たすことができているのかも，重要な評価ポイントとなる。ボランティア活動は本来，メンバー外の公益的なニーズに対応するために活動を行っている。しかしながら，本書で何度も指摘しているように，ボランティアにもニーズがあり，それを満たすことをしないと，ボランティアの募集・維持に支障をきたすことになる。小さな草の根のボランティア団体においては，組織を円滑に運営していくために，組織の長期的な目的（ミッション）の達成と，各メンバーが活動に期待する動機やニーズを満たすこととの，二つの目標のバランスを取る必要がある。しかしほとんどの場合において，後者の，メンバーのニーズを満たすことが優先されるとされる。

それは，ボランティア団体のメンバーは，全員がボランティアであるため，無理をしてまで組織のために活動をしようとする者は少ないからである（Harris, 1998 ; Smith, 2000）。

また，共益的な活動（例えば，当事者団体や，セルフヘルプグループなど）の場合，ボランティア活動とはいえども，メンバーに向けたサービスのみが実施されており，メンバー外へのサービスはほとんど行われないこともある。そうした団体の活動においては，なによりもメンバーのニーズが活動によって満たされたかどうかが，重要な評価軸となるであろう。

こうした視点に基づき，ボランティアマネジメントのプロセスを評価する場合には，第7章ですでにふれた，ホブソンらの＜ボランティアに友好的＞な組織概念モデルが有用である。このモデルはボランティアの人的資源管理プロセスのポイントについて取り上げたものである。7章での話の繰り返しになるが，同モデルにおいては，そのプロセスは次の4段階で考えられている。それは，「ボランティアの誘引と募集」，「組織スタッフとの最初の接触」，「ボランティアの活用と配置」，「活動後のフォローアップ」である。このように，段階的にボランティアの人的資源管理プロセスを捉え，それが円滑に行われたかどうか確認することにより，以降のよりよいボランティアマネジメントの実践につなげることができるであろう。第7章の図7－1が，それを評価するためのポイントを表したものとなっている。

3　活動支援者による評価：質的評価の可能性

ボランティア活動を支援する者・機関にとっては，マネジメントの過程を評価することも重要であるが，それ以上に，そのボランティア活動が，何を成果として生み出しているのかが，最も明らかにしたいことであろう。しかし，すでに指摘したように，ボランティア活動の成果は，活動固有の価値を評価する必要や，中長期的な効果を評価する必要があるため，量的な指標のみで評価するのには限界がある。質的な評価を組み合わせて行う必要がある。

第Ⅱ部　ボランティアマネジメントの課題

　以下では，ボランティア活動の成果について，どのようなポイントで評価するべきか，その評価指標のいくつかの可能性について論じていく。

1　サービスの先駆性・柔軟性の評価

　質的な評価のポイントとして，ひとつはサービスの先駆性をあげることができる。例えば福祉分野でのボランティア活動で言えば，80年代に都市部を中心に登場し，急速に普及した，在宅福祉サービスや日常生活支援を行う活動がそれであった。80年代は，高齢化率の急激な上昇に伴い，地域では高齢者の介護などの福祉ニーズが顕在化してきた時期である。しかしながら，その時期には高齢者福祉制度はまだ十分に整備されておらず，サービスが不足していた。この解決されない福祉ニーズを満たすべく，多くのボランティア活動が各地域で展開されたのである。さらにその一部の団体は，「住民参加型在宅サービス」と呼ばれる有償活動も展開した（本書第6章96－97頁参照）。

　ただし，同様のサービスは，現在では先駆的なものではなくなっている。先駆的なサービスとは，代替的なサービスが市場になかったり，もしくは制度化されていないために「先駆的」なのである。すでに介護保険制度が施行され，民間企業やNPOを含んだ多様な主体によって在宅福祉サービス供給がなされている現在では，ボランティアによる在宅福祉サービスに先駆性があるとは言い難いのである。

　しかし，制度化され，サービスの量が充分に足りていても，多様なニーズに対応したサービスが提供されていない場合には，柔軟的なサービスがボランティアによって提供される必要がある。ここにもうひとつのボランティアによるサービス提供の独自の意義，または成果を見出すことができる。

　前述の例に沿えば，「住民参加型在宅福祉サービス団体」の多くは，2000年の介護保険制度のスタートの後，特定非営利活動法人格（NPO法人格）を取得し，居宅介護サービスの事業者となった。しかしながら，その一方で，介護保険のサービスには含まれないが，生活ニーズから高齢者が求めるサービスを，柔軟的に，任意の事業として行っているところも多い（田中他，2003年）。例

えばそれは、ゴミ捨て、ペットの世話、雪かきなどである。

　ただし、「先駆性」と「柔軟性」は、地域の状況に左右されるので、何が先駆的で、何が柔軟的であるのかは、一概には定義し難い。シャンブレー（1991）は、ニューヨーク市において、エイズ対策に関わるボランティア活動について研究し、その展開と意義について次のように述べている。それは、地域組織（Community-based Organization）で先駆的に活動していたボランティアは、エイズによる「コミュニティ損失の危機」に立ち向かうといった中核的な目的を持って活動に参加していたが、その後現れた、ニューヨーク市病院で活動するボランティアの多くは、「友愛訪問」が主たる活動内容であり、友達作りといった気軽な動機で参加するものとなっていたという。そして、この調査結果からシャンブレーは、活動の効果として、対象者の生活の質を向上させたが、反面、当初の先駆的だった中核の目的が失われたとしている。このように、活動の意義については地域の状況を踏まえつつ、評価しなければならない。そうした意味でも、活動の意義についての評価は、質的にならざるを得ないのである。

2　ボランティアの学習・成長の観点からの評価

　全国ボランティア活動振興センター（2002）の調査結果では、回答者個人がボランティア活動を通じて得たこと・よかったこととして、「自分の人格形成や成長にプラスになっている」をあげた人は55.9％と、高い割合にのぼっている。このことから、ボランティア活動が一種の「生涯学習」の場としても機能しているといっても差し支えなかろう。このような、ボランティアの潜在的な教育力として、興梠（2003）は以下の三点をあげている（興梠、2003：p.76）。

①「自己への探求」（Personal Insight）
　……ボランティア活動を通して、自らの生き方を見つめ、自己実現を図ることができる。

②「社会問題の理解」（Understanding Social Issues）
　……他者や社会に関わることを通して、地域社会の課題やグローバル社

会で起こる諸問題について知ることができる。
③「学習成果の応用」(Application of Skills)
……取得した学習成果を社会に還元活用し，さらなる学びを深める。

こうしたボランティア活動への参加による，参加者への教育的，啓発的な効果を期待し，ボランティア活動を推進・支援する機関が存在する。教育機関や，企業の社会貢献部署などがそれである。これらの，いわゆる「送り出し型」（第5章参照）のボランティア推進機関では，成員がボランティア活動を通じて得た学びや成長こそを重視しているので，評価の内容もそれに沿ったものとなる。

特に，学校教育においては，こうしたボランティアによる教育力を認め，積極的に授業のなかに取り入れる試みが増えてきている。アメリカでは，こうしたボランティア活動を取り入れた教育カリキュラムを「サービスラーニング」と呼び，初等教育機関から高等教育機関に至るまで，幅広く取り組まれるようになっている。

サービスラーニングとは，次のように定義される[3]。

　「サービスラーニングは，学生達が，人々とコミュニティのニーズに対応した活動に従事する中で学ぶ，経験的学習のひとつの形であり，そこには意識的に学生の学びと成長を促進するように設計された構造的な機会が含まれている。内省と互恵がサービスラーニングの鍵概念となっている。」(Jacoby & associates, 1996 : p.5)

ここでの「コミュニティ」とは，近隣地域のみならず，州や国家（日本で言えば，市町村・都道府県・国となるであろうか），そしてグローバルなコミュニティもその概念には含まれているとしている。すなわち，多様な形での地域貢献を通して，学生が学びと成長を得ることができる学習プログラムがサービスラーニングなのである。

ただし，生徒や学生へのサービスラーニングの効果を測定することは容易ではない[4]。なぜなら，通常の教育カリキュラムと異なり，試験によって習熟度を測ることができないからである。このため，アメリカでは多様な評価方法・評

表8-1 サービスラーニングの評価軸

1) 動機と価値
…参加動機の充足, 他者への配慮・関心, 社会的な関係づくり関連した要素（他者への援助, リーダーシップ, 自立心など）, 地域社会への関心など。
2) 道徳的成長
…道徳的なジレンマ状況における判断力, 向社会的行動への態度など。
3) 自己および自己概念
…アイデンティティの形成, 感情的な共感性, 社会性, 自己肯定感（または自己否定感）, 自己有用感（または自己無能感）, 社会的一体感（または社会的疎外感）など。
4) 学生の発達
…課題達成力, 課題解決力, 自己の理解, 感情のコントロール, 学習意欲の向上, キャリアの計画立案, ライフスタイルの確立など。
5) 態度
…満足, ストレス, 将来的なコミュニティ活動への参加意図, 認識・行動・態度の（好ましい）変化, 援助行動への姿勢, 多様性の尊重など。
6) 批判的思考
…批判的思考力, 研究能力, 知的発達など。

（出所） Bringle et al. (2004) を参考に筆者作成。

価軸が開発されている。例えば，ブリングル他（2004）は，表8-1のような多様な評価項目を，先行研究の考察を踏まえて提示している。

ブリングルらは，それぞれの評価項目について，理論的根拠，具体的な評価指標，評価の妥当性，評価にかかる所要時間などを考察している。

なお，こうしたサービスラーニングの評価軸を利用できるのは，学校機関だけに限らない。その他の機関においても，ボランティアの学習や成長の効果を測定しようとする場合の，あらゆる場面で活用することができるであろう。

3 ソーシャルキャピタルの視点からの評価

近年，ボランティア活動の持つ社会的な価値として，世界的に注目を集めているのが，「ソーシャルキャピタル」である。

ソーシャルキャピタルとは，「調整された諸活動を活発にすることによって社会の効率性を改善できる，信頼，規範，ネットワークといった社会組織の特徴」（Putnam, 1993 : p.167 ＝邦訳 206-207頁）といった定義が代表的である。日本では社会関係資本などと訳されることが多い。この定義から明らかなように，

文化的規範・態度と，社会構造との両面を含んでいる概念である。

ソーシャルキャピタルが注目を集める理由は，それが蓄積されている社会では，社会制度のパフォーマンス，経済発展，教育，健康などの幅広い社会的側面に対して，好ましい影響を与えるとされているからである。(5)すなわち，コミュニティ開発の視点から，ソーシャルキャピタルは重要な役割を果たしていると考えられている。このため，OECDや世界銀行などがそれぞれにソーシャルキャピタル概念を定義し，政策的なツールとして用いることで，国家の潜在的な政治的経済的能力を測定することや，途上国の開発支援のあり方を検討する指標に役立てようとしている。(6)

そしてそのソーシャルキャピタルは，ボランティア活動の場で蓄積されると考えられている。ホッジ（2003）の研究では，過去，現在問わず，ボランティア団体参加経験が，個人のソーシャルキャピタル形成に強い影響を与えていることを明らかにしている。また，ウォレベアク＆ゼレ（2002）の研究成果でも，ボランティア団体へ参加している者は，参加していない者よりも，ソーシャルキャピタルを持っていること，そして，参加団体の数によって，ソーシャルキャピタルの総量が高まることがわかっている。

なお，ソーシャルキャピタルは，これまでの研究においては，主として次のような尺度によって測定されている。それは，社会的信頼（Wollebaek & Selle, 2002 ; Freitag, 2003）や社会的ネットワーク（Isham et al, 2006 ; Wollebaek & Selle, 2002），市民性能力（Civic Capacity）（Isham et al, 2006 ; Wollebaek & Selle, 2002），民主主義的態度（Hooghe, 2003）などである。

政策的にボランティア活動を支援することにより，ソーシャルキャピタルを高めようとする取り組みは，日本では未だみられない。しかし，こんにち，人口減少社会となった日本では，少子高齢化や，過疎化，孤立化などにより，急激にコミュニティの力が失われつつある。今後，地域活性化を図るためには，こうしたソーシャルキャピタルの醸成を政策的に行っていくことも，充分に意義があると考えられる。

4　第三者評価によるボランティア評価

　ボランティア活動の評価が，客観的な第三者によって行われることがある。ここでは代表的な例として，福祉サービス分野と医療サービス分野での第三者評価を取り上げ，考察する。

[1]　福祉サービス第三者評価におけるボランティア評価の概要

　2000年に施行された社会福祉法第78条において，「社会福祉事業の経営者は，自らその提供する福祉サービスの質の評価を行うことその他の措置を講ずることにより，常に福祉サービスを受ける者の立場に立って良質かつ適切な福祉サービスを提供するよう努めなければならない」とされている。そして，同2項で「国は，社会福祉事業の経営者が行う福祉サービスの質の公正かつ適切な評価の実施に資するための措置を講ずるよう努めなければならない」とされている。これに基づき，高齢者・障害者・児童等のあらゆる福祉サービス分野では，当事者（事業者および利用者）以外の第三者機関が専門的・客観的立場からサービスの質を評価し，その結果が公表されている。

　この福祉サービス第三者評価の評価項目のなかに，ボランティア活動に関する項目も含まれている。その一例として，図8-1に，東京都が示す，福祉サービス第三者評価の標準的な調査票における，ボランティア活動に関する項目を示しておく。[7]

　図8-1からわかる通り，東京都の福祉サービス第三者評価の標準的な調査票においては，各福祉機関共通の「組織マネジメント項目共通評価項目」内の，大項目「2　経営における社会的責任」内，中項目「2　ボランティア受け入れに関する基本姿勢を明確にし，体制を確立している」のなかに，ボランティアに関する項目が含まれている。すなわち，福祉サービス評価においては，ボランティアの受け入れを社会的な責任として位置づけて，それが達成されているかどうかを評価をしていると理解できる。

図 8-1　福祉サービス第三者評価におけるボランティア評価項目の一例（東京都）

＜組織マネジメント項目共通評価項目（抜粋）＞
2　経営における社会的責任
　　1　（省略）
　　2　ボランティア受け入れに関する基本姿勢を明確にし，体制を確立している
　　　1　ボランティアの受け入れに対する基本姿勢を明示している
　　　2　ボランティアの受け入れ体制を整備している（担当者の配置，手引き書の作成など）
　　　3　ボランティアに利用者のプライバシーの尊重やその他の留意事項などを伝えている

（出所）「平成18年度東京都福祉サービス第三者評価実施における標準的な調査票」
　　　　http://www.fukunavi.or.jp/fukunavi/contents/servicehyouka/18sheets/36_fujin.html （2006年11月10日閲覧）

2　医療サービス第三者評価におけるボランティア評価の概要

一方，医療サービスは，福祉サービスと異なり，第三者評価が法制度的に位置づけられているわけではない。しかしながら，1995年に設立された財団法人日本医療機能評価機構によって，広範な病院を対象として第三者評価が実施されている。[8] 評価認定を受けている病院の数は2006年10月16日現在で，2213にものぼっている。

医療サービスの第三者評価の意義について，日本医療機能評価機構では次のように説明している。

> 「病院を始めとする医療機関が提供する医療サービスは，医師，看護師等様々な専門職種の職員の技術的・組織的連携によって担われていますが，医療の受け手である患者のニーズを踏まえつつ，質の高い医療を効率的に提供していくためには，組織体としての医療機関の機能の一層の充実・向上が図られる必要があります。もとより，質の高い医療を効率的に提供するためには，医療機関の自らの努力が最も重要であり，そのため医療機関が自らの機能を評価するいわゆる自己評価が実施されているところですが，こうした努力をさらに効果的なものとするためには，第三者による評価を導入する必要があります。」（日本医療機能評価機構ホームページより。http://jcqhc.or.jp/html/about.htm#hiruyousei　2006年11月10日閲覧）

このように，医療サービスの第三者評価においても，福祉サービスのそれと同様に，評価を受けることによる医療機関自体の改善活動と，利用者への情報公開を目的として行われている。

図 8 - 2 （財）日本医療機能評価機構による病院機能評価でのボランティア評価項目

1.10 地域に開かれた病院
　1.10.1 地域活動に積極的に取り組んでいる（5・4・3・2・1・NA）
　　1.10.1.1（省略）
　　1.10.1.2 ボランティアを受け入れている（a・b・c・NA）
　　　1 受け入れ方針があり，担当者・部署が明確である
　　　2 活動内容が明確であり諸規程が整備されている
　　　3 活動状況が記録され整備されている
　　◇地域特性，または病院の機能により，ボランティアを受け入れないという明確な方針がある場合には，この項目は『NA』として差し支えない。
　　◇なお，ボランティア活動が職員の労働力を補うものではなく，また，一時的な「慰問」として受け入れているだけでは不十分である。

（注）　一般病院版 V5.0。
（出所）　財団法人 日本医療機能評価機構ホームページ。
　　　　http://jcqhc.or.jp/html/jikohyouka_v5.htm（2006年11月10日閲覧）

そしてこの，日本医療機能評価機構による第三者評価の項目のなかに，ボランティアに関する項目も含まれている。それは，図8-2に示したように，大項目「1.10 地域に開かれた病院」内の，中項目「1.10.1 地域活動に積極的に取り組んでいる」内，小項目「1.10.1.2」に位置づけられている。すなわち，病院評価においては，地域への責任を果たしているかどうかの指標として，ボランティア受け入れを評価していることが理解できる。福祉サービスとよく似た考え方である。

3　第三者評価におけるボランティア評価のあり方

以上，福祉サービスと医療サービスとの第三者評価において，ボランティア活動がどのように評価されているかについて，概観してきた。

福祉サービスの場合も，医療サービスの場合も，ボランティアの受け入れに関しての評価は，組織が「基本姿勢」または「受け入れ方針」や，「体制」または「規定」や「記録」を整えているかどうかを確認するものとなっている。これらはつまりは，ボランティアマネジメントのプロセスについての「手続き」的な部分を，ポイントを絞ってチェックするものとなっている。第6章で考察したように，これらはボランティアマネジメントにおいて重要な点であり，

それらを評価することについては，一定，意義あるものといえよう。

しかし問題は，こうした評価の方法が，そもそもの評価の目的にかなう，項目と方法になっているかである。これらの第三者評価においては，評価を受けたサービス提供機関の組織的・事業的な改善と，サービス利用者が選択する際の情報公開を目的としていた。こうした点から考えると，残念ながら充分であるとは言い難いかも知れない。

なぜなら，事業の改善を図るためであれば，ここまで述べてきたように，組織のミッションや事業のゴールとの関係で，ボランティア活動を評価する必要がある。受け入れ方針や受け入れマニュアルの「ある・なし」を確認するだけでは，不充分である。また，サービス利用者の選択に資することを目的とするのであれば，活動成果に言及した評価が必要であろう。どのようなボランティア活動がその組織で展開され，そしてどのような成果を生んでいるのか。そしてそれは利用者にとってどのようなメリットをもたらしているのか。こうした点に踏み込んだ評価でなければ，利用者にとって意味のある情報とはいえないであろう。

第三者評価の項目にボランティア関連の項目が入れられたことにより，ボランティアを受け入れる福祉や，医療のサービス機関が増えていると聞く。それが制度的であるがゆえに，ボランティアを受け入れるきっかけとなっているのである。それ自体は好ましいことであり，歓迎したい。しかし，今後の展開としては，願わくば，より有意義な形で活動の評価が行われ，そしてその評価結果が活用されることを望みたい。

5　評価を活きたものにするために

本章では，ボランティア活動の評価について論じてきた。全てのボランティア活動に評価という作業が必要なわけではない。本章では，その評価が必要となるのは，ボランティア受け入れ組織やボランティアグループ自身が必要とする場合，外部機関が活動を支援するために必要となる場合，第三者が半ば制度

的に評価する場合の，三つの局面から考察してきた。

　ここまでの議論で明らかなように，ボランティアの評価は，とにかく，「何のために評価するのか」という，評価の目的の問題に尽きる。それが誤っていたら，どれだけ緻密な評価を行ったとしても，土台がしっかりしない建物のようなものである。例えばこういう例がある。ある自治体が，ボランティア活動振興のための支援施策を設けた。つまり，外部的な機関がボランティア活動の支援を行い，その支援の成果についての評価が必要となったのである。そしてその施策の評価指標については，住民のなかでのボランティア活動者率（○○％）がどれだけ高まったかというものにした。ここで疑問となるのは，その活動者率の目標値は，どのようにして決められたかである。例えば30％であったとしよう。それは高いのか低いのか。20％とどう違うのか。なぜ40％にしなかったのか。根拠が明らかではないのである。そもそも，なぜボランティア活動を振興しようとしたのか。その目的と照らし合わせて，活動者率という評価指標は適切であったのか。疑問は尽きない。

　評価は，実際に行おうとすれば，大変な労力がかかる作業である。評価活動に時間を取られ，本来の事業がおろそかになってしまうことを指す，「評価疲れ」という言葉まであるぐらいだ。また，そうして行った評価の結果も，充分に活用されないということも少なくないようである。貴重な時間をかけるものであるからこそ，根本の設計は注意深く行う必要があるだろう。

　なお最後になるが，本章では，ボランティア活動の評価においての，「どうやって評価するのか」という，評価の具体的なプロセスについて，ほとんど言及できていない。これについては，稿を改めて論じる必要があると考える。

注
(1) そもそもNPOの活動などでは，有効性（effectivenessまたはefficacy）はその測定が困難なため，業務上の効率性（efficiency）が評価指標として代用されることがあり，この代用する傾向は，目的が漠然としている（または長期的な）場合に，格段に強まるとされている（Oster, 1995）。
(2) また，エリス（1996）は，NPOがボランティアを受け入れるメリットの内容につい

て，次の9つをあげている。それは①無報酬であるからこその信頼性があること。②インサイダーであり，アウトサイダーでもあることから，ひと味違った組織へのインプットが期待できること。③組織の評判やネットワークを広げるさざ波効果があること。④客観的な政策立案者としての価値があること。⑤特定のクライアントやサービスに焦点をあてることができること。⑥組織の外にいるため，自由な組織批判ができること。⑦生活の糧を組織に依存していないため，課題遂行にあたってプレッシャーやストレスが少ないこと。⑧「私人としての市民」として，議員やマスコミと自由に接触できること。⑨新しい発想，新しいサービスを創造することである。

(3) ただし，アメリカにおいても，サービスラーニングの統一された定義はない。サイモン（1994）は，「これまでに，奉仕（サービス）と学習（ラーニング）を結びつけた全体的な枠組については，多くの定義とアプローチが用いられてきている」（p.1）と述べている。

(4) サービスラーニングによる学び・成長の評価は，多面的に行われる。学生自身の自己評価（経験を通じた自己成長や，参加目的の達成度），受け入れ側（NPOや地域など）からの評価（学生の課題への取り組む姿勢や，学生が生み出した成果），そして教員による評価（カリキュラム内容の充分な理解）を総合し，最終的に判断される。

(5) ソーシャルキャピタルが与える影響について，例えば，制度パフォーマンスに対してはパットナム（1993）で，経済発展に対してはコート＆ヒーリー（2001）で，教育に対してはジョン（2005）などで分析がなされている。

(6) OECDでは，「集団内，もしくは集団間の協同を促進する互いに共有された規範，価値，理解のネットワーク」（Cote & Healy, 2001）と定義している。また世界銀行では，「ある社会の社会的諸制度の量や質を形成する諸制度，関係性，諸規範」（http://www1.worldbank.org/prem/poverty/scapital/whatsc.htm より引用。閲覧日2006年10月29日）と定義している。

(7) 厚生労働省は，2004年5月7日，「福祉サービス第三者評価事業に関する指針」を発出した。そこでは，福祉サービス第三者評価事業の目的とは，「個々の事業者が事業運営における問題点を把握し，サービスの質の向上に結びつけることを目的とするものである。なお，福祉サービス第三者評価を受けた結果が公表されることにより，結果として利用者の適切なサービス選択に資するための情報となる」としている。

(8) 日本医療機能評価機構の設立主旨は次の通りである。「国民の医療に対する信頼を揺ぎないものとし，その質の一層の向上を図るために，病院を始めとする医療機関の機能を学術的観点から中立的な立場で評価し，その結果明らかとなった問題点の改善を支援する第三者機関として，財団法人日本医療機能評価機構は設立されました。」（同機構ホームページより抜粋。http://jcqhc.or.jp/html/about.htm#hiruyousei 2006年11月10日閲覧）

第Ⅲ部
ボランティアマネジメントの実際
── ケーススタディ

第9章　いいだ人形劇フェスタ

1　いいだ人形劇フェスタとは

　飯田市は長野県の南端，天竜川が流れる伊那谷のほぼ中央に位置する。飯田盆地と，南部高原の一部からなる。人口11万足らずの普段は静かなこの街に，毎年8月の4日間，世界中から3万人以上の人が集まってくる。

　その期間，街のいたるところではプロ・アマ交えて多くの人形劇が公演されているのである。これが「いいだ人形劇フェスタ」である。関連イベントも多数開催。そしてこれらを観る人，演じる人，運営する人たちで，街はごったがえす。運営者だけでも2000人以上。そのほとんどはボランティアである。

　「いいだ人形劇フェスタ」の歴史は古く，前身の「人形劇カーニバル飯田」が始まったのは1979年のことである。同年は「国連の定める児童年」であり，それにあわせて，何か子どもたちの文化啓発に寄与するものをと考え，市が主催で開催したのが始まりであった。その頃，人気を博した人形劇によるテレビ番組が終了していたこともあり，一時期よりも世間の人形劇への関心が落ち着いたものの，飯田市は伝統的に人形浄瑠璃が行われていたこともあり，市民から迎え入れられた。当初は予算が年間70万円とささやかなものであり，全国からプロ・アマの人形劇演者（フェスタでは「劇人」と呼んでいる）が手弁当で集まって開催した。この精神は現在にも受け継がれており，例えば観客・演じ手・運営側全てのフェスタに関わる者は「参加証ワッペン」を自費購入し，運営参加することになっている。

　1998年，第20回を迎えたカーニバルはひとつの区切りとして，それまでの市民・劇人・行政の三位一体で行われていた運営体制を終了させた。代わって

第Ⅲ部　ボランティアマネジメントの実際

		いいだ人形劇フェスタ
所在地		飯田市　（事務局は飯田文化会館内「いいだ人形劇フェスタ実行委員会事務局」）
団体・施設の沿革		1979年、「国連の定める児童年」にあわせて開催された「人形劇カーニバル飯田」が契機となり、以降、毎年開催される。人形劇カーニバル飯田は1998年まで続き、その後1999年からは、新たに市民が主体となって実行委員会形式で運営する「いいだ人形劇フェスタ」が引き続き開催されてきている。
団体・施設の概要		「いいだ人形劇フェスタ」は8月上旬の4日間開催。2005年には、国内外のプロ・アマの参加登録劇団数291による347の公演と、10の自主企画および七つのワークショップが実施された。観劇者数は述べ4万5,000人近くであった。なお2005年の年間予算規模は4,500万程度である。
ボランティア活動	開始時期	1999年
	活動内容（当日ボランティア）	(1)公演：公演会場のスタッフとして参加証ワッペンの確認、会場整理、劇団の手伝い、チケットもぎり（有料公演会場のみ）、会場美化、交通整理などを行う。 (2)催事：フェスタセントラルパークなどで観客を楽しませる着ぐるみ人形を着用し、パフォーマンスする。また、パレードの準備と進行管理、交通整理を行う。 (3)広報：会場内のブースで来場者からの問い合わせに答えたり、準備段階から取材してホームページに記事を掲載したり、街頭でフェスタの感想をインタビューする。 (4)通訳：海外劇団に付き添い、通訳する。 (5)庶務：グッズの販売や、スタッフの昼食手配など。
	人数	実行委員：約60名 ボランティア：2,155名（2005年登録者数。本部会場・地区会場合わせての人数）
	募集方法	中学・高校での説明会の開催、チラシ・ポスターの配布（公共機関・大学等）、ホームページでの募集。
	その他	・研修：全体研修および事前研修を実施している（ボランティア用資料あり）。 ・未成年はボランティア登録に際し、保護者の同意書が必要。

市民が主体となって実行委員会形式で運営する「いいだ人形劇フェスタ」が誕生し、新たに1999年から開催されるようになった。2005年には、国内外のプロ・アマの参加登録劇団数291による347の公演と、10の自主企画および七つのワークショップを実施。観劇者数は述べ4万5000人近くであった。

2　まちぐるみで取り組む人形劇フェスタ

[1]　地区公演での取り組み

　いいだ人形劇フェスタがまちぐるみの取り組みとなっているひとつの理由は，本部会場の他に，飯田市内数多くの地区会場で公演が実施されていることである。2005年度には，75ヵ所の地区会場で公演が催され，あわせて1600人の当日ボランティアが活躍した。ここまで地域に根ざすことができたのも，この人形劇フェスタが地域生活での基礎単位に入り込んだことが大きい。飯田には地域ごとの自治の伝統が色濃く残っており，地域団体の協力を取り付けることができたのである。また飯田では公民館活動が盛んであり，この地域の公民館が主体的に運営に参画した。こうした背景から，開催される地区会場は比較的容易に広がっていき，現在では地域の恒例行事となっているところもある。

　また飯田地域は広く，複数の箇所を見て回るのは，結構，大変なことである。人形劇フェスタは世界中から劇団と観客が集まる国際的な側面を持ちつつも，実は地域の人が演じ，地域の人が支え，地域の人が観る，きわめてローカルなお祭りでもあるのだ。

[2]　運営体制

　いいだ人形劇フェスタは市民が主体となって，支えている。事務局は飯田文化会館に置かれており，そこの職員が担っているものの，その他の実行委員は全員，一般の市民であり，ボランティアとして関わっている。

　実行委員会には60人ほどの市民が名前を連ね，毎月，会議を重ねている（図9-1参照）。実行委員には女性，それも仕事を持っている人も多い。なお，現在の実行委員長は女性で，幼稚園の園長をされている方である。実行委員の任期は2年であるが，再任を妨げないため，それよりも長く続けている委員も多い。

　もちろん活動への積極性には，個人による多少の多寡はあるが，基本的には

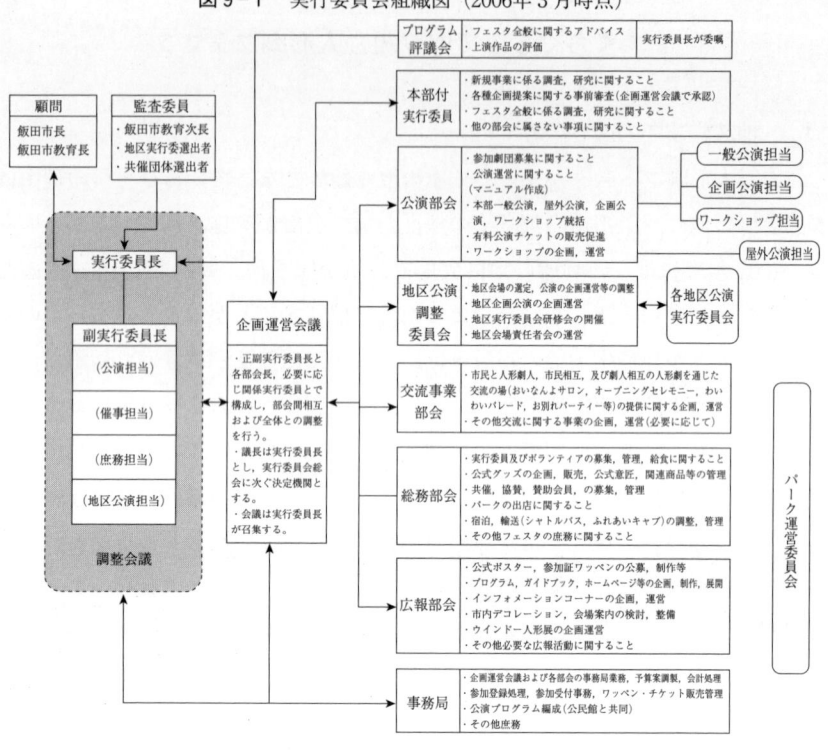

第Ⅲ部　ボランティアマネジメントの実際

図9-1　実行委員会組織図（2006年3月時点）

プログラム評議会	・フェスタ全般に関するアドバイス ・上演作品の評価（実行委員長が委嘱）
本部付実行委員	・新規事業に係る調査、研究に関すること ・各種企画提案に関する事前審査（企画運営会議で承認） ・フェスタ全般に係る調査、研究に関すること ・他の部会に属さない事項に関すること
公演部会	・参加劇団募集に関すること ・公演運営に関すること（マニュアル作成） ・本部一般公演、屋外公演、企画公演、ワークショップ統括 ・有料公演チケットの販売促進 ・ワークショップの企画、運営
地区公演調整委員会	・地区公演の選定、公演の企画運営等の調整 ・地区公演の企画運営 ・地区実行委員会研修会の開催 ・地区公演責任者会の運営
交流事業部会	・市民と人形劇人、市民相互、劇人相互の人形劇を通じた交流の場（おいなんよサロン、オープニングセレモニー、わいわいパレード、お別れパーティー等）の提供に関する企画、運営 ・その他交流に関する事業の企画、運営（必要に応じて）
総務部会	・実行委員及びボランティアの募集、管理、給食に関すること ・公式グッズの企画、販売、公式意匠、関連商品等の管理 ・共催、協賛、賛助会員、の募集、管理 ・パークの出店に関すること ・宿泊、輸送（シャトルバス、ふれあいキャブ）の調整、管理 ・その他フェスタの庶務に関すること
広報部会	・公式ポスター、参加記念ワッペンの公募、制作等 ・プログラム、ガイドブック、ホームページ等の企画、制作、展開 ・インフォメーションコーナーの企画、運営 ・市内デコレーション、会場案内の検討、整備 ・ウインド人形劇の企画運営 ・その他必要な広報活動に関すること
事務局	・企画運営会議および各部会の事務局業務、予算案調整、会計処理 ・参加登録処理、参加受付事務、ワッペン・チケット販売管理 ・公演プログラム編成（公民館と共同） ・その他庶務

右側担当：一般公演担当／企画公演担当／ワークショップ担当／屋外公演担当／各地区公演実行委員会／パーク運営委員会

左側：顧問（飯田市長、飯田市教育長）、監査委員（飯田市教育次長、地区実行委選出者、共催団体選出者）、実行委員長、副実行委員長（公演担当、催事担当、庶務担当、地区公演担当）、調整会議、企画運営会議

　組織運営は，実行委員全員の熱意・責任感に依拠している。それがボランティア団体，市民組織の運営の難しさであるが，しかしそれゆえに，行政組織では為し得ない成果を生むこともある。人形劇フェスタの取り組みは，まさにその証左であるといえるだろう。

　この実行委員のなかでも「総務部会」が直接的に，実行委員や一般ボランティアの募集・マネジメントについて担当している。

　人形劇フェスタは数多くの当日ボランティアの参加なくしては成り立たない。会期中，当日ボランティアはチケットのもぎり，グッズの販売，会場の案内，着ぐるみによるパフォーマンスなど，様々な業務担当に分かれて，それぞれの役割をこなす。この日のために，関西などの遠隔地からボランティアとして駆

第9章　いいだ人形劇フェスタ

図9-2　ボランティアスタッフ登録用紙

受付日	ID No.	配属場所		保護者確認	DATA入力
/					

いいだ人形劇フェスタ 2004 ボランティアスタッフ登録用紙（誓約書）

私はいいだ人形劇フェスタのボランティアスタッフとして登録するに当たり、参加劇団や観劇者の皆さんが気持ち良く人形劇を楽しんでいただけるように、知恵と、体と、心を総動員して業務に当たることを誓約いたします。

氏　名（必ず自書のこと）		生年月日	昭・平　年　月　日（　　歳）
ふりがな		性　別	男　・　女
自宅住所	〒		
自宅電話番号		携帯電話番号	
自宅FAX番号		メールアドレス	
勤務先(学校)名		勤務先等電話	

希望する業務（複数希望可　希望欄に○印または必要事項を記入してください）

業務にはこだわらない	公演表方スタッフ	公演裏方スタッフ
海外劇団エスコートスタッフ	着ぐるみスタッフ	わいわいパレード運営スタッフ　　地区
ウインドー人形展運営スタッフ	インフォメーションスタッフ	レポートスタッフ
街頭リサーチスタッフ	グッズ販売スタッフ	ランチ配送スタッフ

希望する日時（原則として午前・午後、午後・夜間（18:00～）、又は終日毎に、従事可能な日、時間帯に○をしてください）

8月5日［木］(午前・午後・夜間)	8月6日［金］(午前・午後・夜間)	8月7日［土］(午前・午後・夜間)
8月8日［日］(午前・午後・夜間)	※フェスタ期間のほか、開催前に数回程度行われるスタッフ研修会にも参加していただくことになります。	

上記の内（　1日間・2日間・3日間・4日間　）従事可能

同　意　書

※未成年の方が登録される場合、保護者の同意が必要です。お手数ですが保護者の方は以下へ署名、捺印をお願い致します。

上記誓約書署名人の保護者として、同人が「いいだ人形劇フェスタ」へ参加するにあたり、本人の意思を尊重しボランティアスタッフとして活動することに同意します。

年　月　日

保護者署名＿＿＿＿＿＿＿＿＿　㊞

けつけてくれる人もいる。また，当日ボランティアには行政職員も参加するが，決して仕事として来る，いわゆる「動員」ではないことが強調される。このため全員，休みをとってボランティア活動に参加している。なお，当日ボランティアは登録制である（登録用紙については図9-2参照）。

　ただし行政職員に限らず社会人は仕事の関係などもあり，会期の4日間を通してボランティアに参加することが難しい。このため当日ボランティアには地元の中学・高校生が数多く参加し，活躍することになる。会期中はちょうど，彼ら彼女らの夏期休暇期間にあたるのだ。

3　ボランティアの活動理念と募集

1　ワッペンの精神とボランティア

　人形劇フェスタに関わる人々，すなわち観客・演じ手・運営スタッフは全て，「参加証ワッペン」を自費購入し，運営協力することになっている。これは先述したように，皆で人形劇フェスタを支えるという，初回開催当時からの精神の表れである。

　当然，ボランティアもこのワッペンを購入することになっている。しかしながら，ボランティアはそもそもフェスタに対して，労力を提供している立場である。その上にワッペンの購入を求めるのは，考え方によっては二重の負担を強いていることになる。

図9-3　参加証ワッペン方式

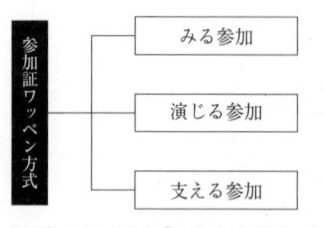

参加証ワッペン方式	みる参加	参加証ワッペンを着用していれば「ワッペン公演」を何回でも観劇できる。
	演じる参加	演じる人も基本参加費を負担し，参加証ワッペンを着用する。
	支える参加	参加証ワッペンを購入すれば，企画運営に携わるスタッフとして参加できる。

（出所）　国土交通省「地域づくり活動　出会いの広場」ホームページ
　　　　http://www.chiikidukuri.net/jirei/index.php（2006年11月20日閲覧）

とりわけ，当日ピンポイントで協力してくれているボランティア参加者には，運営サイドから購入してもらうことを伝えにくい。なぜなら，長期的に関わる実行委員とは異なり，人形劇フェスタの理念を充分に理解してもらう時間がつくりにくく，また，当日は必ずしも人形劇が見られる，すなわち楽しめる部署に配置されるとは限らないからだ。人によっては，ボランティアで労力的に負担しているのに，その上なぜ金銭的にも負担しなければならないのかと感じるかも知れない。このため当日ボランティアに対しては，参加証ワッペンでなく，チケットを購入してもらう方がいいのではという意見も，実行委員会の議論のなかで出たことさえある。

しかし，参加証ワッペンは人形劇フェスタを「みんなでつくる」ということの証であり，全員に購入を促している。例えば中学生や高校生の場合，学校に出向いて説明会を開催した際に，そうしたきちんとした説明をしている。その結果，生徒が自発的に参加しているので，ワッペンに疑問を抱く者はいない。そのため，できるならば基本的に全てのボランティアに対して，そうした納得のいくプロセスを踏んでもらった上で，参加してもらうようにしたいと考えている。

また，そのためにも，人形劇フェスタを参加者が「参加してあげている，協力してあげている」と思って参加する祭りではなく，「是非，参加させてほしい」と参加者が思えるものにしていきたいと実行委員会では考えている。参加者が「してあげてやっている」という意識があるうちは，参加料としてのワッペン代について理解が得られにくいだろう。人形劇フェスタが全国的にも，さらには世界的にも誇れる祭りだという，自覚が持てるものにしてきたいと考えている。

2　中学・高校生ボランティアの募集方法

中学・高校生の当日ボランティアを確保するのは容易なことではない。そのためにフェスタの運営委員の総務部長が，各学校にボランティア募集のお願いに廻っている。彼は自営業なので時間の融通はつけることができる。しかし本

業に支障のないように出ていくのは大変であることに違いはない。学校によっては理解のある先生もおり，総合学習などの授業時間に，ゲストスピーカーとして呼んでもらえることもあるという。そうした際には，パソコンのプレゼンテーションソフトを使って紹介をする。人形劇フェスタがどんなものなのか，ボランティアの活動がどんなものなのかについて，映像を交えながら説明する。そして必ず最後には，とても楽しい活動なのだということを強調して，「夏休みに一緒に活動しませんか」と誘っているそうである。生徒のモチベーションを上手に刺激している，といえよう。

ただし，そうした授業や学校へ入り込んで募集活動をさせてもらえるのは，中学校のケースがほとんどであり，高校ではあまり，説明会等をさせてもらえていない。このため，実際には中学生に比べて，高校生のボランティア参加人数は少ない。ボランティアに理解がある先生がいれば，クラスで説明会をさせてもらえることもあるのだが，学校全体でということは難しいようだ。

中学・高校生ボランティアの特徴は，学校単位での参加がきわめて多いことだ。一学年100人程度の学校で，25人から30人ぐらい参加することもあるという。これは，友達同士が誘い合ってきているからだろうと総務部長はみている。おそらく元気の良い子が一人いて，その子が「行く」と言えば，その後に3，4人ついてくるような具合なのであろう。人数が集まるのはうれしいことであるが，反面，弱った問題もおこる。それは，「元気な」子が「○月○日は行けない」というと，他の子もみんな来なくなることである。また，中学生は男子生徒が15％程度であり，ほとんどが女の子である。人形劇というテーマがそうさせているのかもしれないが，もう少し，男子にも参加してほしいというのが主催者側の願いである。

中学・高校生にとって，人形劇フェスタでのボランティア活動の経験が，人の役に立てて感謝される機会になることを，実行委員会では期待している。それが，彼・彼女らの今後にとって，プラスの経験になると考えているからだ。しかし活動後，ボランティア活動をしてよかったことは何かと中学・高校生に聞いてみても，なかなかそういった答えは返ってこない。友達ができてよかっ

た。彼氏彼女ができてよかったという声の方が大きい。

3　やりがいあるボランティア活動にしていくために

　中学・高校生にもっとやりがいを持ってもらうには，意義のある活動だったと感じてもらうには，どうしたらよいのだろうか。活動のなかでやりがいを感じる「しかけ」をいくつか用意することが必要だろうと総務部長は述べる。すなわち，本書の言い方では，「無形の誘因」である。例えば，中学・高校生のなかには，すでに人形劇フェスタにボランティアとして参加して3，4年目を迎える「リピーター」もいる。そういう人たちに，公演会場のボランティアリーダーになってもらえないか計画中である。本来ならば，それぞれの会場には，大人のボランティアが常時，責任者として張り付くのが理想であるが，ボランティアの人数の問題で，そうできない事情もある。そこで会場責任者を中学・高校生に任せられないか，という発想である。

　もちろん，そのためには研修をきちっとしなければならないが，リーダーを任された中学・高校生にとっては，この上なくやりがいのある活動となるだろう。きっとその経験は今後の人生で大きな糧となる。そしてその姿を見て，年齢や経験の浅い中学・高校生ボランティアはあこがれ，「いつかあのリーダーになりたい」という，ひとつの人間的な成長モデルを地域でみつけることにもつながるだろう。

　現在，セントラルパーク（本会場）で活動するボランティアには人気が集中しているが，外部者からも目立つ部署であるために，そこのボランティアにはより大きな責任が伴っている。このように責任に伴うやりがいが理解されるようになれば，フェスタのボランティア活動は，中学・高校生が成長する大きな機会となろう。

　リーダー層に限らず，フェスタの当日ボランティアの研修は，現在，懸案となっている。当日ボランティアを対象とした事前研修（オリエンテーション）はおよそ2時間程度，研修パンフレットを使いながら，会場での心構えや挨拶の仕方を教えた後，実務的な業務内容の説明を行っている。当日ボランティア

として活動を希望するものは，この事前研修会に参加することが義務付けられる。しかし実際のところ，当日ボランティア全員がこの事前研修会に参加するようにはなっていない。ボランティアであるため，最終的には強制はできないだろうという運営側の判断だ。通常のヒエラルキーの組織とは違う，ボランティアのマネジメント上の難しさがここでも露呈している。

しかしながら，ちゃんと研修（Off the Job Training）されるわけではないが，準備段階において，仕事が自然と伝承される（On the Job Training）ようにするという考え方もある。かつて，どの地域でも行われてきた村祭りがそうであったように，である。フェスタも地域に根ざしつつあるのだから，そうした仕組みづくりを意識しても面白いだろう。

4　人形劇フェスタのこれから

1　ボランティア・ホリディの取り組み

人形劇フェスタは現在のところ，まだまだボランティアが充分だとはいえない状況である。とりわけ若い層のボランティア，具体的には大学生に，もっとボランティア参加者として来てほしいと考えている。

しかし実際問題，飯田市内には小さな短大がひとつあるのみである。もっと多くの大学生に来てもらうには，遠方からボランティアとして来る人達を増やさねばならない。そのひとつの方策として，人形劇フェスタでは数年前から，遠方からのボランティア参加者募集のために，「ボランティア・ホリディ」という取り組みを企画してきている。これは遠方から来るボランティアにはいくつかの特典があるようにして，「ボランティアを楽しみに飯田に来ませんか」というスタンスを明確に打ち出したものである。主な特典としては，「ふれあいキャブ」（公演会場まで送迎）の利用が可能，公民館での宿泊（1泊1500円）や協定旅館・ホテルのサービス料金での利用が可能，といったところである。なお，この特典は1日以上ボランティアをすれば受けることができるので，ボランティア活動に参加した後，人形劇を鑑賞したり，飯田の観光をすることも

第 9 章　いいだ人形劇フェスタ

"着ぐるみ"ボランティアは子どもたちに大人気

可能だ。

　欧米では大学生が長期休暇中に,「ワークキャンプ」と呼ばれる滞在型のボランティア活動を国内外で行うことが珍しくない。しかし日本ではまだそうした文化は根付いていないことから,この「ボランティア・ホリデイ」は先駆的な取り組みであると言えよう。この取り組みが今後成果をあげることができるかどうか,興味深いところである。

[2]　ボランティア活動を通じたひとづくり・まちづくり

　「いいだ人形劇フェスタ」は前身の人形劇カーニバルから数え,2007年で29回目となる。第1回目に保育園児として人形劇を見ていた子どもも,中学生でボランティアを経験し,そして今や担う側となっている。

　人形劇フェスタは,もはやただのイベントではなく,ひとづくり・まちづくりの取り組みとなっている。人形劇はそれ自体,文化的な取り組みとして地域によい影響を与えている。それと共に,市民が自分たちでつくりあげるイベントなので,携わった市民が主体的に何かをつくりあげる能力をみがいている。それだけでなく,地域へ関心を持ち,愛着を深める機会ともなっているのだろ

185

う。
　人形劇フェスタでのボランティア活動が，イベントの補助的な役割ではなく，こうしたひとづくりの重要な機会のひとつと捉えられていることは明らかである。市民が中心となって継続的なイベントを運営していくことは，大変困難なことである。にも関わらず，地域で脈々と受け継がれている背景には，関わる人々の間に，使命感にも似たひとづくり・まちづくりの意識が秘められているためであろう。

第10章　京エコロジーセンター

1　ボランティア受け入れの経緯

　京エコロジーセンターは，京都市をエコシティ（環境負荷の少ない持続可能なまち）にするために，市民，事業者，行政，学校などの異なる団体や個人の「パートナーシップにより地球温暖化防止とごみ減量」を推進する活動拠点である。

　京エコロジーセンターは京都市の施設として，2002年4月に開設された。京都市は1994年に「京都市廃棄物削減等推進審議会答申」で，ごみ問題の学習拠点施設整備を位置付けた。1997年に地球温暖化防止京都会議（通称COP3）が開催され，京都議定書が採択されたが，前年の1996年「もっと元気に・京都アクションプラン」で，「COP3記念センター」整備がうたわれた。これらを具現化すべく，設立されたのが京エコロジーセンターである。また，2004年に出された「京都市循環型社会推進基本計画」では，「環境学習機会の拡大」の核となる施設として位置付けられている。

　京エコロジーセンター開設にあわせて，センターで活動を行うボランティアである「エコメイト」が半年前から養成された。養成講座の案内を行政の広報誌等に掲載し，参加者の募集を行ったのだが，100人募集のところに，209人の希望者が集まった。施設側としてはうれしい誤算といったところである。結局，そのうちの104名が講座受講許可となり講座を受講し，89名が最終的にエコメイトとして登録した。

京エコロジーセンター		
所在地		京都市伏見区
団体・施設の沿革		1997年京都市で開催された「地球温暖化防止京都会議（COP3）」を契機に，京都の環境学習，環境活動の拠点となる施設として2002年に設立。（財）京都市環境事業協会が管理と事業を受託しており，市民・事業者・京都市の三者のパートナーシップ組織「京エコロジーセンター事業運営委員会」が事業運営の基本を担っている。
団体・施設の概要		開館時間：9時—21時（ただし，1・2F展示室は17時まで） 木曜および年末年始は休館 職員：19名 ＜施設概要＞ 1階：エコロジー体験コーナー，気づきと学びの広場，シアター等 2階：企画展示・ワークショップコーナー，情報コーナー 3階：交流コーナー，図書・ビデオコーナー，こどもひろば，会議室，エコ厨房，リサイクル工房（貸会場としても利用可）
ボランティア活動	開始時期	2002年4月
	活動内容	(1)案内活動：1日3交代でフロアに常駐し，案内・誘導・展示解説（原則1人月2回以上参加） (2)チーム活動：関心毎にチームに分かれ，展示作成・プログラム企画実施・調査活動など（月1〜3回程度） (3)イベント補助：館内外のイベント補助（その都度募集）
	人　数	登録者数85名（内訳：男性41名，女性44名。平均年齢52歳） 修了者組織「京エコサポーター」33名 （平成18年2月現在）
	募集方法	年1回，秋に募集。市の広報への掲載，チラシの配布（公共機関・大学等），メール（ボランティア活動支援機関が発行しているもの），現活動者からの口コミなどで募集。事前説明会も実施している。
	その他	・研修：新規養成研修（8回）を実施。修了者にはエコメイト（京エコロジーセンターでのボランティア）登録証を配布。その他，ステップアップ研修（現役研修。月1回），ボランティアによる自主学習会もある。 ・交通費として，上限1,500円の実費を支給。

2　ボランティアの活動内容

　エコメイトの役割は最初から明確だったわけではない。エコメイトと職員が話し合うなかで，また，事業が拡大していくなかで，試行錯誤しながら，その活動内容の輪郭がはっきりしてきたのである。現在ではその活動は，下記の3種類が展開されるようになっている。

第10章　京エコロジーセンター

写真①

エコメイトは，館内の展示を活用して，来館者に環境教育を行っている。

1　案内活動

　1日3交代でフロアに常駐し，案内・誘導・展示解説（原則1人月2回以上参加）を行っている。特に，京都市では毎年，全ての市立の小学校5年生が必ず京エコロジーセンターに見学に訪れることになっている。これは「エコ学習」と呼ばれている。その時は一度に多数の小学生が訪れる。なおかつ，一回当たりの見学時間が30分と限られており，短時間にできるだけ多くの事柄を伝えなくてはならない。このため，7，8人のエコメイトがフル稼働で活躍することになる。以前は職員が「エコ学習」の案内をしていたが，エコメイトが研修を受け，対応できるようになった現在では，「エコ学習」はもとより，普段も展示フロアの案内がエコメイトに任せられている。

2　チーム活動

　チーム活動は関心毎にチームが組織されて，月1～3回程度，京エコロジーセンターの年間計画に沿って活動を行っている。各チームには担当職員がつき，その職員によって予算執行と進行管理がなされる（**表10-1**「2005年度チーム活動一覧」参照）。

表10-1　2005年度チーム活動一覧

チーム名	活動内容
くらし展示チーム	1階の常設展示「くらし展示コーナー」における，体験型展示プログラムを開発する（テーマ：ごみ減量・分別，省エネ，節水，食材の旬など）。また，日曜などに来館者対象のイベントを企画・実施する。
進化するボードチーム	館内の「書き込みボード」を活用した，参加型の展示やイベントを企画する。（例：エコミック（環境漫画），エコ川柳など）
自然エネルギーチーム	館内のエコ整備（太陽光発電，雨水利用，地熱利用など）を来館者に案内するガイドツアーやワークショップを企画実施する。
ビオトープチーム	京エコロジーセンター屋外と屋上にある「ビオトープ」「菜園」の維持管理，モニタリング，ビオトープ紹介ボード「ビオトープは今」の更新。
情報チーム	機関誌「京エコセンだより」の取材・記事執筆。メールマガジン「エコメイト通信」の編集・発行。

写真②

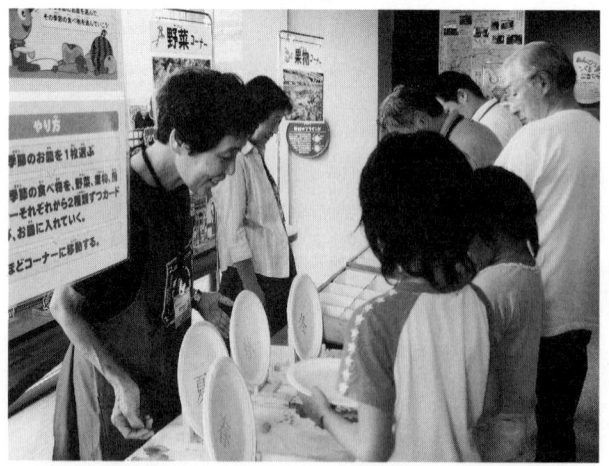

「くらし展示チーム」が開発した「旬の食材バイキングゲーム」。

3 イベント補助

　エコメイトは京エコロジーセンターが施設の内外で開催するイベントのサポートも行っている。これはイベントが行われる毎に招集される。来館者の多い土・日・休日の活動は，現役のエコメイトだけでは手薄になりがちである。このため修了生である「京エコサポーター」（後述）にも頻繁に加勢してもらっている。

3　京エコロジーセンターでのボランティアコーディネート

1 京エコロジーセンターがボランティアを受け入れる理由

　現在，全国の博物館や美術館，動植物園などの文化施設では，ボランティアの配置が盛んである。そうした文化施設で行われているボランティアの活動は，展示物の解説・案内や，企画展示の準備や運営が主である。

　当然ながら，多くの文化施設においては，ボランティアは施設のために活動する存在である。このため活動の場所は施設内に限定されており，成果は施設に還元される。しかし，京エコロジーセンターでは，エコメイトは施設のなかで活動するだけでなく，その活動経験を活かして，いずれは地域での環境活動のリーダーとして活躍してほしいという想いがある。

　環境問題，とりわけ京エコロジーセンターが重点のひとつとして取り組んでいるのは，センターの沿革からもわかる通り，地球温暖化の問題である。その原因は二酸化炭素等の「温室効果ガス」が増加していることであるとされ，その排出削減が世界的な課題となっている。その削減のためには，二酸化炭素を排出する石油・石炭・天然ガス等の化石燃料の使用を抑制することが重要とされている。これは企業組織での利用も大きいが，市民生活での利用量も無視できない。市民生活での利用量削減のためには，一人ひとりの市民が問題に気付き，アクションを起こしていくしかない。

　このため京エコロジーセンターでは，ボランティアを育成し，その活動を支援することは環境学習の一環であると捉えているのである。それゆえにセン

図10-1　京エコロジーセンターとエコメイトのパートナーシップ

> 京エコロジーセンターは
> 　エコメイトに社会参加と学習の機会を提供します。
> 　・活動の機会，場所を提供します。
> 　・研修その他，学習の機会を提供します。
> 　・活動のための交通費補助を行います。
> エコメイトは
> 　センターの事業活動を通じて市民へのサービスを提供します。
> 　・館内の案内活動，主催事業，展示・情報誌作成その他に労力を提供します。
> 　・学習の成果は案内活動や行事のなかで市民に伝えるよう努めます。

ターのボランティアとしては，単に環境問題を学習したいだけの人ではなく，その学習したことを活かし，周りに伝えていくことのできる人が求められているのである。

　こうした京エコロジーセンターのボランティアに対する考え・姿勢は，「京エコロジーセンターとエコメイトのパートナーシップ」という，ボランティアステイトメントに表されている（図10-1参照）。

　また，こうした基本的な考えに基づき，エコメイトは3年間の任期制をとっている。修了後は，地域・家庭・職場で環境の取り組みを進めるリーダーとしての役割が期待されているからである。これまでの修了生には，環境NGOに参加したり，新たにグループを立ち上げた人もいるという。環境分野の市民活動の人材育成に，京エコロジーセンターが一役買っているといえよう。

　しかし任期制については問題も多い。そのあり方についての議論は常に行われている。ボランティアにとっては，任期の3年間では環境問題を充分に学ぶことが出来ないという不満がある。また，施設にとっても，深い知識と，高い環境教育の技術を持ったボランティアが，3年で抜けてしまうのは大きな損失である。双方が，引き続き京エコロジーセンターに関わることを望んでいる現在では，修了生は「京エコサポーター」という名称で，施設の活動に関わってもらっている。現状，修了生は施設と地域を行き来する存在になっている。

2 受け入れ体制

　京エコロジーセンターにはボランティア担当者（ボランティアコーディネーター）が専任で1名，副担当として2名配置されている。担当者の主な業務として，エコメイト活動の大枠を計画する他，研修の実施，案内活動のシフトのコーディネート，その他ボランティアに関する事務的な業務（連絡先の変更手続きなど）を行っている。

　その担当者の他にも，展示の担当者や，見学の担当者，ニュースレターの担当などの職員が日常的にエコメイトと関わりを持って業務を進めている。こうした職員達が集まり，ボランティア活動について話し合う場として「エコメイト協議会」が月2回開かれている。

　現在，京エコロジーセンターでは「エコ学習」に代表されるように，ボランティアがいなければ，職員だけでは実施が難しい事業がある。職員とエコメイトは，役割は異なるものの，その目的とするところは同じである。その意味では，職員とエコメイトは対等な関係であるといえる。

　職員とエコメイトが対等といっても，職員は給料をもらっているが，エコメイトは無償の活動である。この違いを解消するために，京エコロジーセンターでは，エコメイトにやりがいを持って活動をしてもらえるように，職員が常に心配りをしている。

　例えば，職員全員がエコメイトに挨拶をする。細かいことかも知れないが，ボランティア側にとっては，職員から認められて活動しているという安心感につながる。また，エコメイトが帰る時にも，活動に対する感謝の言葉を忘れない。

　とはいえ，エコメイトの側からすれば，「職員のために活動をしているわけではない」という気持ちもあろう。それよりもやはり，活動の意義を実感でき，活動のはげみとなるのは，一般の来館者からのお礼である。施設案内をした後に，来館者や見学団体からエコメイト宛てにお礼の手紙や電話が入ることがある。職員はこれを必ず，エコメイトに渡したり，伝えたりするようにしている。

3 ボランティアのトレーニング

繰り返しになるが、京エコロジーセンターはエコメイトを「地域の環境学習の担い手」として捉えている。このため、エコメイトが学習し、成長するための教育機会の保障を手厚くしている。まずなによりも、担い手となるべく行われる、エコメイトの養成講座の内容が充実している（**表10-2**参照）。

養成講座の充実は、裏返せば「ハード」な講座ともいえる。回数も多く、内容も濃い。センターのオープン当初は回数も少なかったが、徐々に増えてきた。京エコロジーセンターのエコメイトとして活動するために、必要とされる知識と技術の「質」が高い水準で考えられているのであろう。

表10-2　2005年度エコメイト養成講座（環境ボランティア養成講座）の内容

第1回	10月29日（土）	「ボランティアについて」「京エコロジーセンターについて」
第2回	11月18日（金）	「京都市のごみ処理施設見学」
第3回	11月27日（日）	「地球温暖化と自然エネルギーについて」
第4回	12月23日（金・祝）	「グリーンコンシューマーについて」
第5回	1月14日（土）	「コミュニケーションとは」
第6回	2月11日（土）	「ビオトープについて」「環境教育の『場』をつくってみる(1)」
第7回	2月12日（日）	「環境教育の『場』をつくってみる(2)」
第8回	3月11日（土）	「現場実習のまとめ」

（注）　時間は各回とも午前10時から午後4時。

表10-3　ステップアップ研修の内容（2005年）

- エコ学習説明会
- 展示基礎研修
- 京のごみ戦略21＆エコロジー体験プログラム
- エコセンの自然エネルギー活用
- エコリフォームって何だろう
- エコメイト活動中間報告会
- 京都市ごみ処理施設見学会
- 冬の省エネ・虎の巻
- ハイムーン館長のごみ教室
- 環境NGO活動紹介の集い
- ビオトープについて＆京都市エコライフチャレンジのまとめ
- 環境ボランティア活動報告会

第10章　京エコロジーセンター

写真③

コミュニケーション研修の様子。

　また，京エコロジーセンターでは，エコメイトのさらなる知識と技術の向上を図るため，毎月1回「ステップアップ研修」という名称で，研修の場を設けている（表10-3参照）。また，チーム毎に，自主学習会・見学会も実施されている。

4　ボランティアの姿

　エコメイトは初年度に100人募集したあと，毎年度40〜50人募集している。現在，登録者数85名であり，そのうち男性は41名，女性は44名である。平均年齢は52歳。活動頻度が高く，毎週のように京エコロジーセンターで活動している人は，全体の3割ぐらいである。これは，ボランティアの登録制度をとっている文化施設としては，きわめて高い活動率であるといえる。もちろん，残りの7割も頻度は高くないものの，年間通じて何回か活動に参加しており，そうした人たちも大切な存在である。
　また，活動頻度の高いボランティアは，年齢層でいえば，60代半ばの，リ

タイア層が圧倒的に多い。養成講座を一度だけ平日の昼間中心にして，地域の女性会などに声を掛け，主婦層を中心に募集をしたことがある。その時は地域の主婦層の女性が数多く参加した。それ以外は，やはり比較的高年齢の活動希望者が多く集まっている。そのため，京エコロジーセンターは，情熱あるシニアの人たちがエコメイトとして支えている構造になっている。

エコメイトの活動参加のきっかけは様々である。むろん，多くは何らかの環境問題への関心を持っていた人々である。環境問題への関心は，新聞記事，ニュースで知ったという人や，身近な家庭や仕事の場面で気になっていたという人が多い。またリタイア層の人のなかには，高度経済成長のなかで環境破壊に荷担してきてしまったから，今度は守る活動をしたいと応募して来た人もいる。

ただし，なかには施設が家の近くだったからという理由で応募してきた人もいる。そうした活動への熱意が明確にみられなかった人でも，養成講座やその後の活動を通じて環境問題への理解を深め，いつしか積極的なエコメイトへと変貌を遂げていることもある。オリエンテーションの重要性が感じられる。参加当初の動機だけでは，なかなかその後の活動の積極性につなげることは難しい。これは，本書でこれまでに明らかとなっていることだ。しかしそれだけに，ボランティアとの協働は面白い，と京エコロジーセンターのスタッフは感じている。

エコメイトに若い世代がいないこともない。しかしながら，日常の活動が平日の昼間ということで，仕事や家庭，学業などで忙しいため，頻繁に参加してもらうにはなかなか難しい状況にある。エコメイトが環境学習の一環という意味では，学生にも参加してほしいが，同様に難しい。特に大学生は，卒業してしまうと，就職の関係で余所の地方に移らざるを得ない人も多い。このため，研修を受けて活動を始めても，任期を全うすることが難しい。

このため，京エコロジーセンターでは大学生をボランティアとして受け入れる代わりに，インターンシップ（実習）で数多く受け入れている。これならば大学生にとっても限られた期間で学ぶことができるし，施設側も限られた期間

ではあるが，大学生に環境学習の機会提供と，業務補助を期待することができる。

5　地域に羽ばたくエコメイト

　2006年3月，京エコロジーセンターでは第3期のエコメイト（ボランティア）の修了式があった。職員から寄せ書きが渡され，活動に対してねぎらいの言葉が伝えられた。また，すでに退職した職員などからはEメールが寄せられ，それが代読された。涙ぐむエコメイトの姿もあった。送辞と答辞があり，また，文集もつくられた。そこに居並ぶ多くは中高年層であったが，さながら学校の卒業式のようであった。

　エコメイトは活動頻度が高くなればなるほど，館内案内や，対外的に活動を紹介する場面が増える。自然と，学習した環境問題などの知識を施設外の人に発信する機会が多くなり，それがまた学習への意欲増進のきっかけにもなる。このような好循環により，活動頻度の高い人ほど，エコメイトの任期後も京エコサポーターとして活動を継続する傾向にある。また，その活動の場を京エコロジーセンター以外の，地域やNPOなどに広げている。決して施設のなかで完結しないその活動展開は，京エコロジーセンターが期待していたものであり，それが徐々に形になりつつある。エコメイトは，要はエコシティへの社会変革の活動を担うボランティアなのだ。エコメイト自身も，そう自覚を持ちつつある。ミッションに基づいた明確なボランティア受け入れの戦略が，成功しつつある好例といえるだろう。

　修了生にとって，京エコロジーセンターでのボランティア活動はここでいったん修了する。しかしこれからは地域に羽ばたき，新たな環境活動の芽を大いに開かせてほしい。修了式にはそうした職員の思いが込められているのである。

第11章　塔南の園児童館

1　児童館とは

　「児童館」とは，児童福祉法第40条に規定されている児童福祉施設である。その役割は，遊びを通じた児童の健全育成とされている。全国には約4700の児童館があるとされており，その規模は，集会室や遊戯室，図書室を備えて地域に根ざした小型のものから，体育館を備えた中型のもの，さらには宿泊研修室や多目的ホールなども兼ね備えた大型のものまで様々存在している。

　現在，わが国では少子化時代を迎えたことにより，子育てに対する関心が，嫌が応にも高まっている。児童館も貴重な地域の子育て資源として，その役割を期待されている。

　塔南の園児童館は京都市南区にある。京都駅よりもだいぶと南に位置する，いわゆる「郊外」地域である。近隣には工場と高層マンションが建ち並ぶ一方で，田畑も残っている，古い住民と新しい住民が混在した場所である。近くには国宝の五重塔で有名な東寺もあり，その南の地域なので「塔南」と呼ばれるそうである。

　塔南の園児童館は，小規模児童館である。高齢者福祉施設との併設による総合施設なので，外見は大きな建物であるが，児童館自体のスペースは限られており，平屋で，お世辞にも広いとはいえない。だが常に，幅広い世代の人々の出入りが絶えない。乳幼児とその親，小学生，中学生，高校生，大学生，そして社会人。利用者の他に，数多くのボランティアが出入りしているからである。

第11章　塔南の園児童館

塔南の園児童館		
所在地		京都市南区
団体・施設の沿革		1996年12月開設 設置運営主体：社会福祉法人　京都福祉サービス協会
団体・施設の概要		開館時間：10時—17時（日曜・祝祭日および年末年始は休館） 職員：館長1名，児童厚生員4名 〈施設概要〉 遊戯室，図書室，育成室 〈事業内容〉 (1)児童館事業 ・児童を対象としたクラブ・遊びの教室・（音楽クラブ・手作りクラブ・手作り教室等） ・地域交流ふれあい行事（季節ごとの地域交流・赤ちゃん親子と中学・高校生のふれあい交流・高齢者交流・移動児童館・夏祭り等） ・乳児クラブ（「ほっぺ」「ほっぺひよこ」） ・幼児クラブ（「にこにこ」） ・母親クラブ（「まざぁぐうす」） ・乳幼児親子のたまり場・ひろば ・子育て相談，子育て講座，子育てサークル支援 (2)学童クラブ事業 小学校1年〜3年生（障害のある児童は4年生まで）の，両親が昼間留守になる児童の放課後の生活の場。 〈2005年度年間述べ利用状況〉 (1)児童館事業…19,105名（1日平均64名） (2)学童クラブ事業…12,533名（1日平均43名）
ボランティア活動	開始時期	1997年
	活動内容	・乳・幼児のクラブ，乳幼児親子支援（たまりば・ひろば）のスタッフ（平日の午前中。託児支援活動，および取り組み内容の企画・運営補助） ・学童クラブのスタッフ（平日15時から17時までと，土曜日・長期休暇中の1日中。小学生の子どもたちの相手をする） ・統合育成介助者（障害のある子どもの支援。有償） ・「ヨルのジドウカン」スタッフ（毎月第3土曜日18時から行っている中学・高校生の居場所づくり事業のサポート） ・各種イベント（キャンプ・夏祭りなど，プロジェクトチーム毎に活動） ・配食サービス高校生チームボランティア（地域のお年寄りのお宅へお弁当を届けるサービス。有償）
	人数	1日平均12.1名（うち中学生・高校生4.9名）。年間述べ3627名（うち中学生・高校生1477名）※2005年度実績
	募集方法	募集チラシやポスターを各関係機関・中学校・高校に配布している他，大学で説明会を実施。
	その他	・研修：定期的には実施していないが，活動希望者には随時，ガイダンスを行っている（ボランティア用資料あり）。また，活動中のボランティアを対象とした研修会も昨年度に1度行った。 ・交通費等：なし

2　塔南の園児童館がボランティアを受け入れる目的

　現在，塔南の園児童館で行っている事業のほとんどに，ボランティアは参加している。ある職員は，もはやボランティアがいない状況が考えられない，と

話す。それだけボランティアは日常的に数多く，館を訪れている。

　ボランティアの関わり方は，人それぞれである。午前中だけ児童館を訪れる人，午後や夜の活動だけの人，障害児のサポートにだけ携わる人などがおり，またそれらの活動全てに関わるボランティアもいる。午前中は授業の空き時間を使って来る大学生が多い。午後からは授業帰りの中学・高校生が増える。夜の活動は毎月第3土曜日の18時から行っており，これは大学生や社会人が中心だ。もちろん館を訪れるペースも様々。毎日のように来るボランティアもいれば，月1，2回だけの人もいる。なかにはふらっと来て，近況報告だけ職員にして帰っていく者もいる。馴染みの客が喫茶店に寄るかのようだ。

　塔南の園児童館では，ボランティアの主力は大学生と，中学・高校生である。ひと月では大学生が述べ150人，中学・高校生が述べ100人程度，ボランティアとして児童館を訪れている。夏休み期間になると，その数は倍以上にふくれあがる。

　なぜ，塔南の園児童館ではこれほどまで，ボランティアを受け入れているのであろうか。

　第一に，多様な人が関わることによって，利用者である子どもたちによい影響を与えることができると考えるためである。幼児や小学生にとって，中学・高校生・大学生は少し大きなお兄さんお姉さんである。兄弟が少ない現在の家庭では経験できない関わりが児童館で生まれることになる。親にとっても，遊び方の参考になることがあるという。

　第二に，中学・高校生が児童館へ足を運ぶこと自体が，重要と考えるためである。児童館のサービス対象者である「児童」とは，法律上，0歳から18歳未満の全ての者を指す。従って本来，児童館は中学・高校生も含めた子どもの健全育成を行うところなのである。しかしながら多くの児童館では，中学・高校生の利用はあまりなく，もっぱら小学生以下，特に乳幼児が利用している施設となっている。これは仕方のない側面もある。施設は乳幼児対象の事業を運営するのに精一杯で，とても中学・高校生向けの事業まで手が廻らない。一方，中学・高校生からすれば，とても乳幼児や小学生が遊んでいるところで一緒に

遊ぶ気にはなれないかもしれない。しかし，中学・高校生も「ボランティア」という役割が与えられたならば，児童館を訪れやすい。

また，大学生は近い将来，その多くが直接に子育てをすることになる。そのため児童館を訪れ，そしてそこで親子とふれあうことは，自身が子育てする準備として，貴重な経験となる。すなわち大学生をボランティアとして受け入れることも，児童館の事業目的との関係で深い意味を持っているのである。

例えば，児童館にボランティアで来ていた女子学生のなかに，お産に対して「怖い」というイメージを抱いていた者がいた。彼女のなかでは子どもとは独りで産み，育てなければならないという思い込みが強くあったのである。しかしボランティア活動を通して，多くの親子とふれあい，話を聞くなかで，お産は周囲から祝福され，また父親のサポートもあればとても充実したものとなる，と子育て観を新たにしたそうである。

3　子どもの成長・ボランティアの成長・組織の活性化

1　子どもと共に成長するボランティア

児童館は「遊び」を通して，子どもが成長するのを支援する場である。そこで起きる問題には，中学・高校生，大学生のボランティアが日々学校でしている勉強とは異なり，正解がない。例えば子ども同士のけんかも，その子どもたちの成長を考えると，止めるべきなのか，止めない（自分たちで解決させる）べきなのか，判断に迷うことがある。子ども相手に日々惑うことで，中学・高校生，大学生のボランティアも成長する。子育ては「ボランティア育て」でもあるのだ。また，前述の「中学・高校生と赤ちゃんのふれあい事業」での大学生の例にみるように，児童館でのボランティア活動には，子育て準備のための教育的な意義も多分に含んでいるといえよう。

さらには，ボランティア同士の共同作業や交流も，ボランティアの成長を促している。現在の社会では，中学・高校生，大学生が何かの作業を一緒にすることはめったにない。中学生，高校生，大学生は学校という施設によって分断

されている。特に中学，高校では同じ学校であっても，学年が違えばほとんど交流することはなく，もっぱら同学年としかつきあわない。このように，年齢別に「輪切り」にされた空間では，横並びの人間関係しか生まれない。しかし，児童館では多世代のボランティアが集まっていることで，「ちょっと年上」や「ちょっと年下」との人間関係が生まれている。年長者が年少者に対して教え，そして年長者は教えることによって学ぶ。数年先の自分を考え，また数年前の自分を思い出して関わり合う。こうして，互いに成長する関係性が，児童館のボランティア活動では生まれている。

しかし，ボランティア活動における関係性の魅力は，「教え・教えられる」の関係が，長幼の順序と逆転する時があるところだ。それが象徴的に現れたのは，「中高校生と赤ちゃんのふれあい事業」を行った時のことである。この企画では，赤ちゃんを連れた両親と，近隣の中学・高校生とが遊戯室に集まり，半日ほどレクリエーションを楽しんだ。そこではサポートスタッフとして，大学生ボランティアが運営に協力していた。その企画のなかで，大学生ボランティアに期待された役割は，率先して赤ちゃんとふれあって，中学・高校生に見本をみせることであった。

しかし企画が始まってみると，むしろ中学・高校生の方がおそれをなさずに赤ちゃんとふれあい，逆に大学生は，どう赤ちゃんを扱ってよいのかわからず，遠巻きにその様子をみたり，だっこするにしても，おそるおそるであったりしていた。赤ちゃんと積極的にふれあえないこと，これは当の大学生ボランティア自身にとって相当なショックであり，中学・高校生の姿から大学生が考えさせられた出来事となったのである。

しかしもっと単純に，ボランティア歴が長ければ，たとえ年少者であっても先輩となるので，普段の活動の様々な場面で，年長者が年少者から指導されることになる。おそらくこれも，学校に通うだけは経験できない，学びのスタイルであろう。

第11章　塔南の園児童館

写真①

写真②

児童館では多様な世代が関わり合う　　中高生と赤ちゃんのふれあい事業の様子

 2 　ボランティアの成長が施設の事業活性化に！

　このように，塔南の園児童館での活動を通して，ボランティアは成長していく。ボランティアが成長することは，ボランティア自身にとってのメリットだけでなく，児童館側にも還元されることもある。それは，ボランティアが活動を通じて抱いた問題意識を，新たな事業の企画という形で具現化する時である。

　子どもと両親が参加する企画を，児童館で実施した後のことである。協力していた中学・高校生ボランティアたちが，職員と話をした。あるボランティアが，父親が仕事の都合で参加できず，一人で参加した母親の様子をみて，とても落ち込んでいるようだった，と感じたという。そしてそのことから，夫婦は仲良くないと，子育てもうまくはいかないという話になった。そこで，職員が，両親が仲良くできる企画を自分たちで考えてみたらどうか，とボランティアたちに提案した。中学・高校生たちが考えたあげく，企画したのが「お父さんお母さんのバレンタインデー・プロジェクト」であった。これは，普段は子育てに忙しく，二人っきりで外出などできない子どもの両親に，2月14日のバレンタインデーにデートをしてもらうために，ボランティアが児童館で子どもを預かって，保育するという内容であった。このときは，10家庭15人くらいの幼児を35人くらいのスタッフでサポート（中学，高校生17・大学生，院生10・主任児童委員2・看護師2・職員）したのだが，その企画実施は中学・高校生がメインに活動し，大学生は支援する側に廻っていた。

203

写真③　　　　　　　　　写真④

サンタクロース・プロジェクトの様子

　また,「サンタクロース・プロジェクト」も,中学・高校生が子育て家庭とふれあうなかで,子どもたちも自分たちも楽しめる企画がつくれないかと考えて,生まれた取り組みである。これは,12月24日のクリスマス・イブの晩に,事前に申込のあったお宅に,サンタクロースの変装をしたボランティアが,プレゼント(事前にそのお宅から受け取っている)を子どもに届けにいく企画である。10家庭までを受け付け,それに対して中学・高校生,それに大学生と社会人のボランティアが「サンタ隊」と,「待ち受け隊」(児童館でサンタ隊が帰ってくるのを出迎える・軽食を作るなどふりかえりやすい雰囲気を演出する)に分かれて活動している。なお,このプロジェクトは,市内の別の団体でも同様な企画を実施するなど,塔南の園児童館から離れたところでも広がりをみせている。

　こうしたボランティアが始めた企画の内容は,児童館に勤める職員では考えつかない発想であった。中学・高校生,大学生の感性が生んだ取り組みといえる。もちろん,その事業実施もボランティア抜きでは考えられなかった。いわば,ボランティアの成長が,事業の豊富化の一助を担ったのである。またこれらの取り組みは,児童館のなかで完結するものではなく,子育て家庭を通じて,地域社会に働きかけるものであった。中学・高校生が自分たちで考え,熱意を持って行動する姿を目の当たりにすることで,地域の人たちが中学・高校生の評価を高める,よい機会となった。ボランティアを受け入れた若い父親・母親

達は，自分自身が中学・高校生の頃，これほど子育てやボランティア活動への関心がなかったので，今の中学・高校生たちはすごい，と一様に驚く。また，＜最近の若者＞へのネガティブなイメージが，マスコミを通じてとかく流されがちであるので，地域の人達からは，中学・高校生を見直したという声も聞かれた。そして若者達を温かく見守り，支えていこうという気運が地域に生まれてきているという。ボランティアが，まさに，職員では生み出せない成果を生み出しているのである。

4　地域の人や専門家ボランティアの協力を得るには？

　子どもが事件・事故に巻き込まれることが多い昨今，子どもの問題への関心は，地域ぐるみで高まっている。地域と児童館とは，これまでまったく接点がないわけではない。塔南の園児童館は高齢者福祉施設との複合施設であり，施設合同で毎年，夏祭りが開かれている。この夏祭りの時は，児童館が事務局となり，そこに地域の福祉後援会が関わり実施されているのである。またその時には，地域の住民の方々含め，2000人程度の来場者数がある。

　日常的にも，地域の人が塔南の園にボランティアとして関わっている。例えば年配の大工の方が，カブト虫小屋作りのイベント，塔南祭（施設のお祭り。毎年11月に行われる）のなかの工作コーナーでの物作りに来ている。子どもにとって，のこぎりなどを使う機会は，現在めったにない。初めはおそるおそるだが，そのうちに器用に使えるようになる。大工の方も，自分の技術を子どもたちに教えることを，とても楽しい機会だと感じているそうである。

　こうした本業や得意なことを活かすように，ボランティア活動へと誘っていくことが，塔南の園では見事にコーディネートされている。別の例では，母親サークルが自分たちの講師として連れてきた助産師の方がいた。職員がその方と話をしているなかで，地域で孤立している母親がいることに対して，何か取り組みができないか，という話になった。そこで母親同士のつながりをつくる企画を児童館で行う段取りになり，自然とその助産師の方も，ボランティア的

に関わってもらえるようになったのである。

　積極的に協力しようという気概を持った地域の人や，専門家とのつながりを上手につくっていくことにより，児童館の取り組みが深みを持つようになる。そのためには，塔南の園の事例にみるように，モチベーションや，活動継続の心理の理解が重要なのである。

5　ボランティアの募集とマネジメント

　塔南の園児童館では，それだけ多数のボランティアをどうやって募集しているのだろうか。

　募集チラシ・ポスターをつくり，それを関係機関や学校などに配置してもらってはいるものの，それをみて集まる活動希望者はそれほど多くはないという。概して，大学生は遠くからも通うが，中学・高校生は近隣の学校の者が大半である。中学・高校生の参加者は，教師からの紹介で半ばクラブ活動のように参加する場合や，児童館が授業への協力をすることで接点が生まれ，そこから館に直接，足を運ぶ者が出てくるという。大学生の場合にも，ゼミの先生の紹介でという学生は多い。やはり，口コミの効果は強い。

　また，塔南の園児童館では，高校生などのボランティアが自分の友人を新しく連れてくることも多いという。もちろん，職員の側からの働きかけもあるが，何より，誘う高校生自身がその活動を魅力的に感じ，そしてその魅力を伝えることができなければ，友人をボランティア活動に誘うことはできない。

　では，塔南の園児童館でのボランティア活動の魅力とはなんだろうか。もともと子どもに興味があって，将来子どもに関わる仕事に就きたいと考え，ボランティアに来る高校生もいるが，それは少数派である。多くは「何かしたい」といった漠然たる思いで参加して来ている。しかし，活動に参加するなかで，自分が何をするべきか理解できるようになる。役割がはっきりすれば，活動の目的もみえやすい。目的に向かって取り組むなかで，同世代・多世代の仲間もできる。こうして若者がボランティア活動の「とりこ」になっていくのである

図11-1　ボランティア登録シート

〇〇〇〇ボランティアシート〇〇〇〇

記入日　　年　月　日

〇名前　　〇誕生日　年　月　日

〇ニックネーム　　〇星座　座　血液型　型

〇連絡先　〒

〇TEL　　〇FAX

〇携帯　　〇E-mail

〇緊急連絡先

〇職業（学校名・学年）

〇 活動できる日時（曜日・時間帯）

趣味・特技　　自分の性格を一言で！　　将来の夢

やってみたいこと

〇 スポーツ　〇絵画　〇手芸　〇工作　〇音楽　〇料理　〇読み聞かせ（本・紙芝居）　〇芸術

〇 キャンプ　〇イベント（お祭りなど）　〇ゲーム（将棋・トランプ・集団レクなど・・・。）

〇その他（　　）

関わってみたい人

〇 乳幼児（0～3歳ぐらい）　〇小学校低学年（6～9歳ぐらい）　〇小学校高学年（9～12歳ぐらい）

〇 中高生（12～18歳ぐらい）　〇その他（　　）

参加のきっかけ・動機は？　　今までのボランティア経験は？

このボランティアをどこで知りましたか？

ボランティア保険　　〇加入済み　〇加入したい（A200円・B400円）

（第3章の調査結果が参考となるところである）。こうしたステップを踏むことを意図し，塔南の園児童館では活動初心者で，例えばイベントに入りたい人には，いきなりイベント当日に参加させず，それまでに，ミーティングや子どもと実際に遊び，子どもや他のボランティアと関係性をつくってから，本番を迎えられるようにしている。

塔南の園児童館にはボランティア担当の職員が一名いる。その者がボラン

ティアの募集を行い，また新たに来たボランティア活動参加希望者に対して，受け入れのガイダンス（面接）を行っている。ガイダンスの際には，塔南の園児童館の全体像を伝え，またボランティア活動についても，どの事業でどういうことができるのかを伝える。希望者の参加動機も尋ねている。どういう気持ちでボランティア活動をしようと思ったのか。それを聞くことにより，希望に添った活動をアレンジしたり，その後の活動中に配慮することができるからである。そうしたガイダンスを行った上で，ボランティア登録をしてもらう（図11-1の登録用紙参照。なおボランティア保険は原則全員加入）。

　ボランティアを受け入れた後は，担当職員が特別配慮することはない。各事業毎に，担当している職員が異なっており，直接的にはその職員と，ボランティアは連絡を取ることになる。何か特別な紹介の場があるわけではないので，多くの新ボランティアは，自分で他のボランティアに自己紹介をすることになる。ボランティアの出入りが多いところなので，他のボランティアも受け入れに慣れている。各ボランティアには名札が支給されているので，ボランティア同士はそれをみながら声を掛けあい，打ち解けていく。そもそも子ども相手の活動なので，活動中，声を掛け合わないといけない場面は多いのだ。

6　ボランティアひとりひとりの思いにどう応えるか？

　毎回，ボランティア活動後には振り返り（反省会）をしている。しかし，業務終了間際であるため，どうしても職員が慌ただしくなってしまい，ボランティアの側から投げかけられる疑問や感想に，充分に応えきれないことが多くなってしまっている。日常的に児童館を訪れているボランティアとは情報を共有し，思いを語り合う時間を作ることができるが，なかなか顔を出せないボランティアについては，充分にフォローができないこともある。

　塔南の園児童館では，今年初めてボランティア研修を行った。主として，障害のある子どもに関わるボランティアを対象としたものであったが，これは職員がボランティアと話しているなかで，ボランティア側から投げかけられた疑

問について,外部から講師を呼んで考える機会が必要と感じたからであった。当日はボランティアが15人集まった。職員を入れると,20人程度。まず講師からのレクチャーがあった後,個々の事例をボランティアスタッフから紹介し,講師からのアドバイスを受けた。また,その日は午前に研修を行い,午後からはボランティア感謝祭として,レクリエーションをした。こちらはボランティアが中心となって企画をし,大いに盛り上がった。普段あまり来られないボランティアにとっては,活動への親近感を高める一助となった。また,ボランティア同士でも,関わっている活動が異なるとほとんど顔を合わせたことがなかったのだが,今回をきっかけに新しいつながりも生まれた。研修や慰労の場が,ボランティアにとってのリフレッシュへと結びついたのである。

7　ボランティアが実現する「地域での子育て」

このように,ボランティアを積極的に受け入れている塔南の園児童館であるが,そのボランティア活動については,いくつか課題としていることもある。

児童館では現在,ボランティアの人数が増え過ぎることへの,いささかの危惧がある。これは,一般的なボランティアマネジメントの問題でもある。ボランティアの人数は単純に多ければ多いほどよい,ということではないのである。そうではなく,事業を実施するために適切な人が,適切な人数集まることが重要なのだ。

例えば児童館では,来館する子どもよりもボランティアの人数が多いために,複数のボランティアと,子ども一人が遊んでいることがあった。本来ならば,子ども同士で遊ぶことが第一であり,ボランティアはそれを円滑にするための存在であるはずなのに,である。これでは本末転倒になってしまう。また,新しいボランティアが一度に増えると,職員の側でボランティアのパーソナリティや,子どもに関わる技術の習熟度を把握できなくなってしまう。これは,子どもの安全というリスクマネジメントのためにも,軽視できない状態である。

とはいえ日常的には,ボランティアが足りなくて困ることはあっても,多す

ぎて困ることはめったにないのが現状である。それに，主力の中学・高校生，大学生は，卒業で転居してしまうなど，回転も速い。むしろ，今後もボランティアが参加する機会を増やし，「地域の中での子育て」を推進していきたいと塔南の園児童館では考えている。

あとがき

　本書は2003年3月末に立命館大学大学院政策科学研究科に提出した筆者の博士学位論文をベースにしつつ，加筆修正と原稿の追加を行い，完成させた。研究書とはいえ，大学生，NPOやボランティア活動に関わる関係者，行政関係者，その他一般の方にも読んでいただくことを想定して，書き改めている。例えば「はしがき」でも述べた通り，一般には馴染みの薄い統計分析の記載は大幅に割愛している。

　自身，阪神・淡路大震災を大学生時代に経験して以来，ボランティア活動の可能性に強い関心を寄せてきた。震災当時，学生だった私は，「何かしなくては」と強く思い，友人とともに現地に駆けつけた。しかし現地に到着すると，名状し難き惨状を目の前に，「何ができるだろう」と，なかば絶望にも近い気持ちに襲われた。しかし，避難所を訪れたとき，ボランティア達のいきいきした姿に，安堵した。ボランティアに救われたのは，まず，私だった。

　そこで何か，特別な貢献をしたわけではない。名もない一人のボランティアだった。その避難所では，大学生がボランティアリーダーであり，中学生がボランティアコーディネーターをしていた。中学生の指示で，大学生の私が（そして，もっと年配の人も）働いた。ボランティアだからこその，水平的な人間関係と，業務遂行のあり方に，今まで経験したことのないすがすがしさを感じた。

　一方で，その後，様々な活動に関わるなかで，可能性だけでなく，困難な面も同時に感じてきた。例えば，自分がどんなに頑張っても，当初の目標が達成できないことがあった。自分自身の力不足を強く感じたが，それは後になって考えてみると，ボランティアこその限界だったのかもしれない。いずれにしても，ボランティアとは何だろう，と，ボランティアという存在について，度々考え込むことがあった。活動の仲間とも，よく議論をした。

　ボランティアの魅力と難しさ，両面を理解した上でそのパワーを組織や社会

に活かしていくにはどうしたらいいのだろうか。そうした問題意識で、大学院に入ってからは、国内外の文献や論文を読みあさった。

調べてみて気付いたのは、ボランティア、および、ボランティアマネジメントに関して、欧米では驚くほどの研究蓄積がなされていることであった。それに比べて、その頃まだ、日本ではまとまったボランティアマネジメントの研究書がなかった。論文を含めても、欧米との研究蓄積の差は歴然であった。このテーマを整理し、新たに方向づけることは自分の使命ではないか。おこがましくも、そう思ったことが、懐かしく思い出される。

その目的が本書で充分に達せられた、とは恥ずかしくもいえない。そもそも成果を出すのに、10年近くの歳月を費やしてしまった。また、果たして本書のアプローチが適切だったのか、今でも自問自答している。一番大切なことを書けなかったのではという危惧がどうしてもぬけない。そのため、研究の立場から、または実践の立場から、本書に対してのご指導・ご批判を賜ることができれば幸いである。

いずれにしても、ボランティアに関する研究はまだまだ発展途上であるといって異論はなかろう。特に日本においては、少子高齢社会問題、環境問題、防災など、様々な場面で今後、ボランティアやNPOへの期待がより高まることが予想される。そのため、この分野の理論的な発展は、急務であると考えられる。

なお、この本を完成させるにあたって、多くの方々から、ご協力とご指導を頂いた。この場を借りてお礼を申し上げたい。

まず、アンケート調査、インタビュー調査でお世話になった、様々なボランティア団体、非営利組織の方々にお礼をいわねばならない。本文中ではふれることができなかったが、アンケート調査の自由記載欄には、回答者の方々の、ボランティア活動に対する熱意にあふれていた。多くの人が、確固たる「ボランティア観」を持って、活動に取り組んでいた。ボランティア活動についての問題点の指摘や、今後の抱負などもあり、単なるデータ収集以上のものを勉強

あとがき

させていただいた。

　また，調査内外を通じてお会いした，多くの方々からの励ましと，ご忠告のおかげで，本研究を仕上げることができた。特に，特定非営利活動法人　京都シルバーリング（2005年解散）の故・玉川雄司理事長や，理事の皆さん方には，2年間のインターンシップ期間，そしてその後も，大変お世話になった。よくして頂き，NPO についての基礎的な知識から，現場の知恵，生き方まで勉強させて頂いた。玉川氏に本書をおみせできなかったことがほんとうに残念である。

　さらに，「京都 NPO 研究会」と「公共非営利組織研究フォーラム」を通じて，多くの方々と知り合えて，また懇意にしていただけたことは，私にとってかけがえのない財産となっている。全ての方々のお名前をあげることはできないが，特に，田尾雅夫教授（京都大学），島田恒教授，新川達郎教授（同志社大学），小島廣光教授（北海道大学），河口弘雄教授（城西国際大学），吉田忠彦教授（近畿大学），立岡浩助教授（花園大学），真野俊樹教授（多摩大学），金川幸司教授（岡山理科大学），伊佐淳教授（久留米大学），そして故・渡辺好章教授（城西大学）には大変なお世話になった。ここで改めてお礼を申し上げたい。多様な学問的バックグラウンドを持ち，先駆的に NPO やボランティアのマネジメントに取り組んでこられた先生方との議論は，いつでも刺激的であった。

　そして，論文の指導教員であった立命館大学　川口清史教授には，博士論文の完成までに並々ならぬご指導を頂いた。大学の要職に就かれながら，忙しい合間を縫って頂くご意見は，いつでも私の研究を新しい方向へと導いてくださった。本当に感謝してもしきれない。博士論文副査の津止正敏教授，水口憲人教授にもお礼を申し上げる。津止教授には，大学ボランティアセンターの業務でも，副センター長として大変お世話になっている。

　なお，本書の編集にあたっては，ミネルヴァ書房の梶谷修氏，および東寿浩氏にお世話になった。梶谷氏には，これまでにも何度かお世話になっていたが，私自身初めての単著は不慣れな作業であり，スケジュールが大幅に遅れてしまったことをお詫びしたい。

最後に，分不相応に研究の道へ歩き出す息子に，心配であっただろうに，何もいわずに見守っていてくれた両親と，不安定で不規則な研究生活を常に支え続けてくれる妻・利枝に感謝を述べておきたい。
　2007年1月

桜井政成

参考文献

阿部敦『社会保障政策従属型ボランティア政策』大阪公立大学共同出版会，2003年。
安立清史（研究代表）「病院ボランティア・グループに関する全国調査報告書」2003年。
Allen, N. J. & Meyer, J. P. "The measurement and antecedents of affective, continuous and normative commitment to the organization," *Journal of Occupational Psychology*, 63(1), 1990, pp. 1-18.
Anderson, J. C. & Moore, L. F. "The motivation to volunteer," *Journal of Voluntary Action Research*, 7, 1978, pp. 120-129.
Anderson, R. T. "Voluntary associations in Hyderabad," *Anthropological Quarterly*, 37, 1964, pp. 175-190.
安藤香織・広瀬幸雄「環境ボランティア団体における活動継続意図・積極的活動意図の規定因」『社会心理学研究』15巻2号，1999年，90-99頁。
Aronfreed, J. "The socialization of altruistic and sympathetic behavior: some theoretical and experimental analyses," Macauley, J. & Berkowitz, L. (eds.), *Altruism and helping behavior*, Academic Press, 1970.
青山美智代・西川正之・秋山学・中迫勝「老人福祉施設における介護ボランティア活動の継続要因に関する研究」『大阪教育大学紀要　第Ⅳ部門』48巻2号，2000年，343-358頁。
Asano, K. & Yamauchi, N. "How do the Japanese define a volunteer: test the net cost hypothesis."『ノン・プロフィット・レビュー』1巻1号，2001年，15-26頁。
Ashforth, B. E. & Mael, F. "Social identity theory and the organization", *Academy of Management Review*, 14(1), 1989, pp. 20-39.
Barnard, C. I. *The Function of the executive*, Harvard University Press, 1938. (山本安次郎・田杉竸・飯野春樹訳『新訳　経営者の役割』ダイヤモンド社，1968年)
Berman, E. M. *Productivity in Public and Nonprofit Organizations: strategy and techniques*, Sage, 1998.
Black, B. & Kovacs, P. J. "Age-Related Variation in Roles Performed by Hospice Volunteers," *The Journal of Applied Gerontology*, 18(4), 1999, pp. 479-497.
Bowen, D. J.; Andersen, R. M. & Urban, N. "Volunteerism in community-based sample of women aged 50 to 80 years," *Journal of Applied Social Psychology*, 30(9), 2000, pp. 1829-1842.
Brichacek, G. B. "Hospice Volunteer Turnover: A Measure of Quality Assurance in the Utilization of Volunteers," *American Journal of Hospice Care*, 5(6), 1988, pp. 32-35.
Bringle, R. G.; Phillips, M. A. & Hudson, M. *The Measure of Service Learning*, American Psychological Association, 2004.

Brown, E. P. & Zahrly, J. "Nonmonetary rewards for skilled volunteer labor," *Nonprofit and Voluntary Sector Quarterly*, 18(2), 1989, pp. 167-177.

Brudney, J. L. "Designing and Managing Volunteer Programs", Herman, R. D. & associates (ed.), *The Jossey-Bass Handbook of Nonprofit Leadership and Management*, Jossey-Bass, 1994.

Bussell, H. & Forbes, D. "Understanding the volunteer market : the what, where, who and why of volunteering," *International Journal of Nonprofit and Voluntary Sector Marketing*, 7(3), 2002, pp. 244-257.

Catano, V. M.; Pond, M. & Kelloway, E. K. "Exploring commitment and leadership in volunteer organizations," *Leadership & Organization Development Journal*, 22(6), 2001, pp. 256-263.

Chambre, S. M. "The volunteer response to the AIDS epidemic in New York City : implications for research on voluntarism," *Nonprfit and Voluntary Sector Quarterly*, 2(3), 1991, pp. 267-287.

Chevrier, F.; Steuer, R. & Mackenzie, J. "Factors affecting satisfaction among community-based hospice volunteer visitors," *The American Journal of Hospice & Palliative Care*, July/August, 1994, pp. 30-37.

Clary, G. E.; Snyder, M.; Ridge, R. D.; Copeland, J.; Stukas, A. A.; Haugen, J. & Miene, P. "Understanding and assessing the motivations of volunteers : a functional approach," *Journal of Personality and Social Psychology*, 74(6), 1998, pp. 1516-1530.

Clary, G. E.; Snyder, M. & Stukas, A. A. "Volunteers' motivations : findings from a national survey," *Nonprofit and Voluntary Sector Quarterly*, 25(4), 1996, pp. 485-505.

Clary, G. E.; Snyder, J.; Copeland, J. T. & French, S. A. "Promoting volunteerism : an empirical examination of the appeal of persuasive messages," *Nonprofit and Voluntary Sector Quarterly*, 23(3), 1994, pp. 265-280.

Clary, G. E.; Snyder, J. & Ridge, R. D. "Volunteers' motivations : a functional strategy for the recruitment, placement, and retention of volunteers," *Nonprofit Management & Leadership*, 2(4), 1992, pp. 333-350.

Clary, G. E. & Snyder, M. "A functional analysis of altruism and prosocial behavior : the case of volunteerism," Clark, M. S. (ed.), *Review of personality and Social Psychology*, Sage, 1991, pp. 119-148.

Cnaan, R. A. & Cascio, T. A. "Performance and commitment : issues in management of volunteers in human service organizations," *Journal of Social Service Research*, 24(3/4), 1999, pp. 1-37.

Cnaan, R. A. & Goldberg-Glen, R. S. "Measuring motivation to volunteer in human services," *Journal of Applied Behavioral Sciences*, 27(3), 1991, pp. 269-284.

Conger, J. A. & Kanungo, R. N. "Toward a behavioral theory of charismatic leadership in organizational settings", *Academy of Management Review*, 12, 1987, pp. 637-647.

Connors, T. D. (ed.) *The Volunteer Management Handbook*, Wiley, 1995.

Cook, A. K.; Howell, R. E. & Weir, I. L. "Rural leadership programs and changing participation of men and women in public affairs," *Journal of the community development Society*, 16, 1985, pp. 41-56.

Cote, S. &Healy, T. *The Well Being of Nations : The Role of Human and Social Capital.* Organisation for Economic Co-operation and Developent, 2001

Coyle-Shapiro, J. A-M. & Kessler, L. "The employment relationship in the U. K. public sector : a psychological contract perspective," *Journal of Public Administration Research and Theory*, 13(2), 2003, pp. 213-230.

Dailey, R. C. "Understanding organizational commitment for volunteers : empirical and managemental implicaions, *Journal of Voluntary Action Research*, 15(1), 1986, pp. 19-31.

Dresbach, S. L. N. "Commitment and volunteer organizations : variables influencing participation in environmental organizations", PhD dissertation (Ohio State University), 1992.

Drucker, P. F. *Managing the Nonprofit Organizations*, Harper Collins Publishers, 1990. (上田惇生・田代正美訳『非営利組織の経営 : 原理と実践』ダイヤモンド社, 1991 年)

Elder, G, H., Jr. *Life Course Dynamics*, Cornell University Press, 1985.

Ellis, S. J. *From the Top Down : the executive role in volunteer program success*, Energize, 1996. (筒井のり子・妻鹿ふみこ・守本友美訳『なぜボランティアか？：「思い」をいかす NPO の人づくり戦略』海象社, 2001 年)

Farmar, S. M. & Fedor, D. B. "Volunteer participation and withdrawal : a psychological contract perspective on the role of expectations and organizational support," *Nonprofit Management and Leadership*, 9(4), 1999, pp. 349-367.

Farrell, D. & Rusbult, C. E. "Exchange variables as predictors of job satisfaction, job commitment, and turnover : the impact of rewards, costs, alternatives, and investments," *Organizational Behavior and Human Performance*, 28, 1981, pp. 78-95.

Flashman, R. & Quick, S. "Altruism is not dead : a specific analysis of volunteer motivation," in Moore, L. F. (ed.), *Motivating Volunteers : how the rewards of unpaid work can meet people's needs*, Vancouver Volunteer Centre, 1985, pp. 155-168.

Friedman, R. R.; Florin, P.; Wandersman, A. & Meier, R. "Local action on behalf of local collectives in the U. S. and Israel : how different are leaders from members in voluntary associations ?" *Journal of Voluntary Action Research*, 17, 1988, pp. 36-54.

Freitag, M., Beyond Tocqueville : the origins of social capital in Switzerland, *European Sociological Revivw*, 19(2), 2003, pp. 217-232.

Galindo-Kuhn, R. & Guzley, R. M. "The volunteer satisfaction index : construct definition, measurement, development, and validation," *Journal of Social Service Research*, 28(1), 2001, pp. 45-68.

Gamson, W. A. *Power and Discontent*, Aldine, 1968.

Gidron, B. "Predictors of retention and turnover among service volunteer workers," *Journal of Social Service Research*, 8(1), 1985, pp. 1-16.

Handy, P.; Cnaan, R. A.; Brudney, J. L.; Ascoli, U.; Meijs, L. C. M. P. & Ranade, S. "Public Perception of "who is a volunteer": An examination of the net-cost approach from a cross-cultural perspective." *Voluntas*, 11(1), 2000, pp. 45-65.
原田隆司『ボランティアという人間関係』世界思想社, 2000年。
Harris, M. "Doing it their way: organizational challenges for voluntary associations," *Nonprofit and Voluntary Sector Quarterly*, 27(2), 1998, pp. 144-158.
Hobson, C. J.; Rominger, A.; Malec, K.; Hobson, C. L. & Evans, K. "Volunteer-friendliness of nonprofit agencies: definition, conceptual model, and applications," *Journal of Nonprofit & Public Sector Marketing*, 4(4), 1996, pp. 27-41.
Hoffman, M. L. "Psychological and biological perspectives on altruism," *International Journal of Behavioural Development*, 1, 1978, pp. 323-339.
Hoffman, M. L. "Empathy, role-taking, guilt, and development of altruistic motives," Lickona, T. (Ed.), *Moral Development and Behavior*, Rinehart & Winston, 1976.
Hooghe, M. "Participation in voluntary associations and value indicators: The effect of current and previous participation experiences." *Nonprofit and Voluntary Sector Quarterly*, 32(1), 2003, pp. 47-69.
井上真六「仏教とボランタリズム」『ボランタリズムの思想と実践』社会福祉研究所, 1979年。
入江幸男「ボランティアの思想」内海成治・入江幸男・水野義之編『ボランティア学を学ぶ人のために』世界思想社, 1999年, 4-21頁。
Isham, J.; Kolodinsky,J.&Kimberly, G. "The effects of volunteering for nonprofit organizations on social capital formation," *Nonprofin and Voluntary sector Quarterly*, 35(3), 2006, pp. 367-383
石井祐里子「ボランティア・コーディネーターの専門性に関する一考察:研修プログラムの課題」『京都光華女子大学研究紀要』41巻, 2003年, 271-286頁。
伊藤一統「青少年のボランティアに関するイメージと経験についての調査研究」『教育学研究紀要』48巻第1部, 2002年, 336-341頁。
Jacoby, B&associates, *Service-Leaning in Higher Education: Concepts and Practices*, San Francisco, Calif.: Jossey-Bass Publishers, 1996.
Jamison, I. B. "Turnover and retention among volunteers in human service agencies," *Review of Public Personnel Administration*, 23(2), 2003, pp. 114-132.
Jenner, J. R. "Organizational commitment among women volunteers: meaning and measurement," *Psychological Report*, 54, 1984, pp. 991-996.
Jenner, J. R. "Volunteerism as an aspect of women's work lives," *Journal of Vocational Behavior*, 19, 1981, pp. 302-314.
地主明弘「ボランティアコーディネーター実践の妥当性:ボランティア活動の行為論的理解から」『地域福祉研究』31巻, 2003年。
John, P. "The Contribution of Volunteering, Trust, and Networks to Educational Performance," *The policy Studies Journal*, 33(4), 2005, pp. 635-656.

Kanter, R. & Summers, D. "Doing well while doing good : dilemmas of performance measurement in nonprofit organizations and the need for a multiple constituency approach," in Powell, W. W., *The Nonprofit Sector : a research handbook*, Yale University Press, 1987.

Katz, D. "The functional approach to the study of attitudes," *Public Opinion Quarterly*, 24, 1960, pp. 163-204.

Kay, R. "The artistry of leadership : an exploration of the leadership process in voluntary not-for-profit organizations", *Nonprofit Management and Leadership*, 4, 1994, pp. 285-300.

経済企画庁編『国民生活白書 平成12年度版』2000年。

経済企画庁編「個人から見た市民活動に関する調査」1998年。

Kirsch, A. D., Hume, K. & Jalandoni, N. T. *Giving and Volunteering in the United States : finding from a national survey (1999 edition.)*, Independent Sector, 2001.

木谷宜弘「ボランティア・センターの現状と課題」『月刊福祉』62巻, 1979年, 24-29頁。

木谷宜弘「ボランティア活動をより効果的にするために——コーディネーターの必要性と役割」『月刊福祉』60巻, 1977年, 52-57頁。

小林武生「ボランティアコーディネートの必要性に関する一考察：福祉社会形成のための一方策」『人間福祉研究』5巻, 2002年。

Kotler, P. *Marketing for Nonprofit Organizations*, 2nd ed., Prentice-Hall, 1982.（井関利明監訳『非営利組織のマーケティング戦略』第一法規, 1991年）

Kotler, P. & Scheff, J. *Standing Room Only : strategies for marketing the performing arts*, Harvard Business School Press, 1997.

興梠寛「サービス・ラーニング」日本ボランティア社会研究所 ボランティア学習事典編集委員会編『まあるい地球のボランティア・キーワード145』春風社, 2003年, 76-78頁。

倉田康路「社会福祉施設におけるボランティアの受け入れ態勢と対応：行う側（活動者）と受け入れる側（施設）との双方向的なあり方を求めて」『社会福祉研究』29巻, 2001年, 72-83頁。

Lammers, J. C. "Attitudes, motives, and demographic predictors of volunteer commitment and service duration," *Journal of Social Service Research*, 14(3/4), 1991, pp. 125-140.

Lansley, J. "Membership participation and ideology in large voluntary organizations : the case of the National Trust," *Voluntas*, 7(3), 1996, pp. 221-240.

李妍焱『ボランタリー活動の成立と展開』ミネルヴァ書房, 2002年。

Leonard, R.; Onyx, J. & Hayward-Brown, H. "Volunteer and coodinator perspectives on managing women volunteers," Nonprofit Management & Leadership, 15(2), 2004, pp. 205-219.

Liao-Troth, M. A. "Are they here for the long haul ? The effects of functional motives and personality factors on the psychological contracts of volunteers," *Nonprofit and Voluntary Sector Quarterly*, 34(4), 2005, pp. 510-530.

Liao-Troth, M. A. "Attitude differences between paid workers and volunteers," *Nonprofit Management and Leadership*, 11(4), 2001, pp. 423-442.

Liao-Troth, M. A. & Dunn, C. P. "Social constructs and human service : managerial sensemaking of volunteer motivation," *Voluntas*, 10(4), 1999, pp. 345-361.

Lipnack, J. & Stamps, J. *Networking : the first report and directory*, Doubleday, 1982. (社会開発統計研究所訳・正村公宏監訳『ネットワーキング：ヨコ型情報社会への潮流』プレジデント社，1984年)

Lipsky, M. *Street-level Bureaucracy : dilemmas of the individual in public services*, Russell Sage Foundation, 1980. (田尾雅夫・北大路信郷訳『行政サービスのディレンマ：ストリート・レベル官僚制』北大路書房，1986年)

真野俊樹編著『信頼回復の病院経営』薬事日報社，2005年。

Marshall, K. P. "Volunteerism among non-clients as marketing exchange", *Volunteerism Marketing*, The Haworth Press, 1999, pp. 95-106.

松本耕三「スポーツ・ボランティアの類型化に関する研究」『山口県立大学社会福祉学部紀要』5巻，1999年，11-19頁。

松岡宏高・小笠原悦子「非営利スポーツ組織を支えるボランティアの動機」『体育の科学』52巻4号，2002年，277-284頁。

McCurley, S, "Recruiting and retaining volunteers," in Herman, R. D. (ed.,) *The Jossey-Bass handbook of nonprofit leadership and management*, 1994, pp. 511-534.

McGree, L. F. "Keeping up the good work," *Personnel Administrator*, 33(6), 1988, pp. 68-72.

妻鹿ふみこ「ボランティア・マネジメントをめぐる一考察　ボランティア受け入れ組織のための方法論構築に向けて」『地域福祉研究』27巻，1999年，pp. 93-103。

Menchik, P. L. & Weisbrod, B. A. "Volunteer labor supply," *Journal of Public Economics*, 32, 1987, pp. 159-183.

Michels, R. *Political Parties*, Free Press, 1911.

皆川州正「ボランティア活動の継続性と生きがいに関する研究」『社会福祉研究室報』8，1998年, pp. 35-47。

Mintzberg, H. "Strategy making in three modes," *California Management Review*, 16(2), 1973, pp. 44-53.

三隅二不二『リーダーシップ行動の科学』有斐閣，1978年。

宮城孝「ボランティア活動担当者の業務とその専門性について」『日本社会事業大学社会事業研究所年報』25号，1989年，pp. 23-37。

望月七重・李政元・包敏「高齢者のボランティア活動（参加・継続意向）に影響を与える要因：高齢者大学の社会還元活動実態調査から」『社会学部紀要』91巻，2002年，181-193頁。

Morishima, M. "Renegotiating psychological contracts : Japanese style," *Trends in Organizational Behavior*, 3, 1996, pp. 139-158.

Morrison, E. W. & Robinson, S. R. "When employees feel betrayed : a model of how psychological contract violation develops," *Academy of Management Review*, 22(1), 1997, pp. 226-256.

Mowday, R. T.; Porter, L. W. & Steers, R. M. *Employee-Organization Linkages: the psychology of commitment, absenteeism, and turnover*, Academic Press, 1982.

Murnighn, K. J.; Kim, J. W. & Metzger, R. A. "The volunteer dilemma," *Administrative Science Quarterly*, 38(4), 1993, pp. 515-538.

長須正明・蔵下智子・松原達哉「阪神大震災救援ボランティア活動参加者の意識調査」『立正大学哲学心理学会紀要』24号, 1998年, 17-50頁。

内外学生センター編『学生のボランティア活動に関する調査報告書』1998年。

西浦功「ボランティア活動観に関する実証的研究」『現代社会学研究』12巻, 1999年, 71-87頁。

西浦功「表出的役割からみたボランティア団体の組織運営：余暇活動としてのボランティア活動」『現代社会学研究』10巻, 1997年, 118-131頁。

野呂一郎『HRMとは何か』多賀出版, 1998年。

Oeterle, S.; Johnson, M. K. & Mortimer, J. T. "Volunteerism during the transition to adulthood: a life course perspective," *Social Forces*, 82(3), 2004, pp. 1123-1149.

岡本栄一「住民（市民）参加とコーディネーター」大阪ボランティア協会編『ボランティア：参加する福祉』ミネルヴァ書房, 1981年a。

岡本栄一「拠点としてのボランティア・センター」大阪ボランティア協会編『ボランティア：参加する福祉』ミネルヴァ書房, 1981年b。

Okun, M. A. "The relation between motives for organizational volunteering and frequency of volunteering by elders," *The Journal of Applied Gerontology*, 13(2), 1994, pp. 115-126.

Omoto, A. M. "Volunteerism and the life course: investigating age-related agendas for action," *Basic and Applied Social Psychology*, 22(3), 2000, pp. 181-197.

Omoto, A. M. & Snyder, M. "Sustained helping without obligation: motivation, longevity of service, and perceived attitude change among aids volunteers," *Journal of Personality and Social Psychology*, 68(4), 1995, pp. 671-686.

Omoto, A. M.; Snyder, M. & Berghuis "The psychology of volunteerism: a conceptual analysis and a program of action research," in J. B. & Reeder, G. D. (eds.), *The Social Psychology of HIV Infection*, Lawrence Erlbaum, 1993.

Omoto, A. M. & Snyder, M. "Basic research in action: volunteerism and society's response to AIDS," *Personality and Social Psychology Bulletin*, 16(1), 1990, pp. 152-165.

Osborne, S. P. (ed.) *Managing in the Voluntary Sector*, International Thomas Publishing, 1996. (ニノミヤ・アキイエ・H. 監訳『NPOマネージメント』中央法規, 1999年)

Oster, S. *Strategic management for nonprofit organizations: theory and cases*, Oxford University Press, 1995. (河口弘雄監訳『NPOの戦略マネジメント』ミネルヴァ書房, 2005年)

Passey, A. & Lyons, M. "Nonprofits and social capital," *Nonprofit Management & Leadership*, 16(4), 2006, pp. 481-495.

小澤亘『「ボランティア」の文化社会学』世界思想社, 2001年。

Pearce, J. L. *Volunteers : the organizational behavior of unpaid workers*, Routledge, 1993.

Perkins, K. B. & Poole, D. G. "Oligarchy and adaptation to mass society in an all-volunteer organization : implications for understanding leadership, participation, and change", *Nonprofit and Voluntary Sector Quarterly*, 25(1), 1996, pp. 73-88.

Pidgeon, Jr. W. P. *The Universal Benefits of Volunteering*, Wiley, 1997.

Pierucci, J. & Noel, R. C. "Duration of participation of correctional volunteers as a function of personal and situational variables", *Journal of Community Psychology*, 8, 1980, pp. 245-250.

Purvis, L. J. & Cropley, M. "The Psychological Contracts of National Health Service Nurses," *Journal of Nursing Management*, 11, 2003, pp. 107-120.

Putnam, R. D., *Making Democracy Work : Civic Traditions in Modern Italy*, Princeton. NJ : Prinseton University Press, 1993. (河田潤一訳『哲学する民主主義:伝統と改革の市民的構造』NTT出版, 2001年)

Quinn, R. E. & Cameron, K. S. "Organizational life cycles and shifting criteria of effectiveness : some preliminary evidences," *Management Science*, 29(1), 1983, pp. 33-51.

Reeder, G. D.; Davison, D. M.; Gipson, K. L. & Hesson-McInnis, M. S. "Identifying the motivations of african american volunteers working to prevent HIV/AIDS," *AIDS Education and Prevention*, 13(4), 2001, pp. 343-354.

Rich, Richard C. "Dynamics of leadership in neighborhood organizations," *Social Science Quarterly*, 60, 1980, pp. 570-587.

Robin, A. & Thorelli, I. M. "Egoistic motives and longevity of participation by social service volunteers," *The Journal of Applied Behavioral Science*, 20(3), 1984, pp. 223-235.

労働政策研究・研修機構編(2004)「就業形態の多様化と社会労働政策:個人業務委託とNPO就業を中心として」

Robinson, S. L. "Trust and breach of the psychological contract," *Administrative Science Quarterly*, 41(4), 1996, pp. 574-599.

Robinson, S. L.; Kraatz, M. S. & Rousseau, D. M. "Changing obligations and the psychological contract : a longitudinal study," *Academy of Management Journal*, 37(1), 1994, pp. 137-152.

Robinson, S. L. & Morrison, E. W. "Psychological contracts and organization citizenship behaviour : The effect of unfulfilled obligations on civic virtue behaviour," *Journal of Organizational Behaviour*, 16, 1995, pp. 289-298.

Robinson, S. L. & Rousseau, D. M. "Violating the psychological contract : not the exception but the norm," *Journal of Organizational Behavior*, 15(3), 1994, pp. 245-259.

Rousseau, D. M. "New hire perceptions of their own and their employer's obligations : A study of psychological contracts," *Journal of Organizational Behavior*, 11, 1990, pp. 389-400.

Rousseau, D. M. "Psychological and implied contracts in organizations," *Employee Responsibilities and Rights Journal*, 2(2), 1989, pp. 121-139.

Rousseau, D. M. & Parks, J. M. "The contracts of individuals and organizations," *Research in Organizational Behavior*, 15, 1993, pp. 1-43.

Rose-Ackerman, S. "Altruism, ideological entrepreneurs and the non-profit firm", *Voluntas*, 8(2), 1997, pp. 120-134.

Ryan, R. L.; Kaplan, R. & Grese, R. E. "Predicting volunteer commitment in environmental stewardship programmes," *Journal of Environmental Planning and Management*, 44(5), 2001, pp. 629-648.

Ryan, V. D.; Agnitsch, K. A.; Zhao, L. & Mullick, R. "Making sense of voluntary participation : A theoretical synthesis," *Rural Sociology*, 70(3), 2005, pp. 287-313.

桜井政成「コミュニティワーカーとしてのボランティアコーディネーター：業務遂行上の困難性についての一考察」『立命館大学人間科学』10号，2005年，13-27頁。

桜井政成「官製の市民活動センター（NPOセンター）におけるボランティアコーディネーションの現状と課題」ボランティアコーディネーター白書編集委員会編『ボランティアコーディネーター白書03・04年版』大阪ボランティア協会，2004年a，22-28頁。

桜井政成「公的・非営利組織の人的資源マネジメント戦略：病院組織におけるボランティア導入戦略の分析」『政策科学』12巻1号，2004年b，47-57頁。

桜井政成「ボランティア・コーディネーター・ボランティアコーディネーション」小倉常明・松藤和生編著『いちばんはじめのボランティア』樹村房，2004年c，102-109頁。

桜井政成「ボランティアのモチベーション」田尾雅夫・川野祐二編著『ボランティア・NPOの組織論：非営利の経営を考える』学陽書房，2004年d，53-65頁。

桜井政成「組織均衡論とボランティアの組織行動：先行文献のレビューから」『政策科学』10巻2号，2003年，133-142頁。

佐藤慶幸『アソシエーションの社会学：行為論の展開』早稲田大学出版部，1982年。

新出昌明・齋藤隆志・川崎登志喜「長野オリンピックにおけるボランティアのイメージ分析：スポーツ経営学の視点から」『東洋大学紀要体育学部』1998年，21-30頁。

Schein, E. H. *Organizational Psychology*, Prentice Hall, 1965.

Shore, L. M. & Tetrick, L. E. "The psychological contract as an explanatory framework in the employment relationship," *Journal of Organizational Behavior*, 1, 1994, pp. 91-109.

Shure, R. S. "The identification of those most likely to volunteer : characteristics of male volunteers in the big brothers/big sisters program, doctoral dissertation, *University of Illinois at Chicago*, 1988.

Serafino, A. "Linking motivation and commitment through leaning activities in the volunteer sector," *The Journal of Volunteer Administration*, 19(4), 2001, pp. 15-20.

Sigmon, R., *Linking Service with Learning*, Whashington, D. C. : Council of Independent Colleges, 1994.

Sills, D. L. *Volunteers : Means and Ends in a National Organization*, The Free Press, 1957.

Simon, H. A. *Administrative Behavior*, (4th. ed.), The Free Press, 1997.

Smith, D. H. *Grassroots Associations*, Sage, 2000.

Smith, D. H. "Determinants of voluntary association participation and volunteering: a literature review," *Nonprofit and Voluntary Sector Quarterly*, 23(3), 1994, pp. 243-264.

Smith, D. H. Altruism, volunteers, and volunteerism," *Journal of Volunteer Action Research*, 10(1), 1981, pp. 21-36.

Smith, S. T. & Lipsky, M. *Nonprofits for Hire: the welfare state in the age of contracting*, Harvard University Press, 1993.

総務省「平成13年社会生活調査」2001年。

Stebbins, R. A. "Volunteering: a serious leisure perspective," *Nonprofit and Voluntary Sector Quarterly*, 25(2), 1996, pp. 211-224.

Stepputat, A. "Administration of volunteer programs," in Connors, T. D. (ed.) *The Volunteer Management Handbook*, Willy, 1995.

Story, D. C. "Volunteerism: the self-regarding and other-regarding aspects of the human spirit," *Nonprofit and Voluntary Sector Quarterly*, 21(1), 1992, pp. 3-17.

Sundeen, R. & Raskoff, S. A. "Volunteering among teenagers in the United States," *Nonprofit and Voluntary Sector Quarterly*, 23(4), 1994, pp. 383-403.

諏訪徹「新世紀におけるボランティア活動推進の方向性：市民による新しい公共の創設と社協ボランティアセンターの役割」『月刊福祉』84巻7号，2001年，52-55頁。

鈴木廣「ボランティア行為の福祉社会学」『廣島法學』12巻4号，1989年，59-87頁。

鈴木眞理『ボランティア活動と集団』学文社，2004年。

高木修・玉木和歌子「阪神・淡路大震災におけるボランティア：災害ボランティアの活動と、その経験の影響」『関西大学社会学部紀要』28巻1号，1996年，1-62頁。

田中尚輝・浅川澄一・安立清史『介護系NPOの最前線』ミネルヴァ書房，2003年。

谷田勇人「福祉ボランティア活動をする大学生の動機の分析」『社会福祉学』41巻2号，2001年，83-93頁。

田尾雅夫『ボランタリー組織の経営管理』有斐閣，1999年。

田尾雅夫『ヒューマン・サービスの組織』法律文化社，1995年。

田尾雅夫・新川達郎・川口清史編著『よくわかるNPO・ボランティア』ミネルヴァ書房，2005年。

Tidwell, M. V. "A social identity model of prosocial behaviors within nonprofit organizations," *Nonprofit Management and Leadership*, 15(4), 2005, pp. 449-467.

Trudeau, K. J. & Devlin, A. S. "College students and community service: Who, with whom, and why?," *Journal of Applied Social Psychology*, 26(21), 1996, pp. 1867-1888.

筒井のり子「ボランティア活動と有償」『ボランティア白書2001』社団法人日本青年奉仕協会，2001年，11-18頁。

筒井のり子「日本におけるボランティア・コーディネーターの発展過程」『ボランティア・コーディネーター白書1999-2000』大阪ボランティア協会，1999年a，6-13頁。

筒井のり子「人材インターミディアリとしてのボランティア・センターとコーディネーターの専門性」『都市問題研究』50巻12号，都市問題研究会，1999年b，39-49頁。

筒井のり子『ボランティア・コーディネーター：その理論と実際』大阪ボランティア協会，

1991年。
占部都美『近代組織論（Ⅰ）バーナードとサイモン』白桃書房，1974年。
Weber, M., Wirtschaft und Gesellschaft : Grundriss der verstehenden Soziologie, Tübingen : J. C. B. Mohr., 1921.（世良晃志郎訳『支配の諸類型』創文社，1970年）
Westwood, R.; Sparrow, P. & Leung, A. "Challenges to The Psychological Contract in Hong Kong," *International Journal of Human Resource Management*, 12(4), 2001, pp. 621-651.
Wollebaek, D. & Selle, P., Does participation in voluntary associations contribute to social capital ? The Impact of intensity, scope, and type. *Nonprofit and Voluntary Secor Quarterly*, 31(1), 2002, pp.32-61.
Wright, N. D.; Larsen, V. & Higgs, R. "Consumer satisfaction and the marketing of volunteerism : the case of the appalachian mountain husing," *Journal of Consumer Satisfaction*, 8, 1995, pp. 88-197.
Wymer, Walter W. Jr., & Starnes, Becky J. "Segmenting subgroups of volunteers for target marketing : differentiating traditional hospice volunteers from other volunteers," *Journal of Nonprofit & Public Sector Marketing*, 6(2/3), 1999, pp. 25-50.
Wymer, W.; Riecken, G. & Yavas, U. "Determinants of volunteerism : a cross-disciplinary review and research agenda," *Journal of Nonprofit & Public Sector Marketing*, 4(4), 1996, pp. 3-26.
Wymer, W. W. Jr.; Riecken, G. & Yavas, U. "Determinants of volunteerism : a cross-disciplinary review and research agenda," *Journal of Nonprofit & Public Sector Marketing*, 4(4), 1996, pp. 3-26.
山内直人編『日本の寄付とボランティア』大阪大学大学院国際公共政策研究科NPO研究情報センター，2004年。
Yavas, U. & Riecken, G "Volunteer recruitment : a marketing approach," in Bernhardt et al. (eds.) *The Changing Marketing Environment : new theories and applications*, American Marketing Association, 1981.
吉田久一「仏教とボランタリズム」『佛教福祉』5巻，1977年，4-33頁。
全国ボランティア・コーディネーター研究集会2000実行委員会『一歩前へ！ ボランティア・コーディネーター』筒井書房，2000年。
全国社会福祉協議会・全国ボランティア活動振興センター編「ボランティア活動年報2003年」2004年。
全国ボランティア活動振興センター編「全国ボランティア活動者実態調査報告書」2002年。
全国社会福祉協議会・全国ボランティア活動振興センターボランティア・コーディネーター研修プログラム教材開発研究委員会編『ボランティア・コーディネータースキルアップシリーズ ボランティア・コーディネート編』2001年。
全国社会福祉協議会「ボランティア活動年報1999年」2000年。
全国社会福祉協議会・全国ボランティア活動振興センター編「ボランティア・コーディネーター実態調査報告書」1997年。

Zischka, P. C. and Jones, I. "Special skills and challenges in supervising volunteers," *The Clinical Supervisor*, 5(4), 1988, pp. 19-30.

索　引

あ　行

アウトカム　159
アウトプット　159
一般的交換　26, 42, 44
インターンシップ　196
インディペンデントセクター　24
陰徳　43
NPO支援センター　99, 109
NPO法人　→特定非営利活動法人
援助行動　25
エンパワメント　52
オリエンテーション　142, 143, 183
OJT (On The Job Training)　144, 153, 184

か　行

外発的モチベーション　44
寡頭制の鉄則　80, 81, 84
カリスマ　75, 76
　──的支配　84
環境学習　187, 191, 194, 196
機会費用　77
偽善　13, 14
狭義のボランティア　6
京都市ユースサービス協会　112-114, 117
キリスト教　24
経営戦略　117
経済人　26
ゲーム理論　27
研修　195, 208
限定的交換　43
好縁　60
交換（交換理論）　26, 43
広義のボランティア　6
構造づくりと配慮　75, 76, 84
効率性　ii, 171
高齢層ボランティア　61
コミットメント　→組織コミットメント
コミュニティ　26, 28, 88

さ　行

サービスラーニング（ボランティア教育）　13, 97, 133, 164, 165, 172
裁量　101, 102
自発性　96, 97
自分探し　35-40, 57
使命　→ミッション
社会活動奉仕センター　89
社会関係資本　→ソーシャルキャピタル
社会福祉協議会　88, 90, 92, 94, 99-101, 108, 130
若年層ボランティア　59, 60, 62
周辺メンバー　81
住民参加型在宅サービス（住民参加型在宅サービス団体）　97, 162
状況への態度要因　51, 52, 55-61, 145, 147, 149
象徴的報酬　52, 58, 65, 145-147
職務満足　71, 73
シリアスレジャー　27, 39, 40
身施　24
人的資源管理　152
信頼　130, 131, 165
心理的契約　73, 74, 82, 83
スクリーニング　142, 143
ストリートレベル官僚　101, 102
セルフヘルプグループ　97, 161
全国社会福祉協議会・全国ボランティア活動振興センター　106
全国ボランティアコーディネーター研究集会

98

専門職（者）　100, 101
壮年層ボランティア　60
ソーシャルキャピタル（社会関係資本）　165, 166, 172
ソーシャルワーク　93
組織アイデンティティ　72, 82
組織均衡理論　68-70, 72, 74, 83
組織コミットメント　70, 73, 77, 82, 83
組織ライフサイクル　123, 124

た　行

第三者評価　167, 169
　医療サービス――　168
　福祉サービス――　167, 172
中核メンバー　81
当事者団体　150, 161
投資理論　26, 42
特定非営利活動法人（NPO 法人）　124, 125

な　行

内発的モチベーション　41, 44, 101
日本医療機能評価機構　168, 169, 172
日本型福祉社会　88
日本ボランティアコーディネーター協会　107
ネットコスト仮説　15, 16, 18
ネットワーカー　149
ネットワーキング　128
ネットワーク　41, 60, 165

は　行

パートナーシップ　128-131
阪神・淡路大震災　i, 87, 94
PM 理論　83
非公式なボランティア活動　24, 25, 43
病院ボランティア　117-123, 127
評価疲れ　171
VFI モデル　30, 32, 34, 44

複数動機アプローチ　27, 30-32, 42, 43
仏教　24, 43
ホスピス　54, 137
ボランタリーアソシエーション　51, 65, 81, 83
ボランタリィイズム　24
ボランティア
　――に友好的な組織　151, 152, 161
　――の活動維持　144, 146
　――の活動継続（要因）　49, 50-56, 59-65, 71, 75
　――の活動積極行動　68, 70, 72, 74, 82
　――の参加動機　→ボランティアモチベーション
　――のトレーニング　143, 194
　――の任期制　192
　――の募集　135, 206
　――の満足　52, 53, 71, 72
　――のリクルート　→ボランティアの募集
ボランティアイメージ　10-12, 13, 14
　――の国際比較　14, 15
ボランティア活動
　――の参加に影響を与えるもの　41
　――の関係性　202
　――の評価　155-159
ボランティア元年　i
ボランティア教育　→サービスラーニング
ボランティアグループ　8, 49, 68, 74-84, 89, 128, 142, 157
ボランティアコーディネーター　49, 63, 87-93, 100-102, 106, 107, 126-128, 134
　――の専門性　100-102
ボランティアコーディネート（ボランティアコーディネーション）　87, 89, 93, 102, 106, 126
　――理論　87, 88, 90, 91, 93, 94, 99, 106, 107
　受け入れ型――　91, 102
　送り出し型――　90, 102, 164
　仲介型――　90, 91, 99, 102

索　引

ボランティアステイトメント　112-114, 117,
　192
ボランティアセンター　89, 90, 94, 100, 108
ボランティアプログラム　104, 105, 110, 117,
　118, 120, 122, 123, 125, 130, 131
　——の開発　128-130
ボランティア保険　109
ボランティアマネジメント（ボランティアマネ
　ジメント理論）　87, 102-105, 107-110, 128,
　131, 157
　——のプロセス　110, 169
　——のプロセス評価　160
ボランティアモチベーション　21, 22, 23, 26, 28,
　30-32, 36, 38, 39, 41-43, 51, 75, 105, 134,
　138-141
ボラントピア事業　89

ま　行

マーケティング　137
　——指向のボランティア募集　136, 138, 141
ミッション（使命）　70, 79, 159, 160, 197
無形の誘因　145, 147
無償性　96
無償の労働力　118, 122, 123
面接　142, 208
モチベーション　76, 206

や　行

誘因　69, 70, 145, 150, 151

有効性　158, 159, 171
有償ボランティア　18-20, 96
弱い紐帯　44

ら　行

ライフイベント　54, 61, 64
ライフコース　63, 64
ライフサイクル　50, 53-55, 59-64
リーダー　75-79, 82, 125, 183
　創発型——　75, 76, 83, 84
　調整型——　75, 76, 83, 84
　——の継承　79, 80
リーダーシップ　74-77, 82, 84
　——教育　78
利己　26, 28, 36, 42, 43, 61
　——的動機アプローチ　25, 26, 31, 42
利他（利他心）　35, 37, 38, 57, 61
　——主義　23, 28, 35, 37, 43, 57, 61
　——主義動機アプローチ　23, 31, 42
　——的行動　24, 25, 43
立命館大学ボランティアセンター　128-130
理念　69, 72
　——主義　35, 36, 39, 40, 51, 68, 76, 77, 140
レジャー理論　27

わ　行

ワークキャンプ　185

〈著者紹介〉

桜井 政成（さくらい・まさなり）

1975年　長野県生まれ
2003年　立命館大学政策科学研究科博士課程後期課程修了。博士（政策科学）。
　　　　NPO法人京都シルバーリング事務局職員（2001年4月より2003年3月まで），立命館大学ボランティアセンター ボランティアコーディネーター（2004年4月より2006年3月まで），立命館大学ボランティアセンター助教授（2006年4月より2007年3月まで）等を経て，2007年4月より立命館大学政策科学部准教授。
専　門　非営利組織論，ボランティア論
主　著　『公民パートナーシップの政策とマネジメント』（共著，ひつじ書房，2006年）
　　　　『よくわかるNPO・ボランティア』（共著，ミネルヴァ書房，2005年）
　　　　『地域とNPOのマネジメント』（共著，晃洋書房，2005年）
　　　　『信頼回復の病院改革』（共著，薬事日報社，2005年）
　　　　『ボランティア・NPOの組織論』（共著，学陽書房，2004年）
　　　　ほか著書・論文多数。

NPOマネジメント シリーズ③

ボランティアマネジメント
——自発的行為の組織化戦略——

| 2007年4月20日　初版第1刷発行 | 〈検印廃止〉 |
| 2010年2月10日　初版第2刷発行 | |

定価はカバーに
表示しています

著　者　桜　井　政　成
発行者　杉　田　啓　三
印刷者　林　　初　彦

発行所　株式会社　ミネルヴァ書房
607-8494 京都市山科区日ノ岡堤谷町1
電話代表 (075)581-5191
振替口座 01020-0-8076

©桜井政成, 2007　　　　　太洋社・清水製本

ISBN978-4-623-04782-6
Printed in Japan

実践NPOマネジメント
　　　　　　　　　　　　　　田尾雅夫著　Ａ５判　268頁　本体2800円

●経営管理のための理念と技法　マネジメントのシステムを備えない，常雇用の職員を中心に活動するNPOが，経営体としていかに効率的組織になるか。組織の発達段階，規模や機能に応じ具体的に提言する。NPOマネジメントシリーズ①

NPOの戦略マネジメント
　　　　　　　　Ｓ.Ｍ.オスター著　河口弘雄監訳　Ａ５判　324頁　本体3500円

●理論とケース　ビジネス的経営技法のNPOへの適応を試みる教科書。戦略的手法，アイデアを取り入れることでより効果的な経営を実現するための理論と制度を解説する。NPOマネジメントシリーズ②

よくわかるNPO・ボランティア
　　　　　　　　川口清史・田尾雅夫・新川達郎編著　Ｂ５判　224頁　本体2500円

極めて多様な実態をわかりやすく体系的に分類し，基礎知識からその理念・現在の課題までを明確に理解できるように解説。NPO・ボランティアについて学びたい人必携の入門書。

ボランティアのすすめ
　　　　　岡本栄一監修　守本友美／河内昌彦／立石宏昭編著　Ａ５判　260頁　本体2400円

●基礎から実践まで　基礎理論に裏付けられた実践の方法，そして実践から学ぶ理論の構築という双方向からの視点を，ボランティア実践者にできるだけわかりやすく提示する，役立つ入門書。

NPOと事業
　　　　　　　　　　　　谷本寛治／田尾雅夫編著　Ａ５判　240頁　本体2600円

ある目的に向けて集まって活動する時，その集まりには，営利の会社，無償のボランティア組織など様々な事業体が考えられる。本書では，NPOという事業体の位置づけ，マネジメント，そして問題点と可能性について考察する。

NPOと法・行政
　　　　　　　　　山本　啓／雨宮孝子／新川達郎編著　Ａ５判　272頁　本体2800円

今や日本社会の新しい仕組みとして，なくてはならない存在となったNPO。その活動の裏付けとなる法・行政システムも変革を求められている。本書では，その変化しつつある新しい動きを紹介する。

―― ミネルヴァ書房 ――
http://www.minervashobo.co.jp/